新阅读书目

新教育文库

中国人阅读书目 七

中国父母基础阅读书目·导赏手册

朱永新 ◎ 主编
新阅读研究所 ◎ 编著

山西出版传媒集团　山西教育出版社

图书在版编目（CIP）数据

中国父母基础阅读书目·导赏手册/朱永新主编；新阅读研究所编著. —太原：山西教育出版社，2016.9（2020.1 重印）
（中国人阅读书目；七）
ISBN 978-7-5440-8746-9

Ⅰ. ①中…　Ⅱ. ①朱…　②新…　Ⅲ. ①阅读课-中小学-教学参考资料　Ⅳ. ①G634.333

中国版本图书馆 CIP 数据核字（2016）第 227270 号

ZHONGGUO FUMU JICHU YUEDU SHUMU · DAOSHANG SHOUCE
中国父母基础阅读书目·导赏手册

文库统筹　童喜喜
文库策划　文龙玉
出版统筹　潘　峰
责任编辑　李龙飞
复　　审　刘晓露
终　　审　潘　峰
装帧设计　王春声
印装监制　贾永胜

出版发行　山西出版传媒集团·山西教育出版社
（太原市水西门街馒头巷 7 号　电话：0351-4729801　邮编：030002）
印　　装　山西万佳印业有限公司
开　　本　720×1000　1/16
印　　张　21
字　　数　386 千字
版　　次　2016 年 9 月第 1 版　2020 年 1 月第 3 次印刷
印　　数　10 001-13 000 册
书　　号　ISBN　978-7-5440-8746-9
定　　价　43.00 元

新教育文库

总 序

教育实验是一项细致而长久的工程，需要通过一代人去影响另一代人，不能急于求成，不能固步自封，一定要学会等待，一定要耐得住寂寞。

新教育实验更不例外。

中国教育有许多弊端，但仅仅是怒目金刚式的斥责和鞭挞，虽然痛快却无济于事。对于中国教育而言，最需要的是行动与建设，只有行动与建设，才是真正深刻而富有颠覆性的批判与重构。

新教育实验就是寓重构于行动之中，寓批判于建设之中。

新教育要做的，就是给教师和学生一种幸福完整的教育生活，一个开阔无垠的精神视野，让他们对人的内心的复杂性有更为深切的体验，不但要了解生命的伟大和宇宙的博大，而且要感受生活的丰富与人性的丰厚。

从2000年《我的教育理想》的出版，新教育思想悄然萌芽，到2014年"新教育文库"的第三版重新修订，此时此刻的中国大地上，2000多所学校的200多万新教育师生，正走在新教育的路上。

以追寻理想的执着精神、深入现场的田野精神、共同生活的合作精神、悲天悯人的公益精神，埋首耕耘，成就我们的人生、我们的教育、我们的民族。这就是新教育精神的本质内涵。

新教育追求高度，但永远不会高高在上；新教育培养卓越的教师，更关注普通的教师；新教育不是一个精英俱乐部，而是一个宽容开放的团队。新教育始终敞开胸怀，永远等待、拥抱理想主义者。真实的新教育，永远在田野中，在千千万万默默无闻的普通老师的教室里。

新教育人，就是这样一群有着共同梦想、遵守共同标准的志同道合者。彼此为对方的生命祝福，彼此珍惜生命中偶然的相遇，彼此郑重作出承诺，共同创造一间又一间完美的教室，共同书写一篇又一篇生命的传奇。

新教育不求无懈可击的理论体系，而是强调行动起来，在实践中思考，在实践中提升，在实践中成长。帮孩子成为自己，让我们成为自己，一个完整的、幸福的自己。我们不是人类文明的创始者，但人类文明可以通过教育的伟大理想穿越时空，通过我们今天的行动变为现实。

当然，我们也知道，只有对新教育的认识从“概念”向“信念”推进，由“理想”转向“思想”引领，激发出人们深沉的情感、执著的意志，从精神世界的积淀表现为主体的自觉行动时，新教育实验才可能真正成为人生力量和教育智慧的策源地。

新教育文库，正是总结、梳理、传播新教育人的所行所思所得的一种努力。无论是经验还是教训，这一路跋涉的足迹，将成为指向明天的路标。

在这套文库中，不同书系有着不同定位：我们希望用“通识书系”积淀下新教育的根本书籍，介绍新教育的课程与项目；用“中国人阅读书目”书系梳理专业阅读研究成果；用“蒲公英书系”及时总结一线教育经验；用“萤火虫书系”全力搭建家校沟通的平台；用“领读者书系”传播阅读推广人的经验；用“阅读力译丛”和“核心知识译丛”来介绍国外阅读理论与实践……

我们并不准备用一部部书籍堆砌功名的城堡，但我们盼望这一部部心血凝成、行动书写的图书，能够成为一块块砖石，铺就一条通往彼岸的桥梁。

那么，新教育的彼岸是什么模样？

我想，彼岸是一群又一群长大的孩子，从他们身上能清晰地看到：政治是有理想的，财富是有汗水的，科学是有人性的，享乐是有道德的。

亲爱的新教育同仁，我们正在这条通往彼岸的船上。让我们同心同行，过一种幸福完整的教育生活。

行动，就有收获。

坚持，才有奇迹。

朱永新

2015年1月21日于北京滴石斋

与孩子一起成长

（研制报告）

一、中国父母基础阅读书目研制的必要性

家庭，是生命成长的起点，也是生命停泊的港湾。

人的一生，有四个最重要的场所必然会经历。第一个就是在母亲的子宫里，通过母亲来感受外部世界的变化。可以说，家庭教育实际上从母亲的子宫里就开始了。第二个是家庭。来到世界的第一声啼哭，是生命的第一个独立宣言，也是家庭生活的第一声号角，这时一个人和外部世界的交流主要是通过家庭、父母进行。第三个是教室。在教室里有没有亲密的人际关系？能不能健康成长？第四个是职场。离开学校工作了，走进职场，开始拼搏，有很多事情要处理。

但是，在这四个场所里，只有家庭这一个场所是与其他三个场所同时并行的。所以，家庭是人生永远离不开的一个场所，是人生最重要的关键点。人生从这里出发，人生将回到这里。

习近平总书记更是把家庭问题，尤其是家庭教育问题，放在国家发展、民族进步、社会和谐的高度来论述，在2015年的春节团拜会上指出："家庭是社会的基本细胞，是人生的第一所学校。不论时代发生多大变化，不论生活格局发生多大变化，我们都要重视家庭建设，注重家庭、注重家教、注重家风，紧密结合培育和弘扬社会主义核心价值观，发扬光大中华民族传统家庭美德，促进家庭和睦，促进亲人相亲相爱，促进下一代健康成长，促进老年人老有所养，使千千万万个家庭成为国家发展、民族进步、社会和谐的重要基点。"

尽管随着社会的发展和科技的进步，家庭的形态在不断变化，人们的价值观也在经受着各种洗礼和考验，但是家庭，应该始终是一个最需要被关注的教育场。家庭教育，也应该始终受到足够的重视。我们也经常说："父母是孩子的第一任老师。"

随着时代的发展，这第一任老师的角色，遭遇到了前所未有的挑战。

首先是家庭结构的变化导致的挑战。在很长一段时间内，一个孩子，一对夫妇，四个老人，是中国家庭一种独特的现象，也是家庭教育领域一个非常重要的"中国特色"。学习如何做父母，尤其是独生子女的父母，对现有的多数父母群体形成了一个巨大的挑战。再加上留守儿童、单亲家庭等问题导致的家庭教育问题日益严峻，父母和孩子之间，越来越成为了"最熟悉的陌生人"。

其次是知识结构的限制导致的挑战。九年义务教育的普及，父母群体受教育的比例提高了。但在我们任何一所学校，都从来没有关于如何做父母的教育。个体受到知识结构的限制，让很多父母现有的知识储备，远远不能满足用以解决现在的家庭教育中出现在孩子身上的各种问题。以至于很多自身很优秀的人，很多在各个领域表现很出色的人，却败在了"父母"这个角色上。

可以说，我们的家庭之路充满了无证驾驶的"司机"。没有驾照不能开车，违规要罚款。做父母却不要任何培训，也不需要证就可以自行其道了。实际上，做父母比开车要复杂一百倍、一千倍。一个孩子的方方面面，从生理到心理到养育方式，从知识的学习到人格的养成，是一门大学问。但是，我们不需要接受任何培训就可以做父母，就可以对孩子发号施令了。如果一个国家这样的"司机"越来越多，这个国家一定是危险的。所以，如何帮助父母成长，帮助年轻的父母成为合格乃至优秀的父母，是一个非常重要的课题。

我们认为，做父母是一门学问。而阅读是一个帮助父母成长最廉价、最便捷、最有效的路径。但是，从我们的调查来看，父母的阅读存在许多问题。

一是不重视、"没时间"。对父母来说，尤其是那些年轻的父母们，正处于工作和生活压力最大、责任最重的年龄段。他们需要花费大量的时间来经营自己的事业，以及处理各种社会关系。即使行走在路上，或者在休息的间隙，也多是埋头在各类电子产品里接受铺天盖地的资讯。忙碌和压力成为“合理”的借口，各种电子产品“有效”地成功阻断了父母们通往阅读的路。

二是不行动、难坚持。“我小时候，父母就是这样教育我的。”这恐怕是中国父母最常挂在嘴边的一句话了。因为有这样“经验为先”的想法，很多父母尽管也知道家庭教育的重要性，但是仍然缺少行动的动力，即使想好好学习做父母，也往往自以为自己的成长经历是足以让自己教育好自己的孩子的，从而导致学习做父母的行动要么难于开始，要么难以坚持。

三是不会选、不会读。有相当一部分觉醒的父母，非常重视对孩子的培养，但是因为缺乏正确的方法或者方向，结果是还不如不教育对孩子的成长更好。他们面对日新月异不断颠覆的各种教育理念，面对琳琅满目的各种育儿书籍，不知道该如何选择最适合自己的，读完了也不知道该怎样正确地用到自己对孩子的教育中。

不仅父母们成长的愿望需要被不断唤醒，父母成长的行动需要不断引导和激励，真正帮助父母选对合适的书，用对合适的阅读方法，收获切实可行的指导，更显得尤为重要。

二、中国父母基础阅读书目研制的理念与原则

近年来，无论是社会上各式各样的培训机构，还是社会团体，都出现了可喜的变化，已经越来越意识到了家庭教育的重要性，意识到了父母亟待成长的现状，也试图为父母成长提供一些参考的阅读书目，进行了有价值的探索。

新教育实验作为专业的教育研究公益机构，有着自己关于家庭教育的基本理念，新阅读研究所作为新教育实验的阅读研究专业机构，有着自己关于阅读的基本主张。在先后成功研制了《中国幼儿基础阅读书目》《中国小学生基础阅读书目》《中国初中生基础阅读书目》《中国高中生基础阅读书目》《中国企业家基础阅读书目》的基础上，我们也积累了比较成熟的书目研制经验。

我们希望《中国父母基础阅读书目》能够真正地帮助父母建立起正确的家庭教育观，同时教给父母具体实用的操作方法，既有“道”，又有“术”。具体来说，要实现以下目标：

1. 注重规律性和操作性的统一。

在选择书目时，我们回避简单的“成功学”，不让本已焦虑的中国父母更加焦虑，而是努力引导父母探索儿童发展的本质规律，使父母心态更平和，从而真正陪伴孩子健康快乐地成长。

比如爱孩子，但不能以爱的名义伤害了孩子，所以我们要学习《爱的艺术》《睿智的父母之爱》；比如青春期的孩子需要引导，更需要理解，所以我们要学习《青春期——发展、关系和文化》；比如我们要营造温馨的家庭氛围，不仅要有理念，还要学方法，所以我们要学习《家庭成就孩子——李子勋的后现代亲子课》《塔莎的传家宝》等等。

2. 注重兼容性与前瞻性的统一。

在选择书目时，我们特别强调应该具有发展和前瞻的眼光。在家庭教育领域，在儿童发展的问题上，实际是涉及和关乎整个人类发展的奥秘的。童年是一个黑匣子，有太多待揭开的奥秘，谁都不可能是真理在握者。所以，在选择书目时，我们也特别强调不以自己的观点为唯一取向，而是要求书目的兼容并蓄。比如《正面管教》所提出的积极管教，必然和《无条件养育》所提倡的让孩子自由生长有所违。不同观点的书目，可以让父母在对比阅读中，根据实际情况思考和选择。对父母来说，思考本身就已经意义非凡了。

3. 注重经典性与畅销性的统一。

因为父母这个群体所具有的特殊性，需要我们既选择了心理学、教育学领域较为经典、专业的著作如《儿童的人格教育》《教育漫话》《爱弥儿》等，还选择了那些理论结合实践，且受到广泛好评的作品，比如《朗读手册》《好妈妈胜过好老师》《发现母亲》等。在基础书目中，我们更强调经典性，把那些能够形成教育观、父母观的优秀图书推荐给父母。在推荐书目中，我们则兼顾经典性与通俗性、畅销性的结合，让不同层次、不同水平的父母都能够找到适合自己的书目。

为此，我们在书目研制的过程中遵循了以下原则：

第一，开放，让视野更开阔。

为了避免受个人经验的限制，我们的书目研制邀请了教育、心理、医疗、阅读、园艺等不同领域的专家学者参与。目的是综合考虑来自不同领域专家学者对家庭教育、父母成长问题的意见和建议，从而使我们的书目更具有开放性，从而有更广泛的适用价值。

所以我们最终形成的书目，纵向来看，尽力涵盖古今历代教育大家在家庭教育领域的重要贡献；横向来看，尽力涵盖中外有关家庭教育领域的各类研究成果。从作者来看，既有教育领域的专业人士，也有关注家庭教育的平凡家长。从内容来看，既有关于儿童身心发展的，也有针对各特殊问题提供解决方法的。

第二，分类，让板块更清晰。

为了便于父母们选择，进行有针对性的阅读，我们在研制过程中将推荐的书目进行了分类。

研制初期，我们拟根据孩子成长的不同阶段来分，可是很快发现，这样的分类会导致很多内容的交叉，比如有的心理学类图书，涉及了儿童各个阶段的发展，适合不同年龄段孩子的父母阅读；有的父母成长的图书，因为作者是根据自己孩子的成长过程来写的，也适合不同年龄段孩子的父母阅读等等。最终，我们确定了将书目按照“儿童发展、父母成长、亲子互动”分成了三类。

这样分类的好处在于：（1）分类本身就是引导。父母要关注孩子的成长，就应该首先了解孩子；父母要认识到自我成长的重要性，就应该知道自己成长的方向和方法；父母要避免和孩子成为“同一屋檐下的陌生人”，就要选择最合适的方式和孩子互动沟通。（2）方便父母选择。父母可以根据自己的实际情况优先选择自己最需要的类别进行阅读，以补充不足，从而完善自己身为父母这一角色的知识结构。（3）尽量避免交叉。毕竟父母成长的基础和前提也是对儿童发展的了解，所以有些书的内容还是无法严格避免交叉。但是这样的分类，已经根据具体书目的内容，尽力进行了规避，以期能为父母读者提供更清晰的阅读框架。

第三、全面，让选择更准确。

除了那些经典的家教类图书，我们还努力从不同角度、不同层面进行平衡，尽力为面临不同问题的父母提供最有效、最有价值的参考。

在儿童发展部分，我们根据孩子从孕育、出生到成长的不同阶段进行选择，同时兼顾了儿童的身体、心理、行为、语言等不同方面的发展特点。比如我们选择的《西尔斯亲密育儿百科》《儿童健康指南——零至十八岁的身心灵发展》《怎样满足婴儿的心灵》等，就是关于儿童身心发展的，而《语迟的孩子》《善解童贞——0~6岁孩子的性发展与性关怀》《游戏力》《蜗牛牵我去散步》等，就是分别从语言、性别认识、游戏和运动以及自闭症儿童等方面对父母给予指导的。

在父母成长部分，我们一方面根据自身普遍存在的各种问题，引导父母认识到：要引导孩子成长，应该努力完善自己，使自己首先成为身心健康的人，比如《少有人走的路》《改变孩子先改变自己——好爸爸贾容韬教子手记》《父母的觉醒》等；一方面针对不同领域的具体问题，有针对性地对父母进行引导，比如《培养独立的孩子——生存教育在美国》《阅读与经典》《孩子与恶》等。另外，还兼顾了家庭环境的营造，传统家教智慧的传承等，比如《单亲家庭教育指南》《为何家会伤人》《中国家训经典》等。

在亲子互动板块，我们则尽力囊括更多的内容。比如游戏，我们既考虑了传统，如《民间游戏》，又考虑了现代，如《亲子游戏　每天一个》；比如阅读，我们有关于亲子阅读《朗读手册》《幸福的种子》，又有《小巫教你讲故事》的推荐；有关于孩子绘画的《许多孩子，许多月亮》，有关于孩子音乐发展的《音乐漂流瓶》，还有手工、园艺、自然、社交、礼仪等等。在沟通方面，我们既有传统的传承，如《傅雷家书》《唐浩明评点曾国藩家书》，也有现代的《孩子，把你的手给我》《亲爱的安德烈》等。

这样尽量做到分类更加细致，以让面临不同情况和问题的父母都能够按图索骥，找到适合自己、带给自己最大启发的书目。

三、中国父母基础阅读书目研制的过程

中国父母基础阅读书目的研制过程先后经历了三年左右的时间。大致分为以下几个阶段：

一是准备阶段：2013年3月，中国父母基础阅读书目项目正式启动。本书目由我亲自主持，由新教育研究院新阅读研究所委托新父母研究所承担研制工作，由时任新父母研究所执行所长蓝玫担任项目负责人进行总统筹，童喜喜、黎志新、李西西等人全力协助落实。

准备阶段的工作分两部分进行：首先，经过新父母研究所全体成员的多次会议讨论与网络沟通，初步拟定了书目研制的理念、原则、计划等草案。其次，组成了由新父母研究所分布在全国三十多个萤火虫分站的骨干义工、新教育种子教师计划骨干种子教师参加的书目研制团队，对书目研制草案

提出完善性建议。再次，组建了以国内家庭和儿童教育等方面的专家组成的研制核心团队，通过电话、短信、邮件、会议等不同方式，进行充分的探讨交流。

二是书目分类与筛选阶段：2013年5月，研制组召开第一次专家会议，对新父母研究所提出的书目板块分类及原则等进行讨论并做出调整。邀请相关领域专家各自根据板块分别推荐一百本书，以供筛选。2013年底，研制组将专家推荐的书目进行分类整理，形成了第一份基础书单。

同时，书目研制团队每个人列出自己的一份书单，原则是对自己做父母帮助最大的书。然后由专人进行统计，合并整理并简单分类，形成第二份书单。2014年3月，安排专人通过网络等渠道搜集各界推荐的父母阅读、亲子共读的书单，对这些书单进行分类整理，形成第三份书单。

2014年10月，召开研制组第二次全体会议，在专家团队及研制小组的推荐的1000余种图书中，首先去掉了之前所研制的幼儿、中小学生各类书目中重复的部分，然后选择推荐率较高的书目完成第一份正式书目，共计150种，另留150种左右备选。

三是试读与调研阶段：这个阶段，主要完成了以下工作：

1. 在国家图书馆、首都图书馆等地方，针对家教类上架情况，调研了较受读者喜欢的图书，比照调整。

2. 通过邮件的方式，将书目发送给专家进一步征求意见。

3. 邀请中国教育学会家庭教育专业委员会的数十名专家，对几经修改的书目提出建议和意见。

4. 通过新教育萤火虫义工团队，在全国四十多个城市中进行大范围的书目内部分板块试读，并收集反馈意见。

5. 依托北京市新教育实验学校的父母委员会等团队，进一步征询意见和建议。

6. 根据以上信息，对书目进行反复调整，并在新父母研究所内部，多次召开会议商讨，完成书目的数次修订。

四是确定书目与编写导赏手册阶段：历经近二十次的反复打磨，我们在2015年2月4号，召开了书目的专家论证会。朱永新、孙云晓、童喜喜、康健、小巫、边玉芳、蓝玫、李一慢等专家对书目进行了严格的评审，进一步提出了调整完善建议，对书目做出了微调，确定了中国父母基础阅读书目

100种。

2015年3月，正式成立《中国父母基础阅读书目·导赏手册》编写小组，对入选的每一本书精心阅读，撰写导赏文字。导赏手册主要包括推荐书目推荐理由、内容简介及延伸阅读等，以期给父母提供最具参考价值的指导。

经过近三年的努力，这本凝聚着许多专家与父母智慧的《中国父母基础阅读书目·导赏手册》终于呈现在大家面前。我们知道，研制一份让各方都满意的书目本身就是一个悖论。所有的书目总是不可能尽善尽美的，限于水平，我们的书目也必然有遗珠之憾。好在我们还将会继续修订，还有继续增补好书的机会。

如果能借由这份书目，让越来越多的父母以爱的名义重新走上阅读之路，那么，对我们来说，也是功莫大焉。

亲爱的父母，培育孩子，本身就是父母再次成长的一个过程。好父母不应把教育孩子当做是枯燥的责任和义务，而应该当做是自己人生的一种乐趣、一种享受、一种富足。只有享受教育的人，才能演绎教育的精彩。只有与孩子一起成长的父母，才是真正的好父母 。

读起来吧！让我们在阅读中与孩子一起成长！

朱永新

2016年9月8日

专家名单

主　编：

朱永新

副主编：

蓝玫　　童喜喜

编委会成员：（按音序排列）

阿　甲	敖双英	毕凤祥	边玉芳	崔振邦	大　漠
付小平	高　巍	关　颖	侯宇岚	胡　盈	姜　蕾
解　琳	康　健	科　慧	蓝　玫	懒　猫	黎志新
李玉龙	李一慢	李西西	李秀云	廖晶晶	刘复兴
刘　然	卢　勤	鹿永建	聂圣哲	钱志亮	然　妈
冉乃彦	阮　莹	史燕来	苏　静	孙云晓	孙月圣
孙瑞雪	童江华	童喜喜	童童吾爱	王　林	王秉德
王东华	吴重涵	席　新	小　巫	谢维和	徐　莉
徐国静	于国庆	余国志	尹建莉	袁去病	岳　坤
翟召博	张　勇	赵忠心	真真爸	朱寅年	朱永新

中国父母基础阅读书目表

类别		编号		书名	作者／编者／译者	出版社
基础书目篇30种	儿童发展类	1	1	《西尔斯亲密育儿百科》	［美］威廉·西尔斯、玛莎·西尔斯、罗伯特·西尔斯、詹姆斯·西尔斯著／邵艳美、唐婧译	南海出版公司
		2	2	《幼儿心理百科》	［韩］申宜真著／陈放、付刚译	世界图书出版公司
		3	3	《儿童健康指南——零至十八岁的身心灵发展》	［德］米凯拉·格洛克勒、沃尔夫冈·戈贝尔著／林玉珠等译	河北出版传媒集团 河北教育出版社
		4	4	《有吸收力的心灵》	［意］玛利亚·蒙台梭利著／蒙台梭利丛书编委会译	中国妇女出版社
		5	5	《家庭教育》	陈鹤琴著	华东师范大学出版社
		6	6	《青春期——发展、关系和文化》	［美］F·菲利浦·赖斯、金·盖尔·多金著／陆洋、林磊、陈菲译	上海人民出版社
		7	7	《好孩子：三分天注定，七分靠教育》	洪兰著／尹建莉主编	长江出版传媒 长江文艺出版社
		8	8	《习惯决定孩子一生》	孙云晓著	北京师范大学出版集团 北京师范大学出版社
		9	9	《童年的王国》	［奥地利］鲁道夫·斯坦纳著／潘定凯译	深圳报业集团出版社
		10	10	《解放儿童》	刘晓东著	凤凰出版传媒集团 江苏教育出版社
	父母成长类	1	11	《爱的艺术》	［美］艾·弗洛姆著／李健鸣译	上海译文出版社
		2	12	《斯波克父母经》	［美］本杰明·斯波克著／刘莹译	时代出版传媒股份有限公司 安徽科学技术出版社
		3	13	《好妈妈胜过好老师》	尹建莉著	作家出版社
		4	14	《发现母亲》	王东华著	中国妇女出版社
		5	15	《睿智的父母之爱》	［苏］B.A.苏霍姆林斯基著／罗亦超译	长江出版传媒 长江文艺出版社

类别		编号		书名	作者／编者／译者	出版社
基础书目篇30种	父母成长类	6	16	《为何家会伤人》	武志红著	北京联合出版公司
		7	17	《夏山学校》	［英］A.S.尼尔著／王克难译	南海出版公司
		8	18	《谁拿走了孩子的幸福》	李跃儿著	国际文化出版公司
		9	19	《少有人走的路》	［美］M·斯科特·派克著／于海生译	吉林出版集团 吉林文史出版社
		10	20	《教育漫话》	［英］约翰·洛克著／傅任敢译	教育科学出版社
	亲子互动类	1	21	《0～7岁孩子家庭游戏全方案》	［德］科耐莉亚·尼弛、吉拉德·胡特尔著／张文鹏、申洁译	中国妇女出版社
		2	22	《民间游戏》	余志慧编	时代出版传媒股份有限公司 黄山书社
		3	23	《傅雷家书》	傅敏编	天津社会科学院出版社
		4	24	《幸福的种子》	［日］松居直著／刘涤昭译	二十一世纪出版社
		5	25	《朗读手册》	［美］吉姆·崔利斯著／沙永玲、麦奇美、麦倩宜译	南海出版公司
		6	26	《小巫教你讲故事》	小巫著	南方出版传媒 新世纪出版社
		7	27	《音乐漂流瓶》	肖复兴著	新疆青少年出版社
		8	28	《林间最后的小孩——拯救自然缺失症儿童》	［美］理查德·洛夫著／自然之友、王西敏译	中国发展出版社
		9	29	《塔莎的传家宝》	［美］托娃·马丁著／孙婷婷译	中国城市出版社
		10	30	《P.E.T.父母效能训练手册》	［美］托马斯·戈登著／宋苗译	天津社会科学院出版社

类别		编号		书名	作者/编者/译者	出版社
推荐书目篇70种	儿童发展类	1	31	《善解童贞——0~6岁孩子的性发展与性关怀》	胡萍著	广西科学技术出版社
		2	32	《儿童的秘密——秘密、隐私和自我的重新认识》	［加］马克斯·范梅南、［荷］巴斯·莱维林著/陈慧黠、曹赛先译	教育科学出版社
		3	33	《怎样满足婴儿的心灵》	［日］内藤寿七郎著/顾振申译	河北出版传媒集团 河北少年儿童出版社
		4	34	《平衡发展的孩子——运动和幼儿早期学习》	［英］萨利·戈达德·布莱斯著/于淑芬译	民主与建设出版社
		5	35	《儿童的人格教育》	［奥］阿尔弗雷德·阿德勒著/彭正梅、彭莉莉译	上海人民出版社
		6	36	《童年，人生幸福之源》	［美］爱德华·哈洛韦尔著/覃薇薇译	浙江人民出版社
		7	37	《好奇心》	［美］托德·卡什丹著/谭秀敏译	浙江人民出版社
		8	38	《性格的力量》	［美］保罗·图赫著/刘春艳、柴悦译	机械工业出版社
		9	39	《入学早知道——儿童入学必备的八种能力》	钱志亮主编	北京师范大学出版集团 北京师范大学出版社
		10	40	《郑玉巧育儿经》	郑玉巧著	二十一世纪出版社
		11	41	《养育男孩》	［澳］史蒂夫·比达尔夫著/丰俊功、宋修华译	中信出版社
		12	42	《培育女孩》	［美］詹姆士·杜布森著/李晓燕译	华东师范大学出版社
		13	43	《语迟的孩子》	［美］托马斯·索维尔著/顾鹏、王文卿译	湖北教育出版社
		14	44	《蜗牛牵我去散步》	陈婕著	北京大学出版社
		15	45	《涂鸦，宝宝说给世界的话》	［意］艾薇·克劳迪著/崔银辉译	南方出版社
		16	46	《母乳育儿全书》	国际母乳会著/荀寿温译	新星出版社

类别		编号		书名	作者／编者／译者	出版社
推荐书目篇70种	儿童发展类	17	47	《透析童年——探寻成人和孩子生命的内在连结》	王树著	中央编译出版社
		18	48	《游戏力》	［美］劳伦斯·科恩著／李岩译	军事谊文出版社
		19	49	《崔玉涛：宝贝健康公开课》	崔玉涛著	北京出版集团公司 北京出版社
		20	50	《读懂孩子——心理学家实用教子宝典（6~12岁）》	边玉芳著	北京师范大学出版集团 北京师范大学出版社
		21	51	《〈3-6岁儿童学习与发展指南〉解读》	李季湄、冯晓霞著	人民教育出版社
	父母成长类	1	52	《阅读与经典》	彭懿著	接力出版社
		2	53	《不要用爱控制我》	［美］帕萃丝·埃文斯著／郑春蕾、梅子译	京华出版社
		3	54	《卡尔·威特的教育》	［德］卡尔·威特著／刘恒新译	京华出版社
		4	55	《早期教育与天才》	［日］木村久一著／唐欣译	凤凰出版传媒集团 江苏人民出版社
		5	56	《长大不容易》	卢勤著	湖北长江出版集团 长江文艺出版社
		6	57	《改变孩子先改变自己——好爸爸贾容韬教子手记》	贾容韬著	作家出版社
		7	58	《家长学校》	［德］安德里亚·比朔夫、汉斯·贝旺格著／李王琦译	江苏人民出版社
		8	59	《新父母学校》	刘良华著	北京师范大学出版集团 北京师范大学出版社
		9	60	《爱弥儿》	［法］让·雅克·卢梭著／彭正梅译	上海人民出版社
		10	61	《儿童的利益——学会尊重孩子》	［法］弗朗索瓦兹·多尔多著／王文新译	上海社会科学院出版社

类别		编号		书名	作者／编者／译者	出版社
推荐书目篇70种	父母成长类	11	62	《正面管教》	［美］简·尼尔森著／玉冰译	京华出版社
		12	63	《父母平和 孩子快乐》	［美］劳拉·马卡姆著／刘海青译	上海社会科学院出版社
		13	64	《培养独立的孩子——生存教育在美国》	［美］黄全愈著	中国人民大学出版社
		14	65	《为了孩子——和家长谈谈未成年人保护法》	顾问：张丁华、王鸿江／主编：赵忠心、关颖／副主编：赵智鸿、赵刚／撰稿人：赵忠心、关颖、王小波、王志强	中国法制出版社
		15	66	《光有爱还不够——帮助孩子构建自我》	［法］克洛德·阿尔莫著／王文新、李美平译	上海社会科学院出版社
		16	67	《教出乐观的孩子》	［美］马丁·塞利格曼、卡伦·莱维奇、莉萨·杰科克斯、简·吉勒姆著／洪莉译	浙江人民出版社
		17	68	《中国家训经典》	翟博编	海南出版社
		18	69	《做最好的家长——李镇西老师教养女儿手记》	李镇西著	漓江出版社
		19	70	《无条件养育》	［美］艾尔菲·科恩著／小巫、耿丹译	天津教育出版社
		20	71	《家庭成就孩子——李子勋的后现代亲子课》	李子勋著	中信出版社
		21	72	《单亲家庭教育指南》	［美］卡尔·皮卡哈特著／吴婷婷译	电子工业出版社
		22	73	《父母的觉醒》	［美］沙法丽·萨巴瑞著／王臻译	上海社会科学院出版社
		23	74	《为什么孩子这么难教》	［美］斯坦利·I·格林斯潘、杰奎琳·萨蒙著／姚芸竹译	华东师范大学出版社
		24	75	《好孩子的成长99%靠妈妈》	［韩］张炳慧著／李世鹏译	深圳出版发行集团 海天出版社
		25	76	《父亲塑造女儿的未来》	［美］里克·约翰逊著／安珍、盛海霞译	北京出版集团公司 北京出版社

类别		编号		书名	作者/编者/译者	出版社
推荐书目篇70种	父母成长类	26	77	《斯宾塞的快乐教育》	［英］赫伯特·斯宾塞著/吕可丁译	北京联合出版公司
		27	78	《阅读儿童文学》	梅子涵著	少年儿童出版社
		28	79	《简单父母经》	［美］金·约翰·培恩、利萨·M.罗斯著/杨雪、张欢译	辽宁科学技术出版社
		29	80	《10岁之前教会孩子如何做人》	［韩］文龙鳞著/马南顺译	中国轻工业出版社
		30	81	《孩子与恶》	［日］河合隼雄著/李静译	东方出版中心
		31	82	《家长12“变”培养孩子的10个策略》	冉乃彦著	黑龙江教育出版社
推荐书目篇70种	亲子互动类	1	83	《让孩子聪明的121个大脑训练游戏》	［英］罗伯特·费希尔著/李中译	新世界出版社
		2	84	《许多孩子，许多月亮》	蓝剑虹著	东方出版社
		3	85	《如何培养孩子的社交商》	［美］凯西·柯恩著/安燕玲译	中央编译出版社
		4	86	《李中莹亲子关系全面技巧》	李中莹著	中国华侨出版社
		5	87	《孩子，把你的手给我》	［美］海姆·G·吉诺特著/张雪兰译	京华出版社
		6	88	《唐浩明评点曾国藩家书》	唐浩明著	山东人民出版社
		7	89	《如何说　孩子才会听，怎么听　孩子才肯说》	［美］阿黛尔·法伯、伊莱恩·玛兹丽施著/安燕玲译	中央编译出版社
		8	90	《孩子提问题　大师来回答》	［英］杰玛·埃尔文·哈里斯著/杜冰译	上海社会科学院出版社
		9	91	《亲子游戏　每天一个》	罗耀先主编	中国人口出版社
		10	92	《大地的礼物——与孩子一起做园艺》	［英］比亚翠斯·洛奇著/周悬译	天津教育出版社

类别		编号		书名	作者／编者／译者	出版社
推荐书目篇70种	亲子互动类	11	93	《父与子冒险书》	［德］克里斯蒂安·安科维奇著／郑萌芽译	浙江科学技术出版社
		12	94	《天哪！数学原来可以这样学》	［日］野口哲典著／刘慧、韩丽红译	陕西师范大学出版社
		13	95	《佩蓉教孩子学礼仪》	［美］蒋佩蓉著／根基教育机构译	中华工商联合出版社
		14	96	《亲爱的安德烈》	龙应台、安德烈著	广西师范大学出版社
		15	97	《诺贝尔奖获得者与儿童对话》	［德］贝蒂娜·施蒂克尔著／张荣昌译	生活·读书·新知三联书店
		16	98	《与孩子共享自然》	［美］约瑟夫·克奈尔著／郝冰译	九州出版社
		17	99	《画说汉字——1000个汉字的故事》	许慎著	北京联合出版公司
		18	100	《中国人阅读书目（三）——中国初中生基础阅读书目·导赏手册》	朱永新、李希贵编	中国人民大学出版社

目录

基础书目篇

（一）儿童发展类
（二）父母成长类
（三）亲子互动类

（一）儿童发展类（10种）

1.《西尔斯亲密育儿百科》导读

作　者：[美] 威廉·西尔斯　玛莎·西尔斯
　　　　罗伯特·西尔斯　詹姆斯·西尔斯
译　者：邵艳美　唐婧
出版社：南海出版公司
出版时间：2009年4月

推荐理由

《西尔斯亲密育儿百科》是一本专门为新爸爸和新妈妈撰写的育儿百科全书。本书内容涉及从怀孕到生产，从新生儿保育到2岁孩子教养，从家庭营养到适宜孩子成长的家居环境，内容翔实生动，特别适合0—2岁孩子的父母阅读，被誉为“育儿圣经”。本书出版近20年来经久畅销，至今仍高居各大书店育儿类图书销售排行榜榜首，美国妈妈们几乎人手一本。

本书作者威廉·西尔斯，医学博士，全美最知名的儿科医生之一，儿科从医经历40年，曾撰写过40余本怀孕育儿类畅销书。他在心理学理论基础之上，总结了“亲密育儿法”。玛莎·西尔斯是威廉·西尔斯的妻子，注册护士，也是育儿顾问和母乳喂养咨询师。

西尔斯博士夫妇把在日常工作中记录和收集到的那些育儿成功的父母对照顾孩子的建议、经过亲身调查和实践总结出的育儿方法都收录在本书中。

西尔斯博士说："孩子如此娇嫩，父母又如此焦虑，因此不能让未经调查和实践的建议来影响父母和孩子。我们应该严肃地对待孩子的教育。所以，这本书里的所有方法都是经得起调查和时间检验的。"与此同时，西尔斯博士专门为忙碌的现代父母们制订了切实可行的育儿计划，来平衡孩子的自然需求与父母的职业需求。教会那些新父母们从书中找到适合自己的方法，并让他们的育儿工作变成一种享受。

内容简介

本书共五个部分，二十八章内容，包括育儿基础、饮食和营养、现代育儿、婴儿的成长与行为、让你的宝宝健康成长，细致介绍了育儿过程中可能出现的问题，以及应对的策略，内容涵盖从怀孕、生产到育儿常见问题解答和家庭营养等，是一本育儿的权威性百科全书，也是一本实践性和操作性很强的书。

这本书在西尔斯博士40年临床实践的基础上，不断地修订删减。在这个新版本里，不仅介绍了过去近二十年，在育儿和儿科领域出现的新思想和新方法，还请罗伯特和詹姆斯博士负责修订本书的医药信息。

"亲密育儿法"是贯穿本书的一个基本理念。这是西尔斯博士结合心理学和儿童发展需要，提出的一个新的理念。他不仅细致地关注了孩子的需求和表达，还提出了父母在有了孩子之后的一系列心理变化以及如何在满足孩子需求的同时，也让自己过得自由自在，把育儿工作变成一种享受。

精彩语录

1. 确实没有一种养育子女的最佳办法，就如同没有完美的孩子。其实这世界上也没有完美的父母。只是有些人研究过相关知识，或是在育儿方面比你更有经验而已。做父母的确实也需要培训上岗。

2. 不要总想着一次把所有的东西都学完。育儿是一个边学边用的过程。实际经验很重要。我们只是对初学者提供一些小技巧，从这些基本方法中，你可以找到、开发适合你自己的独特的育儿方式，既适合你宝宝的性情，也适合你的个性方式。

3. 当父母和孩子产生隔阂时，想教育孩子就不那么容易了。这时父母会觉得已知的办法“全都不管用”，从而开始学习别人的一些方法，却很容易进入一种“尝试—失败—再尝试—再失败”的恶性循环。这种做法通常的结果是让父母和孩子的隔阂更深。与父母没有亲密关系的孩子不好教，因为他们的行为不是源于信任，而是愤怒。

4. 孩子对父母的需求是永无止境的，父母不得不学会自己保存精力。因为这样会间接地让整个家庭运转得更好。对孩子说“不”是可以的。

5. 你给宝宝选择的食物及饮食方式，会帮他形成一辈子的饮食习惯。对宝宝来说，吃饭不仅是一门技能，还是一种与人交流的活动。

6. 宝宝的潜能发挥到什么程度，很大程度上取决于父母的回应和照料。你可以影响宝宝的量杯到底能装多满。

7. 婴儿和父母互动以及玩玩具的方式都代表了他的社交技能。和语言的发展一样，与父母的互动能深刻影响宝宝的社交技能。

8. 真正的教育来自父母和孩子之间的信任。

9. 教育从宝宝一出生就开始了。从第一声哭到第一次说不，都是你和宝宝之间的互动。“教育”这个词有着不同的含义。

延伸阅读

《西尔斯亲密育儿百科》适合学龄前儿童的父母。而他的另一本姊妹书，《西尔斯健康育儿百科》更全面，适合0—18岁孩子的父母来读。这是一本关于儿童健康的综合读物，推荐延伸阅读。

《西尔斯健康育儿百科》[美] 威廉·西尔斯著，阳曦译，九州出版社，2015年6月。

（胡　盈）

2.《幼儿心理百科》导读

作　者：［韩］申宜真

译　者：陈放　付刚

出版社：世界图书出版公司

出版时间：2009年12月

推荐理由

该不该让刚出生的孩子自己睡？为什么孩子总是在哭？为什么孩子总是不分场合地耍赖？孩子不想上幼儿园时怎么办？为什么孩子的注意力总是难以集中……这些都是0—6岁孩子的父母感到头疼的问题。

父母总认为自己对孩子的付出太多，而孩子“为什么会这样”？小小的孩子有着自己大大的心事。每一件事情的背后，都有它的原因和理由。怎样了解孩子的内心世界，针对各种棘手问题对症下药，达到家庭教育的最好效果呢？《幼儿心理百科》这本书，从不同层面、不同角度教会父母怎样正确地尊重孩子、赏识孩子和鼓励孩子，让孩子沐浴在良好家庭教育的阳光下茁壮成长。

本书的作者申宜真，是韩国延世大学小儿精神科教授，专注研究儿童心理学数十年；她是韩国延世大学附属永东世兰医院小儿精神科专门咨询师，拥有丰富的儿童心理问题临床经验；她是两个孩子的母亲，有着鲜活的育儿感受；同时，她还是广受妈妈们好评的著名儿童教育专家，给无数妈妈送去慰藉和幸福。本书曾获得2008年韩国“Best Book”实用类书籍奖。

在本书中，我们还能通过幼儿的行为表现，了解有关幼儿身心发展的本质问题：幼儿心理发展的状况不仅关系到目前的成长，还会对其一生产生持续影响；幼儿时期是人一生中最重要的时期，幼儿时期的心理是孩子性格形成的关键；良好的心理发展，是一个人终生心理健康的基础；每一个孩子都是这个世界上独一无二的存在，每一个智慧的母亲都能发现自己孩子的独特性……

这本书针对0—6岁孩子在不同年龄段的心理、行为等方面的表现，为还不会表达的孩子说出心里话，让父母可以了解孩子的内心，从而更好地爱孩子。

内容简介

本书针对0—6岁幼儿成长特征，共分五大部分：第一部分是0—6岁孩子妈妈最关心的30个问题；其余四部分，分别是养育1岁孩子、2岁孩子、3—4岁孩子以及5—6岁孩子的相关问题。

第一部分针对父母最关心的问题直接给予解决的方法。而在后面的四部分内容里，作者首先介绍这个年龄段儿童的特点，然后分别从该年龄段孩子最典型的问题及父母最关心的问题讲起，既有实例，又有解决方法，为父母们提供了非常实用的指导。

比如，在第二部分中，作者针对1岁孩子的特点，分别从“婴儿的啼哭、睡眠、分离焦虑、不良习惯、性格气质、父母的抚养态度及孩子的成长发育”这些问题讲起，列举了每一种现象背后可能存在的原因，父母应该采取的对策，对年轻父母极具指导性。

又如，在第五部分中，作者针对5—6岁孩子的特点，着力论述学习问题、教育问题、性教育、习惯的养成、阅读、表达以及幼儿园生活、入学准备等方面，同样非常具有参考意义。

本书结构清晰，分类细致且便于查阅，能够帮助父母切实解决育儿困惑，受到广大读者的广泛关注和喜爱。

精彩语录

1. 父母应该宽容对待孩子的失误。孩子的能力是在不断的尝试和失误中点滴积累起来的。

2. 保持母子亲密的依恋关系是成长期最重要的课题，做不到这一点，孩子就不可能在情绪方面得到成长。

3. 爸爸和妈妈对于孩子就像飞机的两翼一样共同作用，帮助孩子在人生的道路上起飞。

4. 当孩子的要求持续得不到满足，失望越积越多并且感到挫折时，就会对这个世界失去信任。

5. 孩子说谎的时候，请在内心默念三句话：相信孩子！就上一回当吧！千万不能发火！

6. 给予孩子喜欢的东西，并让孩子感到幸福才是幼儿大脑发育所必需的教育。

7. 真正的母爱不是教育孩子，而是和孩子有共鸣。

8. 克服困难的经验会成为孩子勇于面对任何挑战的有力武器。

9. 让孩子做有兴趣且愿意做的事，成长会更快。

10. 孩子的话无论听起来多么不重要，父母都要认真倾听，并且对孩子的问题认真回答。

11. 解决读书问题的“钥匙”似乎非常普通，那就是要选择和孩子兴趣相投的书，吸引他的注意力。

12. 想让孩子的学习取得效果，就要遵循孩子的发育过程。接受知识的身体和心理发育成熟，学习才可能取得预期的效果。

延伸阅读

可以继续阅读本书作者的其他作品，如《优秀父母决定孩子一生的对话法》《亚洲超级妈妈育儿经典：好妈妈，慢慢来》《不必牺牲自己也可以教出幸福的孩子》等，也可将［日］小西行郎的《宝宝的心我最懂》，［美］伊丽莎白·帕特丽的《完美教养手册》等进行对照阅读。

《优秀父母决定孩子一生的对话法》［韩］申宜真著，金哲译，中国轻工业出版社，2009年6月。

《亚洲超级妈妈育儿经典：好妈妈，慢慢来》［韩］申宜真著，张春海译，中国社会科学出版社，2003年1月。

《不必牺牲自己也可以教出幸福的孩子》［韩］申宜真著，李尚卿译，中国轻工业出版社，2009年6月。

《宝宝的心我最懂》［日］小西行郎主编，［日］押切令子、［日］佐川康子绘，阿修菌译，世界图书出版公司，2011年1月。

《完美教养手册》［美］伊丽莎白·帕特丽著，黄诗殷、唐子俊等译，世界图书出版公司，2011年9月。

（张　蕾）

3.《儿童健康指南——零至十八岁的身心灵发展》导读

作　者：［德］米凯拉·格洛克勒
　　　　沃尔夫冈·戈贝尔
译　者：林玉珠等
出版社：河北出版传媒集团　河北教育出版社
出版时间：2012年2月

推荐理由

孩子是家庭的希望，孩子身、心、灵的健康关系着家庭的幸福与快乐。可是，我们对孩子成长规律的忽略和无知，却常常让原本可以健康快乐的孩子遭受误解，使他们正常的心灵需求不能被充分理解并获得支持，从而导致疾病和不良行为的出现。

医院里，孩子的哭喊声使我们的心隐隐作痛。作为一名教育者，我深深感受着孩子们成长的艰难。如何充分理解并保护我们的孩子，不仅是医疗、教育需要不断探索研究的课题，也是摆在每一位年轻的父母们面前的难题。

这本书为我们提供了孩子突发疾病的应急处理方法，告诉我们平等考虑孩子们身、心、灵的需求有益他们的身心健康，并引导我们思考：孩子的发展中到底需要什么、成人可以给予他们什么等问题。进而使我们明白：健康的体魄、有规律有节奏的生活状态等可以帮助孩子强大并“找到他自己”；孩子能够诚实、认真地对待他人，能够和别人相互理解并建立信任关系，可以让孩子感受爱、懂得爱、学会爱。这些都将成为孩子们日后生活的力量源泉。

本书的两位作者米凯拉·格洛克勒和沃尔夫冈·戈贝尔是全球人智医学和华德福教育体系中兼具医疗与教育学养的先驱代表人物，他们的专业成就非凡。感恩他们对孩子的热爱，对人类生命的关切和无私奉献，感谢译者和所有推荐本书的天使们，让我们增强了养育孩子的信心和喜悦，真切感知到孩子健康发展的需要。

内容简介

《儿童健康指南——零至十八岁的身心灵发展》是台湾一流的医师、教师队伍历时五年翻译修订完成的一部启迪心智的育儿指南。这本书特别为年轻的父母而写，为了使他们能有信心照顾自己健康或生病的孩子；同时也是写给从事儿童教育与健康关怀的工作者，以及正积极努力解决医疗及教育相关议题的治疗师与医生们。

全书分为三部分。第一部分专注于日常生活中一般疾病的辨识，以帮助父母在陪伴及观察生病的孩子时，能有预警的判定基准，以决定什么时候一定要或应该要去看医生；第二部分概述了儿童发育的各个阶段，及如何创造最好的条件来滋养孩子；第三部分则探讨了教育与医疗的关系，以及它们对孩子日后生活的影响。

精彩语录

1. 宝宝对于疼痛的反应，有一部分取决于周遭环境。作为成人，我们应当以沉着及相信的态度来帮助孩子。

2. 切记：强力禁止与口头警告有时更会激起孩子的好奇心，最重要的是大人自己要随时警觉，并确保孩子的周遭环境是安全的。

3. 医生最乐意见到的是，父母越来越有信心能准确地判断孩子的情况，而且越来越不需要医师的建议。

4. 任何能帮助孩子的身体感觉舒适的方法，都能协助孩子与周遭环境产生共鸣。爱和关注会温暖孩子的身体并使之更强健。

5. 免疫功能不仅取决于遗传，也取决于儿童自己的学习能力与热情，以及（广义而言）在家庭与学校所教育出来的生活形态。

6. 自由地去做一些事，或避免去做某些事，和我们做事的能力有密切的关联。只有当我们能在选项中做选择，而不是在必须费力地取得能力时，才能谈及自由。

7. 当孩子经历他真正的需求被认可且受到尊重，当他的情绪被幽默且耐心地对待，甚至当他的行为失控或要求过多时，能被稳定地规范出一个界限，在这个过程中，孩子将收益良多。

8. 与他人共同生活，我们一定要学习接纳错误及错误行为，而且当这些错误无法立即矫正时，也要学习与之共处。我们一定要对新事物及不可预期的事物学习开放。

延伸阅读

本书作者米凯拉·格洛克勒的其他作品还有《迈向健康的教育——对于老师、医生和家长的一份挑战》等可以选择阅读。

《迈向健康的教育——对于老师、医生和家长的一份挑战》［德］米凯拉·格洛克勒著，林玉珠译，河北出版传媒集团，2012年3月。

（王琳琳）

4.《有吸收力的心灵》导读

作　者：[意] 玛丽亚·蒙台梭利
译　者：蒙台梭利丛书编委会
出版社：中国妇女出版社
出版时间：2012年1月

推荐理由

父母在育儿过程中往往更注重孩子的外在表现，从而忽视了孩子的精神诉求，比如在孩子刚出生时，我们以为只要让他吃饱、睡好，不吵不闹，长得白白胖胖就行了。儿童时期，我们又常常觉得孩子只要身体健康，乖巧听话就行了。还记得我的孩子在3岁左右时，很喜欢将家里的椅子挪来动去，我觉得很烦，常常命令他不要那样做。孩子问这问那时，我也常常觉得很烦，消极应付，总不能给出令孩子满意的答案。孩子喜欢大人陪他做游戏，我们也常常觉得多此一举，总希望他在一边独自玩，不妨碍大人才好。儿子有时埋怨我不爱他，我还觉得莫名其妙。

读完蒙台梭利博士的《有吸收力的心灵》，我被震撼了！我突然意识到自己忽略了儿子的精神诉求，更没有主动为他这个神奇的生命提供良好的成长环境，错过了儿子的“敏感期”，真是有些追悔莫及。

“人生最重要的阶段就是0—6岁这一阶段，而并不是大学阶段。因为，人类的智慧是在这个阶段形成的。”蒙台梭利博士的这句话发人深省。我希望所有关心孩子成长的父母都来读一读这本《有吸收力的心灵》，帮助孩子充分发挥他们的潜力，为孩子的一生打下良好的基础，不要再留遗憾。

内容简介

《有吸收力的心灵》共有28个章节，是蒙台梭利博士的封笔之作，也是最受欢迎、最能体现她思想和方法的大成之作。

蒙台梭利博士通过大量认真的观察，创造性地提出“儿童有一颗可以吸收知识的心灵，具有独自学习的能力”。她认为儿童天生有一种自我发展的倾向，在婴儿期就开始从周围的环境中进行学习和吸收知识。这些知识不仅促进大脑的形成，成为大脑的一部分，还和儿童内在的成长力量一起构建了儿童的心灵。想要让儿童获得身心的正常发展，必须重视人生最重要的0至6岁这一阶段，给儿童创造一个自由发展的环境，理解他们的真正需要，抓住儿童各项能力发展的“敏感期”，运用正确而得当的方法给予儿童必要的关注和帮助，促使儿童的心灵得到自由发展。

从第10章开始，作者就儿童的语言发展、智力发育、运动能力、性格形成等方面进行细述，一一阐述如何通过给予儿童自由，激发儿童的自我意识，从而让儿童获得正常的发展。

书中最后讲到了教育过程中，老师要培养儿童的纪律性，应在儿童的心理发展过程中，给儿童自由选择的机会，并通过各种方式帮助儿童集中注意力。作者指出，当儿童可以集中注意力关注有吸引力的事物时，他们就具有了纪律性，他们的天性就会自然地发挥出来了。

精彩语录

1. 儿童要求独立是他们自然成长的一项基本要求。换句话说，如果我们能对儿童的自然成长给予足够的关注，儿童就会逐步实现独立。

2. 儿童会凭借从周围环境中获得的深刻印象来建造心灵深处的自我。尤其在刚刚出生的那段时间里，他们更是如此。

3. 所有儿童的语言发展都遵循一个固定的规律。无论儿童在什么地方生活，无论他们所说的语言是简单的还是复杂的，他们都有基本相同的语言发展阶段。

4. 儿童依靠提高运动协调能力来使自己的心理得以完善，进而凭借心理来对运动产生影响。

5. 当孩子的行为被打断，他们的性格就会因此发生变化，做起事来也会失去目的性和积极性。让儿童为自己要做的事情做好准备，并坚持完成它，是很重要的。

6. 儿童的性格不是由成人教出来的，而成人能够做的只是对儿童进行科学的教育，让他们可以有效地完成这个过程，而不受打扰和阻碍。

7. 我们让儿童自由选择，他们会按照自己的行为方式做事。儿童就是通过这样做来获得社会经验的。这种经验的累积有助于儿童正确处理他们所面临的问题。

延伸阅读

本书作者的其他早教经典原著：《蒙台梭利早期教育法》《蒙台梭利儿童教育手册》《发现孩子》《童年的秘密》等，可以选择阅读。

《蒙台梭利早期教育法》［意］玛丽亚·蒙台梭利著，蒙台梭利丛书编委会译，中国妇女出版社，2012年1月。

《蒙台梭利儿童教育手册》［意］玛丽亚·蒙台梭利著，蒙台梭利丛书编委会译，中国妇女出版社，2012年1月。

《发现孩子》［意］玛丽亚·蒙台梭利著，蒙台梭利丛书编委会译，中国妇女出版社，2012年1月。

《童年的秘密》［意］玛丽亚·蒙台梭利著，蒙台梭利丛书编委会译，中国妇女出版社，2012年1月。

（王秀珍）

5.《家庭教育》导读

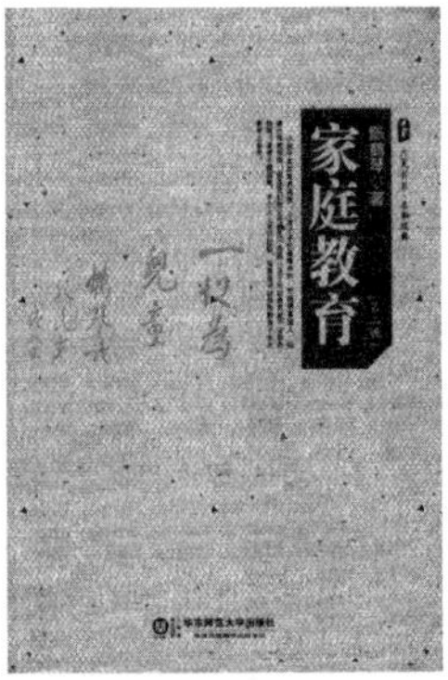

作　者：陈鹤琴

出版社：华东师范大学出版社

出版时间：2013年5月

推荐理由

陈鹤琴先生的《家庭教育》一书，被誉为“中国幼儿教育的开山之作”，读完这本书，我对家庭教育的许多问题有了更加深刻的认识。如果可以早点儿读到这本书，孩子教育上的许多问题也许可以迎刃而解，现在想来，不免有些遗憾。如陶行知先生所说：“此书能解决父母许多疑难问题，就说它是中国做父母的必读之书也不为过。”本书自1925年初版以来，已经多次再版重装，足见其受广大读者喜爱的程度。

本书作者陈鹤琴先生，是中国现代儿童心理学和幼儿教育学研究的开创者，著名的儿童心理学家，儿童教育家，被熊式辉称为“中国教育界的四位圣人之一”。

陈先生书中的案例，大多选自长子陈一鸣的真实故事，生动活泼、有说服力。陶行知先生曾在为本书写的评论文章《愿天下父母共读之》中，将此书与《佛戴之教育》（多被译作《卡尔·威特的教育》）相比较，称它是《一鸣之教育》。因为这两本书，都是父亲将自己的教育理念，在自己儿子身上进行印证而铸就的不朽作品。

此书成书于1925年，书中所涉及的物质条件和生活场景与现在有很大不同，但其中的育儿观念对现在的父母们依然非常适用，且这种时代的局限，完全不影响它带给读者的启发和思考，不影响它成为读者爱不释手的作品。足见，穿越时空和岁月，教育的本质问题还是相通的。

内容简介

全书分十三章。第一章和第二章分别从理论的角度简要介绍儿童心理特点及儿童学习的性质与原则，作者力图通过引导父母从儿童身心发展和学习的本质规律去了解儿童，进而获得教育儿童的适当方法。第三章分享了十一条普通教导法的原则。从第四章开始，作者分别从卫生习惯、游戏与玩物、待人接物、经验培养、责罚的原则等方面，内容涵盖了孩子的饮食起居、喜怒哀乐、健康疾病、人际交往乃至良好成长环境的营造等种种问题，借助具体的实例，讲述了自己的做法，其中引发的思考和得到的启示，对肩负家庭教育责任的父母们有普遍的借鉴意义。

附录部分收录了陈鹤琴先生自1934年到1948年间在报刊上发表的七篇教育作品，内容包括儿童教育的根本问题、怎样做父母、怎样教小孩等方面。

本书内容丰富，实用性强，是一本经得起历史检验的家庭教育著作。

精彩语录

1. 庸人和伟人的差距很大，而二者的父母其实都是普通人，所不同的是，一个注意了身教的细节，一个没有注意到。

2. 知识之丰富与否，思想之发展与否，良好习惯之养成与否，家庭教育实应负完全的责任。

3. 小孩子生来都是好的，即使不好，也是父母影响他的，不是他的过失。大人学得不好，这又是环境的影响，教育的效果。小孩子实在不负什么责任的。

4. 小孩子生来是无知无识的，不知什么是好，什么是坏。他的一举一动可说一方面受遗传的影响；一方面受环境的约束，受教育的支配。小的时候，环境中最重要的因素是父母，教养中的最重要的因素，恐怕也是父母。

5. 好动是经验的原动力，是知识的发动机，我们要让小孩子去运用双手，睁开双眼，张开耳朵，与大自然、大社会发生接触，获得具体的经验。

6. 游戏是儿童的第二生命。小孩子只喜欢两桩事，一桩是吃，一桩是玩，玩比吃还重要。

延伸阅读

可参考阅读陈鹤琴先生的其他经典作品《儿童心理之研究》《陈鹤琴教育文集》等。

《儿童心理之研究》（上、下）陈鹤琴著，商务印书馆，1925年。

《陈鹤琴教育文集》（上、下）陈鹤琴著，北京出版社，1983年12月。

（张辉玲）

6.《青春期——发展、关系和文化》导读

作　者：[美] F・菲利浦・赖斯
　　　　金・盖尔・多金
译　者：陆洋　林磊　陈菲
出版社：上海人民出版社
出版时间：2009年8月

推荐理由

有人说，青春期的孩子们最难教育和管理，在他们身上，理性与感性交替冲突，一会儿天使，一会儿魔鬼，情绪变化如暴风骤雨。

跟青春期的孩子们谈话，我们发现，他们脑袋里浮现的全是自我。一句不经意的话，也可能会让他们品出不一样的味道。他们生活中所有的字眼都围绕在一个“我”字上面。他们在不断地探索——“我”是谁，“我”会变成什么样，“我”应该是什么样的人，“我”在群体中的位置？哪怕同学说起一件与他们毫不相关的事，他们也会对比朋友和自己的特点，把事情联想到自己身上来。青春期是孩子们走向成熟道路上的一个里程碑，但他们还远不成熟。

在中国，由于越来越多的夫妇实行晚婚晚育，往往孩子刚进入青春期，父母已人到中年。“青春期撞上更年期”的冲突已成为很多家庭中普遍存在的问题。父母们会非常沮丧地发现，跟孩子的蜜月期已经结束，自己对孩子的影响力也越来越弱。因为他们不再仅仅满足于父母的庇护和包容，而是开始在家庭外部探寻自我。

如何与时俱进地认识和理解青春期的孩子们，用心去陪伴他们度过这段非常时期，已经成为令很多家长头疼的问题。正如心理学家Eakerweil所说：“很多时候，孩子是病人，但父母需要治疗。”

《青春期——发展、关系和文化》这本书将带给我们独特的感受，将教会我们如何与一个处于青春期的孩子融洽相处，值得我们认真品读。

内容简介

本书开头梳理了青春期研究的各种方法，先详细地介绍了生物学方法，主要讨论青春期性成熟和身体生长的过程；然后重点介绍了认识青少年的第二种途径即认知方法，引导读者关注青少年智力、信息加工方面的量变和他们思维方式发生的质变；接着讨论了性心理学，主要研究情绪与自我的发展，包括自我概念、自尊、性别和同一性的发展，以及心理健康和压力对青少年的影响；最后作者在社会关系的背景下，介绍了家庭对青少年的影响方式以及青少年的同伴、友谊和恋爱关系。

在书中，作者还渗透了当今一些重要话题，诸如种族同一性的形成、性别问题、网络问题、单亲家庭的影响等等。贯穿本书的跨文化问题的讨论，有助于人们对身处不同文化群体之中的青少年更加深入地理解。

本书结尾开设的“他们的声音”专栏收集了青春期孩子们对有关话题的观点和看法，可以引导孩子们关注并了解同龄人的经验和观点，同时有利于父母们进入孩子的内心世界，与他们更好地交流。后记部分探讨了青春期和成人早期的差异问题，关注孩子的现状和未来。

精彩语录

1. 青少年作为社会中的一员，是社会人，我们有必要了解社会影响他们的方式。

2. 当今青少年生活的时代，是将浪漫爱情和伴侣关系的实现放在婚姻最基本的位置上，而不是经济的保障。

3. 相比未离异家庭中的孩子，在父母离异后的第一年里，离婚族的男孩和女孩与同伴和成人相处时都表现出更多的焦虑、苛求、不顺从、攻击性和依赖性行为。

4. 智慧的、成熟个体的特征之一就是拥有作出正确决策的能力。在青春期做出的一些决定，可能会影响人的一生。重要的决定可能涉及教育、职业、配偶选择、娱乐活动、药物使用、医疗和健康习惯等方面。

5. 放纵型父母是过度纵容的，他们相信表达爱的最佳方式就是满足孩子的所有愿望。他们几乎允许孩子决定自己所有的事情并且毫不监督孩子，他们不喜欢说不或让孩子失望。

6. 单亲家庭的一个影响就是鼓励了青少年的自主水平的发展。如果一个家庭在经济、社会地位和情感上都不稳定，青少年们会怀疑父母的能力，比如提供经济和情感知识的能力。

7. 青少年是父母取向还是同伴取向部分取决于父母和子女的情感亲密水平。与父母有着亲密情感依恋的青少年父母取向的可能性大于那些与父母呈敌对关系或拒斥关系的青少年。

8. 处于社会孤立地位的青少年，一旦失去所爱的人或物，他们就更容易采取自杀行为。

9. 如果一个人持续不断的服用某种药，就可能导致对药物的生理成瘾或是心理依赖。

10. 认知上的妄自尊大使青少年更倾向于挑战权威，不喜欢按照他们想要的那样去做。

延伸阅读

《人生心理发展》丛书系列共有四本，除此之外，还有《为人父母》《异常儿童心理》《儿童发展》，可以选择阅读。

《为人父母》［美］简・B. 布鲁克斯著，包蕾萍、李秀芬、马明伟译，上海人民出版社，2009年8月。

《异常儿童心理》［美］埃里克・J. 马什、戴维・A. 沃尔夫著，徐浙宁、苏雪云译，上海人民出版社，2009年8月。

《儿童发展》［美］约翰・W. 桑特洛克著，桑标、王荣、郑欣媚等译，上海人民出版社，2009年12月。

（杨燕燕）

7.《好孩子：三分天注定，七分靠教育》导读

作　者：洪 兰

主　编：尹建莉

出 版 社：长江出版传媒　长江文艺出版社

出版时间：2012 年 11 月

推荐理由

多少年来，我们固执地以自己固有的理念来判断孩子的未来，高喊“不要让孩子输在起跑线上”的口号，早早把孩子送进补习班、特长班，甚至早早送去上学。于是，我们陪着孩子一个个补习班审核待选，一个个加强班送上接下，忙得不亦乐乎，还自诩“为了孩子”，全然不顾这些违背孩子成长规律的“反科学”的做法，早已经让孩子没有了笑脸……

“人生好似马拉松，起跑早晚都可能赢”“游戏是促使神经连接最好的方式，有利于培养想象力，而想象力是创造力的根本。在游戏中，孩子还可以学习处理人际关系，锻炼接受事物的能力”“学习不只是课本学习，事实上，小孩一出生就开始学习了。大自然，公共场合，家里的书房、厨房等地，都是孩子学习的地方。孩子的学习，不一定需要家长教，而是一种内在的学习”……洪兰教授的家教理念，不是照搬教条，而是从脑神经发育规律的角度出发，引导父母分析孩子的大脑与性格、才能、心智发展的关系，针对孩子成长中的各种问题，为父母提供科学的解答和建议。

内容简介

左手理念，右手方法；没有命定的天才，只有教出来的人才。懂大脑才懂教育，懂规矩才懂学习，懂内心才懂相处，懂生命才懂人生。

“三分天注定”，强调家长要关注孩子的差异性，正是这种差异为后天教育发挥功用提供了平台和基础，每个孩子的个性必须得到尊重。

“七分靠教育”，说明教育虽然不是万能的，但教育可以对孩子的一生产生决定性的影响；父母把握好这七分，教育就大有作为。

本书分为四章。从脑神经发育规律角度出发，为父母教育孩子提供科学的依据和建议。

第一章“懂大脑才懂教育”。首先教给读者怎样分辨“伪科学”，然后引导读者运用科学知识，用教育的方法协助孩子获得“命里没有”，即先天不足的能力。

第二章“懂规矩才懂学习”。很多父母认为孩子上学越早越好，但作者的观点却是“儿时抢一步，长大误一生”。因为孩子的好奇心，记忆力、写作、阅读等能力，都与孩子的大脑发育是否做好了准备息息相关。如果不了解这些科学的规律，对孩子的教育就容易是盲目甚至错误的。

第三章“懂内心才懂相处”。学习的过程，其实就是建立各种关系的过程。而所有的关系中，亲子关系又是一切关系的前提和基础。只有亲子关系和谐，教育才有效。父母只有读得懂孩子的内心，才能选择和孩子相处最好的方式。

第四章“懂生命才懂人生”。生命是一切教育的前提和根基，心灵的开发是无价的。对孩子成长中的各种问题，其实都可以从脑科学的角度找到解释，父母只有尊重科学，才能够让孩子以平和、积极、乐观的心态，面向生活，面向未来。

精彩语录

1．幼儿的脑同步在发展，没有右脑先启动再动左脑的任何证据，右脑开发是谎言。

2．神经对一直不停进来的刺激有饱和的现象，疲乏了就不再处理它了。机器也不能“连轴转”。

3．孩子迷恋看电视怎么办？请父母关掉电视，读书给你的孩子听。用正面挤掉负面，用美好洗涤邪恶。

4．运动对多动症来说，是自我控制的“良药”，其实很多被大人认为是“皮”的孩子，只要给他们一个运动空间、一点时间，将精力正当消耗掉就不捣蛋了。

5．“贵人语迟”是正常现象，说话早些晚些都正常，父母不着急，孩子才能正常成长。

6．在21世纪，孩子将来是靠长处吃饭的，不是短处。没必要要求他样样精通，那结果往往是样样松，他有一项特别出色，能够跟别人竞争就可以了。

7．身材最小、力气最小的孩子在班上常是被人欺负的那一个，太早入学对孩子身心发展都不好，儿时抢一步，往往长大误一生。

8．假期不要去上补习班，让孩子在家中阅读，学会“自律”，自己分配时间，自己是自己的主人，自己对自己的行为负责。时间管理，从小培养。

9．母语的学习的确有“关键期”，愈早愈好，但第二语言的学习到现在还没有看到支持关键期的证据。成年后再学第二语言跟孩子时学习第二语言的表现并无差异。

10．作为父母，应该谨记语文是基础，也是关键，学好语文才能学好其他。真正的人才胜出在中文水平。学不好母语，也学不好外语。

11．玩网游不一定全是坏事，只要不牵涉色情与赌博，玩网游对眼、手的配合，空间的概念和推理的能力等多方面都很有帮助。父母不必谈网色变，重要的是引导。

延伸阅读

推荐阅读作者洪兰的其他作品:《让孩子的大脑动起来——最科学的聪明育儿法》《理直气平——勇于改变才会进步》。

《让孩子的大脑动起来——最科学的聪明育儿法》洪兰著，南京师范大学出版社，2010年10月。

《理直气平——勇于改变才会进步》洪兰著，译林出版社，2013年7月。

（宋新菊）

8.《习惯决定孩子一生》导读

作　者：孙云晓

出版社：北京师范大学出版集团

　　　　北京师范大学出版社

出版时间：2013年9月

推荐理由

美国心理学家威廉·詹姆士说："播下一个行动，收获一个习惯；播下一种习惯，收获一种性格；播下一种性格，收获一种命运。"习惯决定命运。

习惯就是习以为常的行为，是一种稳定的自动化的行为，是经过反复练习而养成的语言、行为、思维等生活方式，它是人们头脑中所建立起来的一系列条件反射。孔子说："少若成天性，习惯成自然"。习惯一旦养成将内化为自然的行为和倾向，因此，良好的行为习惯能让人受用一生。

孩子的教育问题已成为每个家庭的头等大事，小宝宝还在妈妈肚子里其实就开始接受教育了。也因此，各种教育理念也应运而生："教育要从娃娃抓起""不让孩子输在起跑线上""好妈妈胜过好老师""赏识教育"等等，让本就迷茫的父母们更加困惑了。而本书选择用大量的案例告诉我们，其实教育是有规律可循的。

没有规矩不成方圆。南宋时期，我国著名学者、理学家朱熹就著有《童蒙须知》一书，对儿童生活起居、学习、道德行为和礼节等均作出详细规范。而本书可以说是当代父母和儿童的行为规范和准则，是一本非常具有指导意义的家庭教育书籍。

这本书教给父母什么是好的重要的习惯、怎样培养良好习惯、怎样矫正不良习惯等等。本书还蕴含了很多重要的教育观点："个人才能培养扬长避短最重要""了解孩子、尊重孩子才是教育的根本""学习习惯比考分更重要""让父母回归教育本质来看教育"……最重要的是，父母可以在专家的具体指导下和孩子一起实践，共同成长。

作者孙云晓老师，是中国青少年研究中心副主任兼研究员，自2001年至2010年的10年间，一直在主持少年儿童习惯研究课题，即教育部的全国教育科学"十五"规划课题——"少年儿童行为习惯与人格的关系研究"、全国教育科学"十一五"规划课题——"少年儿童自我管理习惯培养及其社会适应的关系研究"。本书凝练了以上课题的研究成果，可谓十年磨砺的精华之作。

内容简介

《习惯决定孩子一生》从"教育的核心是培养健康人格"这个话题，告诉我们"培养健康人格最有效的途径就是从培养行为习惯做起"，儿童教育就是培养好习惯，我们通过培养好习惯来缔造孩子的健康人格。

孩子良好的习惯如何养成呢？文中借助大量的实例证明，父母首先要树立正确的成功观，要在了解孩子的前提下教育孩子，要让孩子喜欢学习、学会交往、关注孩子的身心健康、教孩子学会消费、用好媒介，同时，父母也要共同培养好习惯，和孩子一起成长。每一部分最后，都有作者给出的"教你一招"，让父母轻松学到教孩子培养好习惯的方法。

本书故事性强，非常容易引起读者的阅读兴趣。

精彩语录

1．一个有健康人格的人，才是走遍天下都可以让人放心的人；一个人的人格不健康，他就是表面上再辉煌，也可能随时崩溃。

2．习惯与人格的关系是相辅相成的。习惯影响人格，人格更会影响习惯。也许可以说，年龄越小，习惯对人格的影响越大；年龄越大，人格对习惯的影响越大。因此在儿童时期重在培养良好习惯，就是为健康人格奠定基础。

3. 培养爱心助人、主动学习、勇于担当、自我管理和尊重他人（即仁爱、求知、责任、自制、尊重）五个方面的好习惯，可以说，这五个好习惯的指标也是健康人格的指标。

4. 习惯培养的最高价值是人的解放而非束缚。习惯培养务必尊重个人的权利和尊严。

5. 独生子女的父母们要联合起来，以群治独，因为孩子需要在群体中长大，他们不能在孤独中成长。

6. 儿童教育中有个最基本的原则，也是最神圣的原则，就是千方百计让孩子相信自己是个好人，是个能人，是个充满希望的人，是个幸福快乐的人。用心理学的语言说，就是培养人的积极的自我概念。

延伸阅读

可以参考阅读孙云晓老师的其他作品，比如“五个好习惯”丛书、《藏在书包里的玫瑰》等等。

“五个好习惯”丛书，孙云晓、赵霞著，北京师范大学出版社，2014年1月。

《藏在书包里的玫瑰》孙云晓、张引墨著，作家出版社，2014年4月。

（齐　琳）

9.《童年的王国》导读

作　者：［奥地利］鲁道夫·斯坦纳

译　者：潘定凯

出版社：深圳报业集团出版社

出版时间：2014年5月

推荐理由

鲁道夫·斯坦纳，一位奥地利社会哲学家，创立人智学理论，认为学校应根据人的意识发展规律和成长阶段实施健康和谐的全人教育，并在这些理论基础上，创立华德福学校。本书汇集了他在1924年8月对即将在英国开办的华德福学校的教师们做的一系列演讲。

鲁道夫·斯坦纳博士在演讲中强调整体地而不是分离地看待事物；教育是一个整体，对儿童的教育需要建立在对人真正的了解之上；教育者最重要的是要不断地进行自我教育；孩子不是学你说什么，甚至不是学你做什么，而是学你真正是怎么样的一个人。这些观念在今天仍对我们具有意义。

本书旨在呈现华德福教育创建人斯坦纳博士的儿童观，并不做人智学概念的探讨，因为不管何种教育方法，都有一个相同的目的：希望孩子、希望人类有个更好的未来。怎样成为一个完全意义上的人？又该如何把活生生的东西带入教育之中？在各种教育理念泛滥的今天，这本小书或许能给你带来更多启发。

内容简介

《童年的王国》除阐述儿童的成长和发展规律、教育的本质外，还强调教师本身的德行品质才是影响儿童的关键因素，让孩子学到如何做一个实在的工作者等，并对关注儿童身、心、灵整体的华德福教育体系做了介绍。

精彩语录

1. 斯坦纳博士对于“以身作则”的看法更令人深思，孩子不是学你说什么，甚至不是学你做什么，而是学你真正是什么样子的一个人。

2. 不论是什么教育方法，都有一个相同的目的：希望孩子、希望人类有一个更好的将来。“智者察同，愚者察异”这句话也许可以帮助我们为孩子开创一个更好的将来。

3. 如果我们看到了这个孩子五十年后的岁月，我肯定会发现他有严重的肌肉或动脉硬化，致病原因不明！但实际上这就是我在他八九岁时过分损耗记忆力所造成的后果！所以你要知道，八九岁的孩子与五十年后的成人是同一个人。

4. 我一定要知道我今日这样对待这个儿童，四五十年后会有什么样的结果，因为生命是一个整体，前后相连，不只是了解这个孩子就好，我一定要了解人的整体性。

延伸阅读

可以参考阅读《斯坦纳给教师的实践建议》《自由地学习》等。

《斯坦纳给教师的实践建议》［奥地利］鲁道夫·斯坦纳著，温鹏译，贵州教育出版社，2013年10月。

《自由地学习》［英］琳·欧德菲尔德著，李泽武译，人民文学出版社，2006年6月。

《做适合人的教育》［英］吉尔伯特·蔡尔兹著，王荣亭译，新世界出版社，2012年7月。

《与孩子共处的八年》［德］赫尔穆特·埃勒著，滴水译，天津教育出版社，2011年8月。

《华德福在中国：迈向个性的教育（20年践行珍藏版）》黄晓星著，广东教育出版社，2014年8月。

《重新学习做老师》李泽武著，天津教育出版社，2011年2月。

（田　冲）

10.《解放儿童》导读

作　者：刘晓东

出 版 社：凤凰出版传媒集团　江苏教育出版社

出版时间：2008年12月

推荐理由

本书是一部儿童教育的学术文集。相对“原罪说”的儿童观和弗洛伊德的儿童“生而只具有可恶的本我”的说法，作者更认同杜威、蒙台梭利、福禄贝尔等人的“尊重儿童、解放儿童”的观点。

作者认为，儿童是探索者、思想家、艺术家、梦想家、游戏者，他们在好奇、探索、梦想、涂鸦、蹦蹦跳跳和歌唱中来展现自己的生活和世界，在丰富多彩的生活样式中成长。真正的教育应当是认可儿童的世界，学习只是儿童丰富生活中的一部分，是实现成长的手段之一。因此，了解儿童按照自身成长规律由内而外成长所需的内部条件和外部条件、生物因素和文化因素就非常必要。

教育只有以儿童为中心，从现代的视野中关注儿童的成长，充分发挥儿童的天性，了解儿童的兴趣、需要、儿童世界可能存在的内容和儿童成长的过程，才能更容易让儿童体验到幸福，成长为健康幸福的人。

但中国的儿童教育迄今存在种种误区。这些误区的根源在于，中国尚不存在现代形态的儿童观和儿童教育观。发现儿童的世界，尊重儿童的生活，建设儿童本位、儿童中心的教育理念，是走出儿童教育的种种误区、实现儿童教育现代化的必由之路。因而，从儿童教育深层文化心理的角度，厘清教育实践中存在的误区，并找寻走出教育误区的路径就显得尤为重要。

因此，作为教育者，如何将新的教育观念内化成我们自己的教育观念，变成我们自觉自发的教育行为，就需要从思想上展开一次头脑风暴。

本书作者刘晓东，教育学博士，南京师范大学道德教育研究所研究员，南京师范大学教育科学学院研究员、博士生导师，全国青联委员，从儿童哲学、教育哲学、文化哲学、学前教育学的视角，带领我们探讨儿童教育的相关问题。

内容简介

本书从“尊崇天性”“解放儿童”“走出误区”三个篇章由浅入深地展开了对于儿童教育的深入探讨。

第一章属于儿童哲学范畴，从儿童本能、儿童的梦想世界、儿童游戏、儿歌、童话、神话等谈起，先帮助读者了解儿童认知异于成人认知的真相所在，揭示了儿童的天性和儿童的生活，还原真实的儿童世界，从而为端正教育态度和教育观念扫清障碍。第二章属于儿童教育哲学范畴，试图剥离传统“成人中心”的儿童教育观所留存的消极影响，与旧式中国传统教育做厘清和告别，以批判的方式清楚地呈现中国传统教育的错误及局限所在，从而以更加开放的心态解放之前传统教育所施加在儿童身上的束缚和制约，并了解中国教育当下的应然之境和实然之境。第三章属于儿童教育文化哲学范畴，针对当下中国教育实际当中由于认识偏差而导致的教育问题，对中国儿童教育现实进行了批评，也进一步说明了成人对儿童生活做到同情、理解、欣赏，才能真正做到给儿童松绑，还儿童自由，使儿童真正获得解放。

精彩语录

1. 童话帮助儿童宣泄着情感，帮助他们习得智慧，也帮助他们看到希望。听过安徒生童话《丑小鸭》的儿童都知道：哪怕现在有多么丑陋，只要你是天鹅蛋，你总有一天会变成美丽的白天鹅。这样的信念给了孩子多少美好的憧憬，给了孩子多少力量去面对成长中的烦恼！

2. 梦想是孩子的天性。儿童在梦想中拓展着自己的精神时空，在梦想中挖掘着祖祖辈辈共享的精神宝藏。

3. 现在提倡科教兴国，然而旧式教育的流毒余孽在人的头脑里还存在，所以教育改革的关键在于教育观念的变革，尤其是认识儿童的天性，遵从儿童的天性，这样方能解放儿童，使儿童有一个充分表达天性的童年，有一个茁壮成长的欢乐的童年。

4. 教师应当尊重儿童的兴趣与好奇心，应当尊重儿童自发的探索活动；教育的内容不再由教师一方单独抉择，而是教师根据儿童的兴趣与儿童一起编制儿童的活动“方案”。这是一种偏重于自发型一侧的自发—反应型的教学，真正地保障了教育内容的大纲与儿童发展的大纲的一致性。

5. 学习是儿童的权利，有一个欢乐的童年亦是儿童的权利。儿童教育不应当剥夺儿童的这些权利，它应当既促进儿童发展，又使儿童获得学习的欢乐、童年生活的欢乐。

6. 超前教育、催早熟的教育不对，放慢的教育亦不对。适度的教育只有一种，那就是尊重儿童成长的自然速度。这个速度是大自然安排的，它是儿童成长的客观规律之一，违背了它就是违背了客观规律，违背了客观规律就办不好事，就要受到客观规律的反抗和惩罚。

7. 性格即命运，这是西方的一句格言。思维的特色也是依赖于性格、个性、人格的。创造性思维正是在创造性个性中的社会态度、价值取向、评价等平直的参与下产生的……为了培养幼儿的创造性，我们必须培养这种创造性的人格。

延伸阅读

本书作者的其他作品还有：《儿童教育新论》《蒙蔽与拯救：评儿童读经》等，可以选择阅读。

《儿童教育新论》刘晓东著，江苏教育出版社，2008年12月。

《蒙蔽与拯救：评儿童读经》刘晓东著，江苏教育出版社，2009年4月。

（李　珺）

（二）父母成长类（10种）

1.《爱的艺术》导读

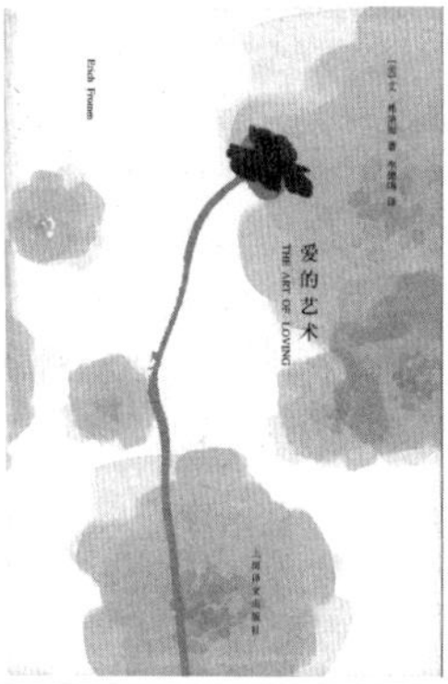

作　者：［美］艾·弗洛姆

译　者：李健鸣

出版社：上海译文出版社

出版时间：2010年7月

推荐理由

“如果不努力发展自己的全部人格并以此达到一种创造倾向性，那么每种爱的试图都会失败；如果没有爱他人的能力，如果不能真正谦恭地、勇敢地、真诚地和有纪律性地爱他人，那么人们在自己的爱情生活中也永远得不到满足。”

人在社会生活和家庭生活中，必须面对各种各样的关系：亲子、同事、朋友，乃至陌生人。生活在这些关系中间，极大地考验着一个人各个方面的能力。有些是考验支持、平衡的能力；有些是考验承载别人成长的能力；有些是关乎传递生命力的能力；有些是经营亲密关系的能力，甚至还有自己爱自己的能力。总之这方方面面都对我们提出了实际要求，需要我们慢慢地觉醒和思考，正如作者所说，只有做一个“成熟的、有创造性的人”才能具有爱的能力。

本书的作者艾·弗洛姆是一位德裔美籍心理学家和哲学家、法兰克福学派重要成员。他认为，“爱是一门艺术，要求想要掌握这门艺术的人有这方面的知识并付出努力”。

在本书中，他以人类生存为起点，以增进个人成熟度为终极目标，从爱的形式、爱的对象、爱的状态及其所受到的社会环境影响等方面娓娓道来，就像一个智慧、亲切的老朋友，告诉我们怎样去发展爱、实践爱，怎样推动社会朝正确的方向发展，以及如何创造出个人与世界的一致性。在实践方面，作者更是提出了精准可行的准则供我们学习，为我们掌握“爱”这种能力，指明了努力的方向。

内容简介

《爱的艺术》全书分为四章并带有一篇附录。

第一章围绕“爱是一门艺术吗?”这个问题，作者首先做出了肯定的回答，然后告诉大家，学会这门艺术同样需要有步骤。

第二章“爱情的理论”，首先思考了这个貌似简单，实则关乎人类生存的本质问题，指出“爱首先不是同某一个人的关系，而更多的是一种态度，性格上的一种倾向”。然后从爱的不同对象的角度论述了“博爱，母爱，性爱，自爱，神爱”的话题。

第三章“爱情及其在当代西方社会的衰亡”。作者认为“因为爱情是那些具有创造性和成熟性格的人的一种能力，所以，一个生活在特定社会中的人，他的爱的能力取决于这一社会对他性格的影响”。当代西方社会形态导致种种“病态的”爱情形态的出现。

第四章是告诉大家，怎样去学习实践爱，及所需要遵循的原则和态度。

附录是关于作者的故事，给我们阅读本书提供了一个强大的智力背景，帮助我们了解作者及其思想的发展历程，以更好地从他的理论中获得丰富的滋养，从而更好地了解爱的艺术，掌握爱的艺术，运用爱的艺术。

精彩语录

1. 这种自由恋爱的新方式必定会大大提高爱的对象的重要性，而不是爱情本身的作用意义。

2. 对幼儿生命的肯定应该包括两个方面：一方面是必须关心幼儿并对其成长负有责任，以维护和发展弱小生命。另一方面则超出了维护生命的范围，那就是要使孩子热爱生活，要使他感到：活着多么好！当一个小男孩或小女孩有多么好！在这个世界上活着有多么好！

3. 如果不努力发展自己的全部人格并以此达到一种创造倾向性，那么每种爱的试图都会失败；如果没有爱他人的能力，如果不能真正谦恭地、勇敢地、真诚地和有纪律性地爱他人，那么人们在自己的爱情生活中也永远得不到满足。

4. 要使人具备爱的能力，就一定要把人的发展看作是社会的最高目标。经济机器应该为人服务，而不是相反。应该要使人有能力分享劳动经历，而不是参与盈利。应该这样组织社会，使得人的合群性和爱的本性不脱离其社会存在，而是同社会存在联合一致：应该使得人不再同自己的力量产生异化并且不再通过崇拜新偶像——国家、生产、消费——的方式去体验自己的力量。

延伸阅读

本书作者还有其他作品：《逃避自由》《健全的社会》等，都值得读者参考阅读。

《逃避自由》［美］艾·弗洛姆著，刘林海译，国际文化出版公司，2002年8月。

《健全的社会》［美］艾·弗洛姆著，孙恺祥译，国际文化出版公司，2007年3月。

（宋香丽）

2.《斯波克父母经》导读

作　者：［美］本杰明·斯波克

译　者：刘 莹

出 版 社：时代出版传媒股份有限公司

安徽科学技术出版社

出版时间：2012年7月

推荐理由

《斯波克父母经》是“美国最受信赖的育儿专家对父母的贴心忠告”。

父母们总是希望能找到一剂即时的、药到病除的灵丹妙药以解决在育儿过程中遇到的问题，但是很多时候，其实是父母们自己普遍存在“焦虑”“烦躁”情绪，很多父母不信任孩子，这种和孩子之间的“信任危机”导致了他们的焦虑情绪。但他们不知道的是，在与孩子的相处中遇到的各种各样的生活中的、学习中的问题，都与他们的焦虑有着息息相关的、千丝万缕的关系。

爱和信任构成了孩子未来发展和人际关系的基础，甚至他对外界的兴趣以及处理自己想法的能力，都会在这个基础上产生。而且，我们的孩子们通常都是非常努力地向他们所热爱的人学习如何为人行事，没有得到爱的孩子则不会通过这样的方式来模仿学习正确行为。

《斯波克父母经》虽然是以美国为背景的，但对当代中国年轻父母同样具有深刻而实用的启示。在与孩子相处的过程中，父母的榜样作用尤为重要，因此，在注重孩子行为表现的同时，我们更应该检讨自己的表现，时刻自省——我们是否是合格的榜样。

作者本杰明·斯波克（1903—1998）是20世纪最可信和最受爱戴的

"育儿之父"，美国儿科权威，医学博士，具有60多年儿科医生经历，见证了几乎整个20世纪美国的发展和儿童教育事业的成长进步。他最著名的一句话"相信自己、相信孩子"，不但是一句育儿经典语录，还应是父母们铭记于心的教育信条。

内容简介

在本书中，斯波克博士通过自己丰富的理论知识以及实践经验诠释了他的观点：

1. 孩子成长的努力是被鼓励还是被压抑，取决于成人的态度。给孩子机会去练习新的技能，直到他们可以熟练掌握，这会增强孩子自主性的动力；学龄的孩子们与朋友相处、玩洋娃娃、读书或参加各种自己感兴趣的活动，可以培养孩子的社交能力、合作能力、领导能力、追随能力、创造性、责任感、独立思考能力和自律能力，从而帮助他们为日后获得成功的事业和良好的人际关系打好基础。2. 爱是最基本的要素：当孩子得到父母很多爱时，他们内心会产生爱的回应，使他们希望自己成为像父母那样的人，而且大多数时候他们希望自己能让父母欣慰。父母的爱唤醒孩子内心爱的回应——这是生命最初几年的成长过程中最为重要的部分。3. 成人们坚持离婚是因为愤怒、固执和报复心理，而事后这些感觉就消失了。成人的这种感觉可以消失，但是对于孩子所造成的伤害已经无法挽回，孩子们会用奇怪的儿童的逻辑去假设自己是父母离婚的罪魁祸首，在相当长的时间内会认为那都是自己的错。

斯波克博士以其足够的耐心和爱心，娓娓道来，从另一个角度来阐述和诠释父母的爱、父母的榜样、父母坚定而明确的引导，以唤醒孩子内心深处的内在成长动力，正所谓"育儿即育己"。

精彩语录

1. 我认为，父母们早一点要求孩子帮忙做家务会比较好，即使孩子们可以独立完成这些家务工作时，也继续和他们一起来做。

2. 做领导的人，无论是将军、大企业的首脑还是父母，如果他们知道自己想要什么，把他们的指令表达清楚，不强加于人，这样就基本上可以与那些处于他们管理之下的人保持友好和尊重的关系。

3. 对离婚后的父亲来说，至关重要的事情是要尽可能经常去看望孩子，这既对孩子有益，也是为了他自己，可以保持他对孩子的亲近感和责任感。

4. 父母必须告诉孩子，为了长远的目标往往不得不牺牲眼前的快乐和满足。

延伸阅读

本书作者的其他作品还有《斯波克育儿经》《斯波克教子宝典》，可以参考阅读。

《斯波克育儿经》［美］本杰明·斯波克著，哈澍、武晶平译，南海出版社，2013年4月。

《斯波克教子宝典》［美］本杰明·斯波克著，［美］马丁·斯坦编，刘莹译，中国纺织出版社，2011年4月。

（夏静珠）

3.《好妈妈胜过好老师》导读

作　　者：尹建莉

出 版 社：作家出版社

出版时间：2013年5月

推荐理由

《好妈妈胜过好老师》这本书在父母群中闻名已久，朋友推荐给我的时候也赞不绝口。当我静静地翻开这本“像哲学一样深刻，像工具书一样实用，像小说一样好看”的教子手记时，既有共鸣，又有启发，的确收获良多。

尹建莉，既是一位好妈妈，又是一位好老师。她深入钻研教育理论，把自己对人性的洞察，对生命的悲悯，对美好的追求，根植于一位母亲对孩子深切的爱。

这是一本植根于中国教育土壤的育儿经典。在本书中，作者既举实例又结合理论，既有理想的高度，又贴近现实的需求。“提问题—谈见解—指方法”，可以说是本书一个最大的特点。它指出了中国父母都可能遇到过或正在遇到的问题：孩子不喜欢阅读怎么办？作业太多怎么办？孩子很想看电视怎么办？碰到欺负人的同学怎么办？碰到教育理念不同的老师怎么办？如何进行安全教育？如何让孩子学会自我管理？这些表面看来的“小问题”，却恰恰是父母们的“大麻烦”。而这些当下中国父母们最关心，却最不知如何解决的问题，在这位“胜过好老师”的“好妈妈”这里，都能够找得到参考答案。

比如她把爱阅读的孩子称为“被魔杖点中的孩子”，更教给父母怎样拥有这样的一根“魔杖”。她不仅耐心听取那些遭遇到问题的孩子们的表现，还一步一步引领父母反思自己做法中存在的问题，指导他们不断修正错误，改进教育方法，从而实现对孩子的正确引领。我想看过她文章的父母，很难拒绝去尽力为自己的孩子点一盏阅读的兴趣之灯。

对照尹建莉老师所指出的当下家庭教育、学校教育中存在的弊病，我也不由自主对照着自己平时的做法进行反思，每每认识到我也犯过类似的错误时，就不禁心慌慌而汗涔涔了。

当然，或许有人认为作者的女儿太优秀，跟自己孩子的情况不相符。但我认为：教育孩子大道至简，孩子是千差万别的，原则却是不变的，那就是对教育规律的遵循，对孩子发自内心的尊重和爱护。

我要把这本书当作案头书，时常翻阅一下，提醒自己，不要在教育的问题上背离了初衷，方能享受着与孩子一起成长的快乐和成就感。

内容简介

《好妈妈胜过好老师》这本书，共七章，每章都有常见的教育问题的呈现，以及处理问题依据的教育理论及巧妙的处理方法。而且每一个教育问题都是前有描述，后有应对提示，非常便于读者把握主要内容，以不变的理念应对千变万化的教育对象。这样，更能减少读者看完后，认为自己的孩子和书中的“圆圆”差得太远，继而放弃积极实践的想法。

本书的核心内容包括以下几个方面：如何提高爱的质量；把学习做成轻松的事；一生受用的品格教育；培养良好的学习习惯；做家长应有的智慧；小事儿就是大事情；走出坑人的教育误区。

书中针对中国国情，列举了大量的实例，让父母明确了解孩子成长过程中碰到的各种问题该以何种态度对待，何种方法处理。让父母放下功利心，着眼于孩子的品格塑造，着眼于当下孩子的快乐成长。

精彩语录

1. 父母之爱都深如大海，但有质量差别。决定质量高低的，不是父母的学历、收入、地位等，而是对孩子的理解程度和细节的处理水平。

2. 孩子原本不需要为学习而苦恼，凡是因为学习而感到痛苦的孩子，都因为他遇到了不正确的引导。只要观念和方法改一改，孩子的学习就可以变得轻松愉快。

3. 如何对孩子进行品格教育？不需要说教，不需要奖惩，所有的教育都在日常生活里。品格决定命运，童年决定一生。

4. 在培养“好习惯”的过程中如果方法用得不对，恰恰就培养了坏习惯。方法用对了，好习惯就是水到渠成的事。正确的方法，其实远比错误的方法简单易做。

5. 家长掌握着孩子的命运。任何改变孩子的打算，都必须从改变家长自己做起。家长教育理念上的“一念之差”，可以让孩子的命运有“千差万别”的不同。

6. 儿童无小事，所有的小事对孩子来说都是大事。父母在小事上有正确观念，不误导孩子，就是帮孩子成就了大事。孩子也会以做大事的气质回报家长。

延伸阅读

尹建莉主编、洪兰著的《好孩子：三分天注定，七分靠教育》。这本书从脑神经发育规律角度出发，针对孩子成长过程中出现的各种教育问题，提供科学的分析和建议。

《好孩子：三分天注定，七分靠教育》洪兰著，长江文艺出版社，2012年11月。

（王　毅）

4.《发现母亲》导读

作　者：王东华

出版社：中国妇女出版社

出版时间：2014 年 1 月

推荐理由

“十年磨一剑”，可谓王东华老师著《发现母亲》的真实写照。

目前，很多关于家庭教育的书籍，都是向父母介绍“教”的技巧，因而注重对孩子提出要求者众，关注父母成长者寡。人们忽略了“修身”是“齐家”的前提和根本，同样的“正己”是“教子”的前提和条件，一个没有丰富精神生活的父母不可能给孩子提供足够的精神营养。而在家庭生活和亲子关系中，母亲更是扮演着重要的角色。因为“女人的名字叫母亲，母亲能顶半边天”。

诺贝尔奖获得者莫言评论说：“这是一个很有意思的话题，讲述‘母亲’从生理到心理的种种困惑，在王东华的叙述里，现实中许多我们认为很普通很正常的事原来都让人触目惊心，引人深思。”

苏州名校长、特级教师、张家港高级中学校长高万祥，曾对王东华老师的《发现母亲》一书进行过这样的评价：“我一直为王东华对‘母亲’的‘发现’而兴奋，也为自己‘发现’了王东华而高兴……几年中，我在学校组织‘亲子联席大会’‘家访日’‘每周家书’‘亲情故事演讲’等活动，在以‘人格教育’‘人格学习’为主的德育工作中，取得了明显成效。我一直在心里感激和默念着一个神圣的名字——《发现母亲》。”

本书之所以受到如此的厚爱和重视，皆因作者站在了人类社会的高度，严肃而深刻地对母亲教育的问题进行了思考，同时提出了一系列关乎整个人类命运的重大命题。在作者看来，孩子的一年绝非普通意义上的一年，孩子的一年等于十年。而人的“比本性更为本质的智本能，一旦错过便遭阉割”。因此，让女性放弃育儿去从事她不擅长的物质再生产是一个大错误，因为“女性最大的社会责任，乃是成为一个优秀的母亲”。

阅读本书，我们将会被作者带入一个崭新的世界，在这里，母性闪耀着迷人而璀璨的光辉。

内容简介

《发现母亲》是王东华花费十年时间写成的一部母亲教育专著。作者从自己因为一本书开始思考“母亲”这个伟大命题写起，站在人类社会的高度，提出了一系列重大问题，如：“为什么名人之后成才的不多?”“寡母为何培养出了优秀的孩子?”“天才何以成为天才?”“为什么母亲是孩子的总设计师?”“为什么母亲是孩子的大老师?”……

本书除导论（江山是银，母亲是金）外，共分为八章，分别是：第一章——人类还没有学会走路；第二章——智本能：人生只有一次机会；第三章——大规律：天才何以成为天才；第四章——佑护者，母亲是孩子的总设计师；第五章——教育，母亲是孩子的大老师；第六章——习育，面对孩子我们必须重新做人；第七章——化育，向伟大的心灵迈进；第八章——让天才成批出现。

这些内容构成了一个有机的整体，印证了“教育的起点和终点，都是自我教育”。

精彩语录

1. 要想教育取得真正的成功，那么必须从家庭着手，教育的起点不是小学，不是幼儿园，而是家庭！无论学校多么出色，也不能取代家庭！

2. 事实上，相当多数乃至绝大多数的人生悲剧背后都有一个不正常的亲子关系。

3. 女性最大的社会责任，乃是去做一个优秀的母亲。

4. 事实上，哺乳是孩子的体外子宫，母亲的怀抱是孩子的体外子宫。

5. 人生是苍白的，她的教育也一定随之贫血，那些才华出众、阅历丰富的母亲无疑是最有条件教育好孩子的，因此，教育子女同自身价值不仅不矛盾，相反却是相互促进的。

6. 你要教育好子女，那么你必须让自己做一个有意义的人，你必须过一种有意义的生活，这正如你成为作家同你的经历并不矛盾一样，你的经历是你教育的第一手资料，而写作或教育仅仅是这种体验的一种表达而已。

延伸阅读

可以选择宜萱、亚林的《母亲教育》进行对照阅读。

《母亲教育》宜萱、亚林著，高等教育出版社，2008年。

（王雪锋）

5.《睿智的父母之爱》导读

作　者：［苏］B.A.苏霍姆林斯基

译　者：罗亦超

出版社：长江出版传媒　长江文艺出版社

出版时间：2014年11月

推荐理由

这是苏联著名教育家苏霍姆林斯基关于家庭教育的著述，是一本教我们如何学做父母的书。

本书涵盖的内容涉及了家庭、婚姻道德修养、孩子教育等方面。作者认为“没有什么比父母教育孩子更加需要智慧的了，我一生都在努力探求这种智慧”。这本书就是他长期探索研究的结果，是一本精辟生动的“家庭教育学”。

书中列举了很多真实的故事，通俗易懂，相信所有父母看过之后都会有深深感触，并对如何做一名有责任心的、合格的父母有新的认识。书中有一句话“没有时间教育孩子，就没有时间做人”，需要很多父母深刻反省。如果父母因为事情多或工作忙，而找理由说没有时间来教育孩子，那么他一定不是一名合格的父母，起码没有承担起父母应负的责任。而孩子，则会因为父母所谓的忙碌而导致心灵上受到伤害。

我们迫切需要知道如何才能成为合格的甚至优秀的父母，所以阅读这样一本书，学习有经验的教育前辈们的观点和方法，会让我们受到启发，茅塞顿开。

内容简介

《睿智的父母之爱》这本书包括四部分，分别是“家长教育学”“睿智父母”“给儿子的信”“给女儿的信”。

“家长教育学”共分八章，主要从父母需要了解的关于孩子的责任、父母的责任及父母如何在孩子心目中树立威信等七个方面展开，引导父母树立正确的家庭道德观、价值观。

“睿智父母”部分包括“论家长的教育学素养”“小心你的面前是孩子”“我们在孩子身上延续自己”“劳动和义务”四章，告诉父母怎样使用自己身为父母的权威，怎样在孩子身上延续自己，怎样才能保护孩子心灵的纯洁等等。

“给儿子的信”和“给女儿的信”这两部分，是苏霍姆林斯基用书信的形式对儿子和女儿进行的不同教育。他嘱咐儿子：不要忘记自己是谁，从哪里来；不要忘记劳动人民、土地和粮食是我们的根。他告诉女儿什么是爱情。可见他认为，教育儿子和教育女儿需要运用不同的方式。

本书中，作者用大量的事实和多次的亲身实践告诉青年人，应该怎样对待爱情和婚姻，应该怎样为建立家庭、教育子女做好精神、道德的准备，让我们知道教育孩子是一件需要付出全部精力的崇高事业，告诉我们应该怎样启发孩子的智力，怎样让孩子懂得珍惜自己的尊严和人格。

精彩语录

1. 无论您在生产岗位的责任多么重大，无论您的工作多么复杂、多么富于创造性，您都要记住：在您家里，还有更重要、更复杂、更细致的工作在等着您，这就是教育孩子。这不仅是您最重要、最必需、最刻不容缓的工作，也是我们社会的要求，因为世界上最可宝贵的，就是人。

2. 为了别人的幸福，努力播种耕耘吧！孩子能从您的劳动中看到您生命的崇高意义，这样，您就会在他的心目中变得高大。

3. 夫妻要共同保护自己的家庭顺利渡过这些坎坷，要善于为家庭生活创造最高尚、最珍贵的财富——相亲相爱。只有这样，家庭才能营造出最有利于孩子成长的教育气氛。

4. 幼年时从周围世界看到的东西越多，提出的问题越多，孩子的眼睛就越明亮，记忆就越敏捷。

5. 无论是家庭还是学校，都不可能独自承担起最精细、最复杂的造就人的任务。

6. 儿童在与父母、家人的相处中走进长辈成熟和智慧的世界，家庭生活是儿童思维的基础，父母家人的这种作用是任何人都无法取代的。

7. 请记住，当他能用自己的眼睛看到五光十色的花朵或玩具，能用自己的耳朵听到树叶的沙沙声和蜜蜂的嗡嗡声时，你们就要开始培养他们的智慧。

8. 如果家长对孩子的教育漠不关心，造成的后果，即使最能干、最有经验的教师也将无力改变。

9. 儿童变得难教、成绩不良、落后，根本的原因在教育，在他幼年时期所处的环境——也就是说，儿童在一至七八岁期间没有获得相对于思维发展来说至关重要的某种东西。

10. 父母没有理智的爱只会伤害孩子。畸形的父母之爱主要有以下三种：娇宠放纵的爱、独断专横的爱、赎买式的爱。

延伸阅读

本书作者的其他作品还有：

《要相信孩子》［苏］B.A.苏霍姆林斯基著，汪彭庚译，教育科学出版社，2009年4月。

《育人三部曲》［苏］B.A.苏霍姆林斯基著，毕淑芝等译，人民教育出版社，1998年8月。

《给教师的建议》［苏］B.A.苏霍姆林斯基著，杜殿坤译，教育科学出版社，2005年6月。

以上书籍可以选择阅读。

（张春霞）

6.《为何家会伤人》导读

作　者：武志红

出版社：北京联合出版公司

出版时间：2014 年 6 月

推荐理由

家，是可以卸下盔甲、拿掉面具的地方，是可以养病疗伤的地方，是可以慰藉心灵的地方。但是，为什么家也会伤人呢？近年来各种家庭悲剧层出不穷：因为不写作业被妈妈打死的孩子，因为不堪母亲辱骂自杀的孩子，因为被父母冤枉偷钱自己剁掉手指的孩子……家庭悲剧一再发生且愈演愈烈。这到底是为什么呢？

作者武志红以自己工作中接触到的详尽、生动的案例向我们讲述了各种各样的家庭伤害故事，揭露了中国家庭所存在的严重问题：堕女胎、杀宠物、过分溺爱、病态寄生等等。最可怕的是，这些伤害往往打着爱的旗号，以爱的名义实施。真的是“没有父母不爱自己的孩子”吗？也许恰是这句被大家奉为真理的话，才是最大的谎言。

中国有一句古话：“己所不欲，勿施于人。”其实在现实社会中，尤其是在家庭生活中，我们更应该做到的是“己所欲”，更“勿施于人”。因为自己喜欢的，未必是对方喜欢的。如果“己所欲”就“施于人”的话，势必会给对方造成压迫和伤害。怎样的爱才是健康、智慧的爱呢？

本书中，恋爱、婚姻、亲子、婆媳等各种家庭关系之间展开的故事，带给我们深刻的思考。

内容简介

作者在序言中提到，自己对中国家庭伤人问题的思考，经历了七个阶段的认识和提升。从发现问题到逐步认识问题的严重性，从体会到问题的残酷性再到思考研究问题运行的机制，他试图从宏观和微观两方面，梳理出中国家庭问题的根源、成因及解决方法，从而让人们认识自己、改变自己，进而改善家庭关系。

本书围绕“夫妻关系是家庭的核心”“分离是生命中永恒的主题”“别把焦虑转嫁给孩子”“中国式家庭”四个主题展开论述。

作者经过长期的调查和研究发现，男女从恋爱起所建立的关系，就带着自己原生家庭的烙印，要么在被爱和自省中获得修复，要么就继续恶化。所以夫妻之间相处，首先是把自己和对方，都当成独立的个体。同时，双方都要把夫妻关系放在家庭所有关系的最重要位置。因为只有夫妻关系和谐，才可能有健康的家庭关系。

在亲子关系中，要牢记“父母不是孩子的答案”。父母的职责是为孩子提供一个安全的环境，至于怎样去探索世界，那是孩子的自由。父母和孩子，总要分离，让孩子做出选择，就是给孩子机会体现其生命的价值。

要想家不伤人，就让“家是港湾”；要想爱得从容，就让“爱是退路”。

精彩语录

1. 看到孩子的真实存在，发现孩子的真实需要，并帮孩子实现他的需要，这便是真爱。

2. 拥有高自我效能感的人，在追求一个目标时，会有坚定不移的信心，认为自己一定能实现这一目标。

3. 看不到灵魂的存在，就不知道自己的尊贵；看不到灵魂的存在，我们也不知道事物的尊贵。

4. 成熟的父母不会在第一时间去处理孩子的问题，他们会先处理孩子的感受。

5. 有真自我的人，他会形成内部评价系统，即，他行动的动力来自于自己的内在；有假自我的人，他会形成外部评价系统，即，他行动的动力来自于外部的他人。

延伸阅读

可参考阅读武志红老师的《感谢自己的不完美》等系列作品。

《感谢自己的不完美》武志红著，中国华侨出版社，2014年4月。

（王成山）

7.《夏山学校》导读

作　者：［英］A.S.尼尔
译　者：王克难
出 版 社：南海出版公司
出版时间：2014年1月

推荐理由

1921年，尼尔和妻子在英国苏格兰创办了“夏山学校”，他们以“让学校适应学生，而不是让学生适应学校”为办学理念，让孩子们在这所被报刊称为“放任学校”的地方自由发展。他们以实践向世界证明，“自由发展”是行得通的。

尼尔认为，生命的意义在于追求幸福，在于寻找兴趣。而教育，则是为人生做的准备。当然，他并不是不重视读书，不过是把读书放在了游戏之后。如果教育背离了“本该让人具备感受幸福的能力”这一根本，剥夺了“拥有追求幸福的自由”，那么教育就异化了。所以，如新教育的核心理念那样，“过一种幸福完整的教育生活”，才应该是教育的本质追求。

在本书中，尼尔充分运用心理学知识，对那些“问题孩子”的行为表现进行寻根溯源，找到由童年经历投射在他们成长过程中的影响，并通过一个个案例，用浅显易懂的表述方式，为我们讲述了孩子成长背后的隐性故事；对于父母和孩子本应同步成长的理想与现实之间的纠葛，展开了层层剖析和反思，带领我们揭示出父母的原生家庭、孩子的原生家庭对父母、孩子所造成的影响。

本书通过不同年龄阶段孩子在夏山学校的学习和生活，以及他们走出校门步入社会后的种种表现，让重新审视教育真谛的父母，让未曾深入系统地接触过心理学知识的读者，对身边听过、经历过、看到过的所谓“问题孩子”们，有了一种从根源上的反思，引导父母们深刻认识到：改变孩子应该从改变自己开始。

我们相信，在阅读了《夏山学校》这本书后，这所学校对孩子们采取的“尊重其自由发展”的教育方式，一定会让中国父母重新看待孩子的童年，重新看待父母对孩子的教育方式。

内容简介

《夏山学校》这本书共七章。作者首先对夏山学校自建校起的教学内容、独特的教育理念、民主的管理模式、学生的基本情况以及英国社会对学校教育的评价等方面做了全面介绍，让读者有一个相对全面的了解。

后面的各章节，又通过一个个真实具体的案例，带领读者对孩子、父母等个体进行深入剖析，带领读者从心理学的角度对自我的成长历程、对孩子的行为表现进行重新思考和认识。最后一章，尼尔针对社会提出种种疑问并进行了解答。

本书的核心内容可概括为以下方面：爱与赞许；恐惧与伤害；自卑感与幻想；孩子的破坏行为与价值观；幽默与玩笑；性压抑对孩子的影响；不要把自己的想法强加给孩子；孩子的残忍来自大人；孩子犯罪是因为缺乏爱；孩子偷窃是情感上不满足；少年犯是社会的问题；医治孩子要用爱；让孩子做他自己；被宠坏的孩子；权力与权威；嫉妒与占有；没有爱的婚姻；焦虑的父母；改变孩子先改变自己。

精彩语录

1. 学问本身不如性格来得重要。
2. 夏山的成功在于孩子觉得他们都被一视同仁，受到一样的看待和重视。

3．当我们教小汤姆怎样玩他的玩具时，我们便剥夺了他生命中最大的快乐——发现的快乐和征服困难的快乐。

4．教育应该教导孩子如何有丰富的生活，坚信学校成功与否在于将来学生成人后生活如何，而不在于如何应用特别的技巧与学识。

5．笑是放松情感和身体紧张的一种极佳的发泄方法。

6．我们引导孩子的时候其实就是在引导自己，不自觉地把我们当作自己的孩子。我们最不喜欢的孩子总是最像自己。

7．不论老师或家长，如果要成功地和孩子相处，就必定要了解他们的思想和感情，同时也必须有幽默感——一种孩子气的幽默感。对小孩幽默，会给他一种你爱他的感觉。

延伸阅读

本书于1960年出版后，作者未再著有其他作品。《夏山学校》已被600多所大学指定为教育必读书，成为20世纪最伟大的教育经典之一。目前与该书相关的有英国作家沃恩著的《夏山学校的百年故事：献给当代的教师、校长和家长》可以选择阅读。同时，可参考阅读《窗边的小豆豆》等。

《夏山学校的百年故事：献给当代的教师、校长和家长》［英］马克·沃恩编著，沈兰译，教育科学出版社，2011年4月。

《窗边的小豆豆》［日］黑柳彻子著，岩崎千弘图，赵玉皎译，南海出版公司，2003年1月。

（张伟莉）

8.《谁拿走了孩子的幸福》导读

作　者：李跃儿

出版社：国际文化出版公司

出版时间：2013年7月

推荐理由

教育孩子难吗？如果说难的话，那么难在哪里？其实，最难的不是在于没有可以参考的现成方法，而是在众多的方法中选择出适合孩子的方法。因为，这需要非常的智慧，也就是古人讲的“药无贵贱，愈病者良；法无优劣，契机则妙”。《谁拿走了孩子的幸福》一书的作者李跃儿提出：“孩子是脚，教育是鞋，教育者（教师、家长）是制鞋人，只有他们了解了脚的大小、形状、特点，制出合适的鞋，脚才会感觉舒适。”

《谁拿走了孩子的幸福》用一个个生动鲜活的故事告诉我们，要用“爱”而不是用“教”来培养和教育孩子。愿天下父母和教师不要用权威和束缚扼杀孩子的创造力，努力把幸福还给我们的孩子。

内容简介

《谁拿走了孩子的幸福》这本书分为三部分，分别是“天使还是上帝”“谁拿走了孩子的幸福”“拯救还是教育”。

书中，李跃儿用她那爱与真诚的语言讲述着关于爱的故事，通过一个个性格鲜亮的小精灵，告诉人们孩童的世界是怎样的世界，要人们去理解那个色彩斑斓而鲜活闪亮的世界。用她自己的话说：“研究孩子和懂得孩子是教育的根本。抓住了，所有的方法都是对的；抓不住，所有的方法都是错的。”阅读本书的经历，将是教育者学习爱的智慧的过程，不仅对教育孩子有用，对于提高教育者自身的修养也有深刻的意义。

精彩语录

1．如果一个孩子在成人面前才去做一件事，而成人走了马上就不做这件事了，那说明这件事是成人需要的而不是儿童需要的。

2．如果用“教”的方式而不是“帮助”的方式，只要求学技术而不是关注她内在的感受，不顾大自然为她制订好的学习方式，硬要她按照妈妈或爸爸的方式来做，这样孩子不可抗拒的内在需求就会跟成人外在的要求之间发生严重的冲突，孩子的心灵就会被扭曲，痛苦使孩子变得麻木，或者使孩子变得狂躁多动。

3．只要我们爱孩子，用发自内心深处的真挚的爱来对待孩子，孩子就会与我们“交换”，用同样真挚的情感“回报”我们，没有任何功利目的。这样的情感会促使她发奋努力，遵守纪律。

4．成人想让孩子成为天使就得首先放下上帝的架子，怀着一颗无怨无悔、真诚朴实的心去观察孩子、感受孩子，然后去正确地帮助孩子。

5．儿童就像伊甸园里的亚当和夏娃那样，还没有发展出表达自己心灵的语言，也没有发展出表达心灵的方式，更不会隐藏和掩饰自己的心灵。这时的心灵是最纯洁、最美好的，就像最珍贵的艺术品一样，需要成人用心思、用灵魂好好感悟。孩子在表达他心灵的时候无法使用成人已经惯常使用的语言与方式，而是用自己的语言与方式，这就是艺术。

6．一些成人无法站在孩子的角度上看待孩子，他们看待孩子的方式与其说是把孩子当成孩子，不如说是当成宠物或者植物，或者当成自己的私有财产，而不是一个“人”。这就是成人不能从内心感悟孩子那颗心的深层原因。

7．爱不是教育的一个部分，而是教育的前提。

8. 老师是什么？是种植孩子内心美好感觉的土壤。如果土壤营养丰富，庄稼就长得茂盛；如果土壤贫瘠，庄稼就会颗粒无收。

延伸阅读

本书作者的其他作品还有：《谁误解了孩子的行为》《谁了解孩子的成长秘密——关键期关键帮助》，可以选择阅读。

《谁误解了孩子的行为》李跃儿著，广西科学技术出版社，2008年10月。

《谁了解孩子的成长秘密——关键期关键帮助》李跃儿著，广西科学技术出版社，2009年9月。

（罗妮缘）

9.《少有人走的路》导读

作　者：[美] M·斯科特·派克

译　者：于海生

出版社：吉林出版集团　吉林文史出版社

出版时间：2011年6月

推荐理由

在这个浮躁且日益物质化的社会中，每个人都极易陷入焦虑。这种焦虑情绪在教育方面，体现得越来越明显。因为太想帮助孩子走上一条为大众所认可的成功道路，所以我们给自己和孩子强加了许多负担。在这个过程中，孩子被伤害，家长很无奈，即使那些所谓成功的孩子，也难免由于幼时父母的严厉苛责抑或无意伤害而在心里留下许多无法治愈的伤痛。

家庭教育中不乏爱的教育，却缺少智慧的爱；家庭教育中不缺少关心，却缺少对孩子的尊重和理解。许多父母没有意识到，自己的信仰与追求不能强迫孩子无条件地接受，因为孩子是独立的个体，他们需要有自己与众不同的人生体验。比起取得那些冰冷的分数，引导孩子通过学会自律来获得解决自己人生道路上各种问题的能力，显得更为重要。孩子的精神世界要比学业所得更值得父母们去关注。所以，父母应该学会理性地去爱孩子，给孩子们真正需要的爱，同时要教会孩子如何去爱，以此来丰富和强大他们的内心。而这正是《少有人走的路》一书中所表达和关注的。

这不是一本教科书式的著作，也不是一本说教版的死板读物，作者在长期从事心理治疗的基础上，通过大量的治疗案例分析了许多心理问题产生的原因，且就如何解决这类问题总结了方法。案例丰富且具有代表性，剖析问题深刻到位，让人很容易产生共鸣。

读这本书，能让父母静下心来反思自己是否真的理解什么是爱和如何去爱。只有父母的心理健康了，心态平和了，心智成熟了，才能教育出一个身心健全、学业有成的孩子。孩子不属于某个家长，他属于他自己，他属于全社会。

内容简介

本书分“规矩”“爱”“成长与信仰”“恩典”四个部分。

人生所有的问题和痛苦，需要规矩来约束。所谓规矩，就是一套教人承受痛苦、解决问题的办法，规矩是人们心灵进化最重要的手段和工具。

人们之所以愿意遵守规矩、承受痛苦，是因为有一种力量推动着，这种力量就是爱，因为爱是人们遵守规矩的原动力。

心智的成熟，就是从小宇宙到大宇宙的历程，是逐步以科学的信仰来代替父母带给自己的信仰，只有有了自己的信仰，才能有成熟的心灵。

追求心智成熟能为人赢得人生好运，习得发现神奇事物的本领，帮助人理解意识之外的恩典，并妥善加以运用。

作者结合自己经历过的真实故事告诉我们：人生是一场艰辛的旅程，但我们可以勇敢地面对这个痛苦的过程，最终达到自我认知的更高境界。

精彩语录

1. 人生是一个不断面对问题并解决问题的过程。

2. 爱是心灵健康成长的动力。父母的爱决定着家庭教育的优劣。

3. 自律是解决人生问题最重要的工具，也是消除人生痛苦最重要的方法。

4. 爱，是为了促使自己和他人心智成熟，而不断拓展自我界限，实现自我完善的一种意愿。

5. 人人都有自己的信仰，对人生的认识和了解就属于信仰的范畴。

6. 我们之所以能具备爱的能力和成长的意愿，不仅取决于童年时父母爱的滋养，也取决于我们一生中对恩典的接纳。

延伸阅读

可以参考阅读［美］M·斯科特·派克的《少有人走的路2：勇敢地面对谎言》，林贻真的《别以为你了解孩子》。

《少有人走的路2：勇敢地面对谎言》［美］M·斯科特·派克著，尧俊芳译，中国商业出版社，2013年10月。

《别以为你了解孩子》林贻真著，广东教育出版社，2004年4月。

（田俊媛）

10.《教育漫话》导读

作　　者：[英] 约翰·洛克
译　　者：傅任敢
出 版 社：教育科学出版社
出版时间：2014 年 12 月

推荐理由

记得在早些年，我们几个教育同人就约定一起共读洛克的《教育漫话》，但是迟迟未行动。时值暑假清闲之际，泡一杯茶，享受阅读的静谧，却有种与之相见恨晚的感觉。而与作者静悄悄对话，我则更羞愧于自己的目光短浅和狭隘。

我之前只知道要关注儿童的健康，但所做的只限于运动，对温暖、改变、空气、游泳、衣服等关注少之又少，而在德育方面，自己的盲点更多。作为教师，很多时候对孩子的行为到底是放任还是约束，自己也常常不能明确。而这些，洛克都给出了很好的建议，特别是具体到阅读、写字、图画等。

现在我想说，作为教师，如果不去读读《教育漫话》是一个很大的缺憾。

作者约翰·洛克是 17 世纪著名的英国资产阶级哲学家、政治思想家和教育家。他的教育思想除散见于《人类理解论》和《工程学校草案》以外，都集中在《教育漫话》中。在西方教育史上，洛克就以其著名的教育著作《教育漫话》而彪炳千秋。这本书被誉为全世界父母及教师都值得一读的教育经典著作。当然译文也是超级棒的，傅任敢教授曾说：“原著是不朽之作，译文也应当经得起推敲，成为不朽的译著。”

内容简介

《教育漫话》是17世纪英国伟大的启蒙思想家约翰·洛克撰写的一本教育名著。全书共217节，主要分为三部分：第1—30节论述体育保健；第31—146节论述道德教育（约占全书篇幅的一半）；第147—216节论述智育（包括学问、知识和技能等）；第217节为结论。在有关段落中，也夹杂着有关教育目的、作用等问题的论述。

洛克的教育思想集中在他的《教育漫话》中，书中所述的教育思想可概括为以下四点：（1）就德、智、体这三种素质彼此之间的关系而言，洛克认为首先，应当把培养强健的体魄放在教育的第一位；其次，精神品质的培养是人生教育中最重要也是最困难的事情；最后，智育或者说是学问相对来说是教育中最不重要的一件事情。（2）他把体育放在首位，并提出了“健康之精神寓于健康之身体”的有名号召，是很有远见的。（3）德育在洛克的教育思想中占有根本的地位，他认为“教育上难于做到而又具有价值的一部分目标是德行”。（4）在智育或学问和技能的培养方面，洛克主要强调了两点：其一，强调了功利的原则，即所学的东西一定要对未来的生活有用；其二，强调了教育方法。

当然，此书的观点也因时代和阶级的局限性，存在一些值得商榷的地方，但总的来说洛克的思想主流是进步的。这些教育思想对我们的教育实践有很大的启发，如对父母的教育责任和早期教育的重视以及对某些具体教育方法的见解，使我们对孩子的教育不再盲目，也更加有效。总之，《教育漫话》这本饱含哲理又深入浅出、生动感人的书籍值得我们花费大力气去探讨，也许你的收获会超乎你的想象。

精彩语录

1. 我们日常所见到的人中，他们之所以或好或坏，或有用或无能，十分之九都由他们的教育所决定。人与人之所以千差万别，便是由于教育之故。

2. 只有在他心目中树立良好的原则，在他身上形成良好的习惯，才是最好、最可靠的，所以也是最应关注的。

3. 要格外重视儿童的精神的形成，而且须及早形成，这足以影响他们今后一生的生活。

4. 被溺爱、娇宠惯了的孩子必然学会打人及骂人，必定会哭闹着索要他想得到的东西，必定会悍然去做他一心想做的事情。

5. 我觉得一切德行与美善的原则当然在于克制理智所不容许的欲望的能力。这种能力的获得和增进靠习惯，而使这种能力容易地、熟练地发挥则靠及早实践。

6. 礼仪是在他的一切别种美德之上加上的一层藻饰，使它们对他具有效用，去为他获得一切和他接近的人的尊重与好感。

7. 一个人或者一个绅士的各种品性之中，德行是第一位的，是不可或缺的。

8. 学问是应该有的，但是它应该居于第二位，只能作为辅助更重要的品质之用。

9. 不要强迫他学习，也不要因此责备他；你要尽可能地诱导他去阅读，但是不可将此作为他的一种任务。

10. 次序与恒心是使得人与人产生重要区别的原因；我对此深信不疑，没有何物比良好的方法更能为学者清扫道路，帮助他前进，使他在从事探索时，行进得如此便捷、如此深入。

延伸阅读

读完本书可以对比阅读《教室里的正面管教》、《蒙台梭利早期教育法》、《童年的秘密》（玛丽亚·蒙台梭利著）等。

《教室里的正面管教》［美］简·尼尔森、琳·洛特、斯蒂芬·格伦著，梁帅译，北京联合出版公司，2014年5月。

《蒙台梭利早期教育法》［意］玛利亚·蒙台梭利著，中国妇女出版社，2010年11月。

《童年的秘密》［意］玛利亚·蒙台梭利著，单中惠译，中国长安出版社，2010年5月。

（文玉燕）

（三）亲子互动类（10种）

1.《0～7岁孩子家庭游戏全方案》导读

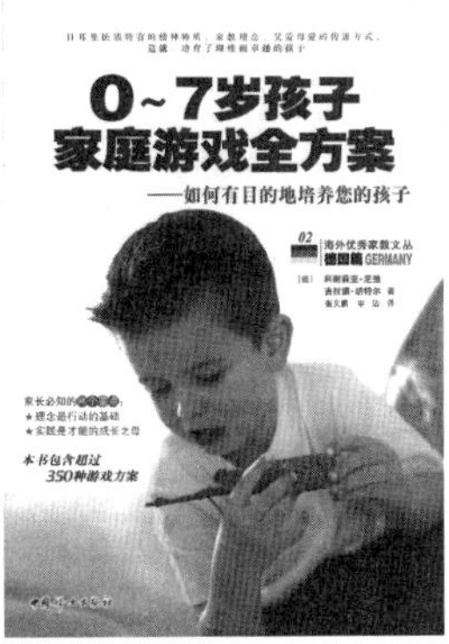

作　　者：［德］科耐莉亚·尼弛
　　　　　吉拉德·胡特尔

译　　者：张文鹏　申　洁

出 版 社：中国妇女出版社

出版时间：2012年1月

推荐理由

随着科技的发展，人们认知水平的不断提升，幼儿教育的重要性正在被越来越多的人重视起来。

然而，却没有一所学校是为培养父母这个特殊的“工作”而专门开办的。现在很多年轻的父母，既不愿意墨守成规，按照父辈们的方法来教育自己的子女，同时又缺少权威的参照来对自己的子女进行教育，更不要提有目的、有规划、有细致方案地培养孩子了。所以父母们往往是和孩子的成长问题“不期而遇”，进而“束手无策”，匆忙应对之后就极易导致“错误百出”，然而对孩子的教育，是不可以重来的。

大家都在探索、总结，尤其对如何培养孩子的情商、开发孩子的智力最关心。其实对孩子来说，最好的学习是在游戏中完成的，或者说，就是游戏。通过游戏，父母与孩子可以沟通情感，建立合作互信的关系，使孩子在父母的帮助下得到情商、智力的诱导、训练和开发。

《0～7岁孩子家庭游戏全方案》所包含的350多种游戏方案，会让父母感受日耳曼民族特有的精神特质、家庭理念、父爱母爱的传递方式，从而造就和培育理性而卓越的孩子。本书的两位作者，一位是科耐莉亚·尼弛，她不仅是一位优秀的作家，更是一位成功的母亲，她在养育自己4个孩子的过程中积累了大量的经验。另一位吉拉德·胡特尔教授则是德国顶尖的神经生物学家和脑科专家，研究重点之一为儿童大脑发育，他为《0～7岁孩子家庭游戏全方案》提供了坚实的理论基础。这些，使得本书既有理论的高度，又有实践的根基，真正做到了理论与实践的紧密结合。在德国，这本书是父母们必备的游戏指南，也是风行西方的智力培育经典，适合7岁以下儿童的父母阅读。

内容简介

《0～7岁孩子家庭游戏全方案》包含数百种游戏，但又不仅仅是游戏种类的罗列。每一部分都是先从儿童成长中的科学研究理论入手，用朴实易懂的语言告诉父母“为什么”，然后提出父母们可能遇到的问题，进而列出供父母们参考的游戏方案，帮助父母解决问题。

本书包含“什么让孩子变得既聪明又快乐”“带着所有的感受去享受生活”“永远坚持：运动对健康有益”“创造力：源于海阔天空的谈论和梦想”“思考的乐趣是无穷的”“语言——连接彼此的桥梁”“音乐——大脑和心灵的安慰剂”“发现我和我们”这八个部分。每一部分既有具体的游戏指导，又有科学的“信息”提供，还有针对具体问题的“疑问解答”，非常实用。

精彩语录

1. 那些能正确地、很好地、多姿多彩地做游戏的孩子们，通常来说都显得更开心、更有安全感，同时比那些成天在电视前长大的或者学龄前就挖空心思地上各种课程的同龄人也更有能力。

2. 对于游戏，最重要的前提条件是，置身于能够信任的人之中。孩子在游戏的过程中必须能感受到安全、被重视，同时又被约束。一起游戏的人应同时能够一直为他们的游戏世界创造出舒适的环境。仓促、压力以及过于死板的计划，这些都是非常明显的游戏“破坏者”。

3. 每一次新的认知，比如一种新的香味、一次不熟悉的触摸、一种新的声响或者一个其他的从未有过的感官印象都会在大脑中产生出一种激活模式，即“认知图画”。

4. 每一种形式的危险、恐惧和压力都会在孩子的大脑中产生不安和刺激，这会导致大脑被彻底封锁，使那些来自感官渠道的知觉模式根本无法与已有的记忆作比较。这样就无法学会新的东西，也不可能将其固定在大脑之中。

5. 当有人与孩子们一起分享成功解决问题的喜悦时，他们的信心也会增长，他们会感到自己有能力让其他人幸福。脑科专家把这种双边感情同时增强的现象称为共鸣。

6. 观看、倾听、触碰、尝试、嗅闻——儿童会运用他所有的感官去探知这个世界。而且每一次新的感官经验都会促进他的发育，如果您能为孩子提供很多的感官经验，那么您就是支持他对知识的渴求和对人生的好奇。

7. 不管您的孩子是喜欢做东西、画画、创造什么，还是喜欢蹦蹦跳跳、兴高采烈地玩闹，都是他在用自己的主动性征服这个世界。

延伸阅读

可参考阅读作者的其他作品，如《童年游戏力》等。

《童年游戏力》［德］吉拉德·胡特尔、科耐莉亚·尼弛著，张文鹏译，中国妇女出版社，2013年10月。

（宋　磊）

2.《民间游戏》导读

编　者：余志慧

出版社：时代出版传媒股份有限公司 黄山书社

出版时间：2012年7月

推荐理由

夜晚来临，儿童先各以右手握着拳相叠，并握住下一人的拇指，然后自上而下抽，谁抽到7，谁就是猜者。再由一人自愿捂住猜者的眼睛，并监督他不得偷看。两人一前一后坐在台阶上，“猜者”坐在前边。这是余志慧编写的《民间游戏》中的游戏“指星过月”的部分游戏过程。

在电子游戏丰富多彩的今天，你玩过这些游戏吗？还熟悉这些游戏吗？“吹树叶”“走憋死牛”“弄潮”“金鱼排队”“堆雪人”“拉海龟”“击鼓传花”等众多的民间游戏，肯定有不止一款大人和孩子喜欢的位列其中。

在人类社会发展的进程中，中华民族的祖先用他们的劳动和智慧为我们留下了宝贵的文化遗产，以文化为中华民族立下了民族之根、民族之魂。中华民族博大精深的传统文化，时至今日，仍然焕发着蓬勃的生命力。民间游戏就是其中之一。

内容简介

《民间游戏》这本书，共八个部分，从儿童游戏、玩具游戏、棋牌游戏、杂役游戏、动物游戏、季节性游戏、竞技游戏、助兴游戏八个方面介绍了大约200个民间传统游戏。书中对每一个游戏的流传地域，参与人数、性别、使用道具、游戏步骤等都一一作了清楚明白的介绍。

本书既可以作为一种游戏参考书，同时又可以作为一本寻找中华民族文化之根基的书籍。书中不着痕迹地穿插介绍了与本游戏相关的史料记载，增加了书的可读性和史料价值。本书语言通俗易懂，游戏的可操作性强，适合亲子共读和探讨。

精彩语录

1. 斗拐是流行于我国北方民间的儿童游戏，山东民间也称之为“斗鸡”。

2. 骑竹马是一种儿童集体性游戏，远在唐宋时期的壁画和文物上就有儿童骑竹马的形象。

3. 跑旱船也叫“划旱船”“采莲船”“荡湖船”等，是我国民间传统的娱乐游戏。

4. 据文献记载，最晚在1700多年前的三国时期便有“弄”（表演）狮子的活动了。

5. 白居易的《西凉伎》诗描写了唐代狮子舞的情景：“西凉伎，假面胡人假狮子。刻木为头丝作尾，金镀眼睛银贴齿。奋迅毛衣摆双耳，如从流沙来万里……”

6. 抖空竹可以玩出种种花样，如抖着抖着把空竹向上抛起，一抖杆儿接轴转动，然后再将空竹滑到小线儿上重抖；还可将空竹抛向空中随后用抖线儿接起再抖，等等。

7. 猪娘棋是侗族民间的棋类活动，又叫“猪仔棋”。它的棋盘呈正方形，由5条经线、5条纬线和6条斜线交叉成25个点组成，猪娘棋盘上，接在大正方形之上的菱形叫作“猪圈”。

8. 拉海龟需找一块平整的比赛场地，在场地中央画两条平行的线作为界线。

延伸阅读

本书属于中华传统文化经典套书的一本，还有《民间庙会》《民俗礼仪》《中国节日》等，可以选择阅读。

《民间庙会》张晶编写，黄山书社，2012年6月。

《民俗礼仪》余志慧编写，黄山书社，2012年6月。

《中国节日》余志慧编写，黄山书社，2012年7月。

（赵爱华）

3.《傅雷家书》导读

编　者：傅 敏

出 版 社：天津社会科学院出版社

出版时间：2014年6月

推荐理由

这是一部充满着爱的教子篇。傅雷知识渊博，对古今中外的文学、绘画、音乐等各个领域都有深厚的造诣。他在一封封家书中所呈现的更是一颗浓情四溢的父亲的心。他凝于笔端的，是这颗心对子女深沉的爱，是引领，也是对儿子做一个“德艺俱备、人格卓越的艺术家”的期盼。如他在给傅聪的信里所说：“长篇累牍地给你写信，不是空唠叨，不是莫名其妙地gossip（说长道短），而是有好几种作用的：第一，我的确把你当作一个讨论艺术、讨论音乐的对手；第二，极想激出你一些青年人的感想，让我做父亲的得些新鲜养料，同时也可以间接传布给别的青年；第三，借通信训练你的——不但是文笔，而尤其是你的思想；第四，我想时时刻刻，随处给你做个警钟，做面‘忠实的镜子’，不论在做人方面，在生活细节方面，在艺术修养方面，在演奏姿态方面。”

傅聪在异国漂泊时，从父亲的这些书信中汲取了丰富的精神养料，这使他在海外孤儿似的处境里，好像父母仍在身边，时时给他指导、鼓励和鞭策，使他有勇气与力量，去战胜各种各样的魔障与阻力，踏上成功的道路。

《傅雷家书》是广受国人喜爱的家书经典之一。不仅对今天父母教育子女有很大的启示作用，同时，对成长中的孩子也可以起到积极的引领作用。

内容简介

《傅雷家书》系傅雷夫妇与长子傅聪间精神沟通和思想交流的实录，由傅雷次子、傅聪胞弟傅敏选编，家书再现了傅氏兄弟成长的家教背景，展示了傅雷的家风。傅雷曾自信地告知傅聪：“你别忘了，你从小到现在的家庭背景，不但中国独一无二，便是在世界也很少很少。”

《傅雷家书》自1981年刊行至今30余载。30年间，市面上的名人家书刊行不绝，畅销不衰的只有两种：《傅雷家书》和《曾国藩家书》，《傅雷家书》告诉我们：一个纯洁、正直、真诚高尚的灵魂，尽管有时会遭到意想不到的磨难、侮辱、迫害，甚至陷入绝境，但要相信，真正的美好一定经得起历史的检验，且得到它应该得到的尊敬和爱。

精彩语录

1. 总而言之，你要学习的不仅仅在音乐，还要在举动、态度、礼貌各方面吸取别人的长处。

2. 你的性灵越发掘越深厚、越丰富，你的技巧越磨越细，两样凑在一起，必有更广大的听众与批评家会欣赏你，孩子，我真替你快活。

3. 大家对你的欣赏，妈妈一边念信一边直淌眼泪。你瞧，孩子，你的成功给我们多大的欢乐！而你的自我批评更使我们喜悦得无可形容。

4. 你的比赛问题固然是重负，但无论如何要做一番思想准备，只要尽量以得失置之度外，就能心平气和，精神肉体完全放松，只有如此才能希望有好的成绩。

5. 你如今每次登台都与国家面子有关：个人的荣辱得失事小，国家的荣辱得失事大！你既然热爱祖国，这一点尤其不能忘了。为了身体，为了精神，为了艺术，为了国家的荣誉，你都不能不大大减少你的演出，为这件事，我从接信以来未能安睡，往往为此一夜数惊！

延伸阅读

可延伸阅读傅雷的《傅雷文集》《世界美术作品二十讲》等其他作品。有兴趣的话，也可选读傅雷的翻译作品如《贝多芬传》《托尔斯泰传》等。

《傅雷文集》傅雷著，江苏文艺出版社，2010年10月。

《世界美术作品二十讲》傅雷著，三联书店，1985年。

《贝多芬传》[法] 罗曼·罗兰著，傅雷译，华文出版社，2013年1月。

《托尔斯泰传》[法] 罗曼·罗兰著，傅雷译，商务印书馆，1935年11月。

（乔艳艳）

4.《幸福的种子》导读

作　　者：[日] 松居直
译　　者：刘涤昭
出 版 社：二十一世纪出版社
出版时间：2012年11月

推荐理由

让种子发芽，让幸福开花，这是此书给我的最直接感受。

读着书里的文字，我感到的不只是幸福，更有温馨与甜蜜；读着书里的文字，我仿佛又回到了以前的时光，儿子成长的画面一幕幕清晰地浮现在眼前。那些优美的文字，在我的心里激起朵朵涟漪，书中关于阅读图画书的指导方法和建议，于我心有戚戚焉。书里的一些观点也在我这里得到了印证，比如："图画书不是教科书，更不是问题大全，它应该是孩子的快乐源泉。讲图画书只管一个劲儿地讲就好了，不要问东问西。"那时的我，就只是不厌其烦地给孩子读书，甚至反复阅读同一本图画书，直到孩子不听了为止。"读书不是为了识字，是享受乐趣"，我从来没有刻意去教孩子识字，只是坚持每天给孩子读书，我也没有那么多的问题提问，只是和孩子一起徜徉在书里，每每孩子躺在我的臂弯里，认真地听我读书，那种幸福真是无以比拟。"念图画书给孩子听，正是亲子之间最好的交流方式"，我深以为然。

这本书给我的另一种感受就是，这是一本很实用、很有指导意义的书，对于迷茫、困惑中的父母而言，很有帮助，也很有实践价值。书中没有呆板的说教，没有晦涩的理论术语，只有朴素和简洁，宁静和优美。娓娓道来的话语，就像是朋友在面对面交谈般自然、流畅，读起来感觉很舒服。另外，书里还为我们提供了好多优秀的绘本，我们不妨买来和孩子一起读，也许，会有意想不到的收获与快乐。

一本好书，总能带给我们感动与启发，一本好书，总能带给我们美感与遐想。读书就读经典的书，做人就做有根的人。

内容简介

这本书是被誉为“日本图画书之父”的松居直先生的代表作，全书共分五章。作者以自身的经历、具体的事例、经典的绘本，系统介绍了婴幼儿与图画书的关系，阐述图画书对婴幼儿成长的重要意义，教会我们如何给孩子读书，如何挑选优秀的图画书，并针对不同年龄的幼儿图画书选择的侧重点进行了指导，为亲子共读指引了方向，让图画书陪伴孩子和父母一起成长，为家庭教育和幼儿园教育搭建了桥梁。

精彩语录

1. 当一粒种子在孩子的心中扎根时，亲子之间就建立起无法切断的亲密关系。真正让父母与子女密切联系在一起的，不是户口簿或出生证明书，而是温柔的、人性化的语言。

2. 图画书对幼儿没有任何“用途”，不是拿来学习东西的，而是用来感受快乐的。

3. 念图画书给孩子听，正是亲子之间最好的交流方式，也是父母和孩子说话的最佳方式之一。

4. 儿童的读书生活从幼儿期开始，要使儿童了解书的世界的魅力，最好首先从图画书入手。

5. 读书不等于识字，而是去理解书中的内容。

6. 我认为，在思考图画书与幼儿的关系时，最重要的是认清图画书不是让孩子自己看的书，而是大人读给孩子听的书。

7. 阅读是一种乐趣，而不是父母的面子。

8. 图画书不是教科书，更不是问题大全，它应该是孩子的快乐源泉。讲图画书只管一个劲儿地讲就好了，不要问东问西。

9. 让孩子提早认字或强迫他们早日养成自己看图画书的习惯，并不利于对他们想象力的培养。

10. 念书给孩子们听，就好像和孩子们手牵手到故事国去旅行，共同分享同一段充满温暖语言的快乐时光。

延伸阅读

还可以阅读作者的《打开绘本之眼》《松居直喜欢的50本图画书》《我的图画书论》等作品。

《打开绘本之眼》［日］松居直著，林静译，南海出版公司，2013年6月。

《松居直喜欢的50本图画书》［日］松居直著，郭雯霞、杨忠译，二十一世纪出版社，2011年8月。

《我的图画书论》［日］松居直著，郭雯霞、徐小洁译，上海人民美术出版社，2009年3月。

（杜新燕）

5.《朗读手册》导读

作　　者：[美] 吉姆·崔利斯
译　　者：沙永玲　麦奇美　麦倩宜
出 版 社：南海出版公司
出版时间：2009年7月

推荐理由

“你或许拥有无限的财富，一箱箱的珠宝与一柜柜的黄金，但你永远不会比我富有——我有一位读书给我听的妈妈。”这句话，唤醒了无数父母开始关注孩子阅读的事，从而让无数孩子体会到了亲子共读的幸福。

父母给孩子读书，到底有多神奇呢？我们可以先来看这样几个案例：

珍妮弗出生时即患有唐氏综合征，但她的父母并没有放弃对她的教育，而是抓住所有可能的机会读故事给她听。珍妮弗4岁时接受智商测验，她的智商高达111分。

从艾琳出生第一天起，她的妈妈就开始给她读书。15个月时，艾琳每天的阅读量达到30本书；21个月时，艾琳就可以说出完整的句子；24个月时，艾琳已经知道1000个词。

罗伯特·艾伦6岁时成为孤儿。7岁时，他的姑婆开始读书给他听，后来，他读一切他能获得的书。他从未上过一天学，直到32岁进入一所小型学院就读。3年后，他以最优异的成绩毕业。接着，他获得了凡德比大学的英文硕士与博士学位，如今在田纳西马丁大学任教。

这，就是朗读所创造的奇迹！当您读完这部教育经典，一定会选择开始和孩子一起享受朗读的乐趣，一定会选择大声地为孩子读书！

内容简介

本书作者吉姆·崔利斯是美国著名的阅读研究专家，从事儿童阅读研究数十年，并具有丰富的儿童阅读指导经验，曾于1989年被国际阅读组织评为20世纪80年代对阅读推广最有贡献的八人之一。本书在1979年初版后，被美国数十所教育院校选为指定教材，并迅速被引进日本、韩国、西班牙、英国、澳大利亚等国，全球销量突破200万册，为百万畅销书之一。

全书共分为八章，分别以“为什么要朗读”“何时开始朗读”“朗读的阶段”“朗读要领与朗读禁忌”“持续默读：朗读的最佳拍档”“图书馆：家庭的、学校的和公立的”“从欧普拉、哈利·波特和因特网上学到的启示”“电视”为主题，论述“为什么要朗读”以及“如何朗读”的相关内容，结尾处还有向读者推荐的朗读书目。

作者以丰富具体、翔实可信的案例，回答了大家最容易遭遇到的各种阅读问题：阅读能带来什么好处？孩子入学时应具备什么技能？不识字的父母如何读书给孩子听？为什么小说重要？如何给智能不足的孩子朗读？什么时候开始教孩子读书？如何使朗读与自然科学或数学课程相结合？怎样的书才算是好的朗读教材？如何在书籍和电脑之间取得平衡？……

这本书，帮助无数父母、老师解决了棘手的教育难题，让父母和老师引领着无数孩子成为终生阅读者。

精彩语录

1. 你读得越多，知道得越多。你知道得越多，你越聪明。你越聪明，在校学习的时间越长。你在校学习的时间越长，获得的文凭越多，受雇工作的时间就越长——你一辈子赚的钱就越多。你的文凭越多，你的孩子在学校的成绩越高。

2. 阅读是学习的基础。

3. 影响孩子阅读能力的最大因素是家长本身对阅读的态度，以及在家里孩子是否可以随手取得书。

4. 尽早给孩子朗读。你越早开始，做起来越容易，效果越好。

5. 每天至少安排一段固定的读故事时间，尝试使之成为一种习惯。

6. 朗读要有始有终。一旦开始读一本书，你就有责任把它读完——除非发现它是一本坏书。别让孩子在章节之间等上个三四天，却还期盼着他们能维持兴趣。

7. 别读自己不喜欢的书，因为你的负面情绪会表现在朗读上，造成负面效果。

延伸阅读

本书作者的其他作品还有：《朗读手册Ⅱ》《朗读手册Ⅲ》。《朗读手册Ⅱ》是《朗读手册》的续篇，是崔利斯专为解决父母们的选书困惑而编写的，精心挑选了最有价值、最适合给孩子读的故事。《朗读手册Ⅲ》选择了适合高年级孩子的儿童小说、科幻作品、动物故事、诗歌、纪实文学等中的经典段落，父母们可以选择阅读。

《朗读手册Ⅱ》［美］吉姆·崔利斯著，梅莉译，南海出版公司，2011年8月。

《朗读手册Ⅲ》［美］吉姆·崔利斯著，徐海幈译，南海出版公司，2012年8月。

（王雪锋）

6.《小巫教你讲故事》导读

作　者：小　巫

出版社：南方出版传媒　新世纪出版社

出版时间：2012年1月

推荐理由

一个母亲带着他9岁的神童儿子去见爱因斯坦，向这位全球公认的最聪明的人讨教如何让她的儿子在数学方面更上一层楼。

爱因斯坦说：“给他讲故事吧。”

这位妈妈依然缠着爱因斯坦，讨问教习儿子数学方面的问题。

爱因斯坦说：“如果你想让孩子聪明，就给他讲故事；如果你想让他拥有智慧，就给他讲更多的故事。”

这是本书封底上的一个小故事。起初，我也在怀疑，故事真有如此惊人的作用吗？然而，当我翻开书页之后，真是欲罢不能。我不但是被小巫的智慧所吸引，更是为故事的魅力打动！我不由得一次次感叹：原来如此！原来故事要这样讲！原来故事要这么编！原来故事对孩子这么重要！……

是的，故事对孩子来说，不可缺少。孩子能在故事中学会善良，懂得坚强，也会在故事里领悟智慧，启迪梦想。只要你懂得怎么讲。

那么，我们怎么把想要传达的一切赋予故事？怎样让孩子听到故事后面真正的声音？且听小巫告诉你。

小巫，著名儿童教育专家，毕业于北京大学，美国罗格斯大学教育学硕士，近年来致力于儿童发展、家长心理及亲子关系的研究与咨询工作，深受年轻父母拥戴。

内容简介

整本书分成了六个部分，为爸爸妈妈深入剖析了“为什么要给孩子讲故事”“怎么给孩子编故事”“讲故事对于孩子的成长有什么作用”。

第一部分：“故事之前的故事”，首先介绍了为什么给孩子讲故事，接着，小巫用亲切的语气，向你娓娓阐述怎样为孩子选故事、编故事、讲故事。第二部分：“经典故事・丰富孩子灵魂深处的‘内在王国’”，为我们介绍经典故事在孩子成长中起的关键作用。第三部分：“睡前故事・陪孩子步入梦乡”，小巫用许许多多的小故事，手把手教爸爸妈妈们如何编睡前故事。第四部分：“治疗性故事・帮孩子走出心灵误区”，带你领略故事的神奇治愈能力。第五部分：“气质类型故事・因孩子而异的故事”，教给你怎么给不同气质类型的孩子编故事。第六部分：“教学故事・开启智慧之门”，通过了解教学故事的意义，继续感受故事的魅力与价值。

精彩语录

1. 讲故事第一大忌——千万不要把故事意义给说破了。故事意义说破了，就前功尽弃了，不管这个故事多么的美好，多么的道德高尚，说破了孩子就听不进去了，对孩子来说一点用也没有了。

2. 那讲故事真正的意义是什么呢？一言以蔽之，就是对孩子心灵的滋养，这是不可言说、无法量化的。

3. 故事能慢慢渗入孩子的心灵，就好像给植物送养分那样，不是把水和养分浇在叶子上，起到立竿见影的效果；而是涓涓滴滴地渗透到泥土底下，滋润植物的根部。

4. 故事开启儿童智慧的大门——它具备一种奇特的“魔力”，能够最大程度激发儿童独特的想象力，让其插上翅膀自由飞翔，进入创造性图景的领域，超越感知与逻辑思维，达到更高层次的认知。

5. 讲重复性的、可预见的、没有意义的故事，可以辅助孩子建立呼吸和心跳的规律，尤其是对非常小的孩子。

6. 孩子的想象力、情绪，乃至道德感的发展都是从故事里来的，这些不像识几个字、懂得多少知识那样可以量化，容易看得到成果的，它的养分是全面的、潜移默化的，会让孩子受用一生。

7. 无论什么故事，都可以加入一些困境，曲折的情节对孩子很有吸引力，因为他们每天的生活也会遇到“难题”，尽管对成年人来说可能小事一桩，但对孩子来说却是天大的事，如何解决问题呢？故事知道怎么办。

延伸阅读

可延伸阅读小巫的其他作品，如《小巫教你编故事》《给孩子自由》《让孩子做主》等。

《小巫教你编故事》小巫著，新世纪出版社，2015年5月。

《给孩子自由》小巫著，民主与建设出版社，2007年5月。

《让孩子做主》小巫著，民主与建设出版社，2008年8月。

（崔金萍）

7.《音乐漂流瓶》导读

作　者：肖复兴

出版社：新疆青少年出版社

出版时间：2012年3月

推荐理由

音乐是无界的。因为音乐可以使人们在一个美妙的世界和境界里相逢。

音乐是有魂的。因为那些最伟大的音乐，无不是从心灵里流淌出来的。

唯有音乐，是“所有人都懂的语言”，是让“心与心迅速接近的桥梁”。

作者肖复兴，童年酷爱音乐，却因为买不起一把小提琴而与音乐职业失之交臂。这种遗憾，反而激发了他对音乐更为执着的痴狂。毕业于中央戏剧学院的肖复兴，开始以作家的笔触，写下一篇又一篇音乐笔记，记录音乐故事，传递生命的感动。

这本《音乐漂流瓶》是写给孩子的。因为书里的故事，会让那些音乐家从过去走到现在，一直站在孩子们面前，“告诉”他们音乐怎样成为自己生活和生命的一部分。

这本书也是写给父母和所有成人的。因为书里的故事，已让那些不朽的乐章，穿越亘古的风尘，依然保持着温暖人心的温度和激动人心的力量。

引导孩子“在快乐和享受中学习音乐”，是这本书最大的贡献。

内容简介

十个故事，十位闻名世界的音乐家和他们的不朽之作。作者让故事活在读者的世界里，从而让那些音乐，也活在了读者的生命里。

从巴赫和哥哥因为乐谱闹了不愉快及后来竟得到了从天而降的鲱鱼、李斯特在父亲执着教导下终在音乐会上获得了贝多芬之吻、舒伯特照顾穷孩子得到灵感创作《野玫瑰》的故事，到威尔第的那株命逝魂存的“茶花女柳”、马勒在伊施尔浴场守候最终赢得勃拉姆斯的支持、德沃夏克创作《兹罗尼茨的钟声》的故事，再到格里格、西贝柳斯、巴托克、梅西安，这些音乐长河里璀璨的名字和他们不朽的作品，在作者笔下重新复活，“一起载着孩子们在音乐的天堂里经历心灵的启迪和情感的升华”。

精彩语录

1. 巴赫就是在那时候认识了赖因肯，喜欢上了赖因肯。可以说，是哥哥藏在柜门里的乐谱，为他和赖因肯之间搭起了一座桥。

2. 有些事情就像音乐一样神秘，为什么非要像打破一只鸡蛋一样打破它呢？

3. 他认定儿子身上一定有着自己的遗传，音乐细胞已经从自己的血液里流淌到儿子的身体里。

4. 小李斯特那细长的手指在琴键上龙飞凤舞，那种水银泻地般的韵律，那种神采飞扬的气势，那种百鸟闹林般的声响……都在贝多芬的心里回荡着。

5. 不知道怎么搞的，蓦然之间，寒冷的风和漆黑的夜都不存在了，连周围的世界都不存在了，舒伯特的眼前只有那盛开的野玫瑰，鲜红如火。他似乎闻到了野玫瑰扑鼻的芳香，看到了顽皮孩子们的身影，他甚至觉得那个在原野上摘野玫瑰的孩子正向他跑来，那个孩子正是汉斯……

6. 他谱写这支交响曲的时候，也许还没有真正的明白，但现在，他明白了，草地上的鲜花告诉了自己什么，森林里的动物告诉了自己什么，早晨的钟声又告诉了自己什么，一切告诉的都是爱。只有博大的爱，才会超越误会和矛盾，乃至种族和偏见。

延伸阅读

可参阅肖复兴的《音乐笔记》，［美］唐·坎贝尔的《莫扎特效应》等作品。

《音乐笔记》肖复兴著，学林出版社，2000年10月。

《莫扎特效应》［美］唐·坎贝尔著，高慧雯、王玲月、娟子译，北京联合出版公司，2013年3月。

（王丽君）

8.《林间最后的小孩——拯救自然缺失症儿童》导读

作　者：[美] 理查德·洛夫
译　者：自然之友　王西敏
出版社：中国发展出版社
出版时间：2014年8月

推荐理由

人类本是从自然而来，却选择了距离自然越来越远的路。科技本是为人类服务，却阻断了人类与“自然母亲”的紧密连接。从对自然的功能型利用，到浪漫的眷恋，再到电子时代的隔绝，这种日益“去自然化”的生活，让“自然缺失症”成为席卷全球的“现代病”。

是什么导致了这种“人与自然关系的异化”？空调、电视、动画片、电子产品、治安状况……儿童与自然的脱离，已经造成了严重的后果。在儿童中，“豆芽菜”“小胖子”的大量出现，就是最明显的例子。

人们越来越青睐把孩子关在房间里“学习”，却忽略了大自然才是孩子学习最好的“教室”，丛林才是真正的“黑板”，万物都可以成为孩子“最好的老师”。所以，我们需要为孩子的成长开辟“第四边疆”：让自然游戏合法化，让城市野生化，让土地回归唤醒野性。从而让孩子在自然中感受神奇，在自然中呼唤生命灵性的回归。如美国自然文学作家、诗人格雷特尔·埃里希说：“追溯一条河流或一颗雨滴的历史，就像约翰·缪尔那样，就是追溯灵魂，追溯在身体里跌宕起伏的心灵的历史。在这两种追溯中，我们不断地寻找，突然发现灵性……”

我们怎样重回自然的怀抱，建立与自然亲密的和谐关系，并从中获得生命应该获得的成长教育？这本《林间最后的小孩——拯救自然缺失症儿童》为我们做了解答。

内容简介

本书从“儿童与自然的新型关系”讲起。生活在“第三边疆”中的人，呈现出五种趋势：大众和个人都不知道食物从哪里来；机器、人类、动物之间的界限越来越模糊；关于人类和其他动物之间联系的知识不断增加；野生动物入侵城市；以及新的郊区形态的兴起。因此导致“儿童在户外或者以任何自由形式玩耍的时间也在减少”。

接着，作者分析了“为什么儿童需要自然”。原有的生态角度心理学研究基础加上亲生物性的前沿研究，产生了新的跨学科领域——生态心理学。生态心理学及其所属的新分支学科对威尔逊的“亲生物性”假说的支持，引发了新一轮关于自然对人类身心健康影响的研究。人类因此意识到“自然对我们的健康、精神集中和创造力都有积极的作用，而发展与自然界的关系可以形成环境管理的基础”。

那么，妨碍我们接触自然的障碍性因素是什么呢？本书观点认为一方面是文化或者制度性因素，比如：“越来越多的司法纠纷”“在教育过程中将自然体验边缘化的趋势”等；另一方面是结构性因素，比如城市的建筑方式等。

可见，我们需要创造机会，让“自然与儿童重逢”。我们既可以“把自然带回家”，也可以让孩子去自然中培养应对恐惧的智慧；可以让自然做孩子的老师，让孩子向自然学习。

所以，人类要开辟一个“仙境”——“第四边疆”，建立新型的自然游憩区域，让城市野生化，为了滋养儿童的灵性，把自然还给孩子。

精彩语录

1. 自然总是能给孩子一个更为广阔辽远的世界，这既不同于父母给予的亲情世界，也不像电视那样会“偷走”孩子们的时光，相反，她能丰富孩子的精神世界，医治生活在不幸家庭或街区的孩子的创伤。

2. 年轻人成长起来的这个时代是没有生物绝对性的，甚至连生命本身的定义都开始不确定。

3. 孩子们需要自然来开发他们的感觉器官、培养他们的学习能力和创造力。这种需求可以通过两个途径得到揭示：观察儿童与自然隔绝时感受力的变化；注意儿童，甚至是成年人有机会直接体验自然时所获得的神奇感觉。

4. 对陌生人的恐惧，并不是家长们对孩子严加看管的唯一原因。现在无论是孩子还是家长，都开始把自然当成敌人——自然被妖魔化，成为其他一些不容易辨认的恐惧对象的替身。

5. 修复孩子和自然之间被割裂的关系似乎是一项艰巨，甚至是不可能完成的任务。但我们相信，我们可以改变这种趋势的方向，或者至少可以减缓它的速度。为了保护人类健康和自然环境，我们除了坚持这个信念，别无他法。

延伸阅读

推荐阅读作品被认为是“人类首次关注环境的著作”，蕾切尔·卡森的《寂静的春天》，比尔·麦克基本的《自然的终结》等作品。

《寂静的春天》［美］蕾切尔·卡森著，吕瑞兰、李长生译，上海译文出版社，2015年5月。

《自然的终结》［美］比尔·麦克基本著，孙晓春、马国林译，吉林人民出版社，2000年1月。

（徐彦格）

9.《塔莎的传家宝》导读

作　者：［美］托娃·马丁
译　者：孙婷婷
出版社：中国城市出版社
出版时间：2015年3月

推荐理由

《塔莎的传家宝》一书向人们展示的是凯迪克金奖、女王终身成就奖获得者，美国最具代表性的插画家塔莎·杜朵的优雅生活。文章从一个旁观者的角度讲述了塔莎奶奶的生活环境、生活方式。塔莎奶奶生活在一个看起来像一座农庄，听上去像一座农庄，经营方式也像一座农庄的地方。在这里，她收藏着很多古老的农用工具，塔莎奶奶运用这些器具以及原始的古老的操作方法建房子，制陶艺，做干花，制肥皂、奶酪、罐头，纺线织布，缝制衣服，做玩具，一年四季都辛勤劳作。她用双手创造了繁花似锦的人间仙境，唱响了一曲不老的田园牧歌；她用双手描绘了如梦似幻的童话王国，实现了儿童时代的纯真梦想；她用双手缝制了朴素温馨的家居世界，绽放生活的甜美芬芳。塔莎奶奶告诉我们，幸福很简单，幸福就在我们身边。

内容简介

《塔莎的传家宝》这本书，共七章，从七个方面展示了塔莎奶奶的生活及手工制作。塔莎奶奶家中满是美国古董的珍品和收藏品，她通过运用原始器具以及几乎被遗忘的技术，制作蜡烛、肥皂，调制草药乳霜，用收获的木料来编篮筐，用自家产的水果做罐头、榨果酒，同时将草药和鲜花风干，纺麻线，染毛线，织布，亲手缝制衣服。一针一线，享受手工制作的甜蜜和温暖，汲取绘画的灵感，感受田园生活的美妙。在塔莎奶奶的生活中，一切都那么富有艺术性。在她眼中，万事万物都有不同的功能，本书就带我们一同走进塔莎奶奶的家，欣赏她的手工作品，感受她的幸福生活。

精彩语录

1. 塔莎的手从来都闲不下来，她对无所事事的呆坐深恶痛绝。

2. 做纺线、编织这些事情，心情也会变得舒畅起来。自给自足给我带来快乐，我想了解我生活中接触的物品是怎样制造出来的。为了直接纺羊毛，我曾经养了一些羊。看着亲手做出来的衣服，织布时布掠过指间的感觉依然清晰。这些事情，都值得我为之付出时间。

3. 塔莎生命里的每一件东西都有目的。在塔莎看来，万事万物都有不同的功能，树林不仅仅能在夏季阴荫防晒、在雨季防止水土流失，它们更是鸟类朋友们的栖息场所。

4. 春天里，她把蛋壳加以装饰，然后悬挂起来作为复活节彩蛋。这样的彩蛋也会被穿上缎带，出现在万圣节彩蛋树上。彩蛋树放置在不同的家禽圈里，所以它们也被孔雀、鸽子、金丝雀、矮脚鸡、环颈斑鸠和小麻雀的蛋们装饰着。

5. 她的内心像她那些异想天开的事例一样年轻，她的房子里装满了各种可以玩儿的东西。

延伸阅读

本书相关作品还有《塔莎的世界》《塔莎的花园》，描述了塔莎奶奶的成长故事、喜好以及一年四季的生活。书中精美的照片、富有哲理的话语和塔莎的艺术，共同描画出了塔莎的真实形象以及她独特、优雅的生活。

《塔莎的世界》[美] 塔莎·杜朵著，韩玲译，中国城市出版社，2012年1月。

《塔莎的花园》[美] 塔莎·杜朵、托娃·马丁、理查德·W·布朗著，韩玲译，中国城市出版社，2011年7月。

（谢　美）

10.《P.E.T.父母效能训练手册》导读

作　者：[美] 托马斯·戈登
译　者：宋 苗
出版社：天津社会科学院出版社
出版时间：2014年8月

推荐理由

当孩子再一次因为贪玩回家晚了，我一改以往的责备语气，长长地吐了一口气，用力抱了一下儿子，轻轻地说："你终于平安回家了！"儿子惊诧地看着我直呼意外。因为以前儿子也有过几次这样的情况，我总是训斥他不守时，不体谅我的感受，而他也能找到各种理由狡辩。在《P.E.T.父母效能训练手册》的指导下，我不再用责备式语气跟孩子说话，而是改为陈述他没有准时回家我内心的真实感受。当我告诉孩子，因为他没有准时回家，我坐立不安，忍不住会担心他的安全：会不会摔跤了，有没有跟人家打架，会不会遇上了坏人，甚至会担心车祸问题。儿子瞪大眼睛听我说完，立刻内疚地连声说"对不起"，他表示以后再也不会让妈妈担惊受怕了，放学后一定准时回家，不再贪玩。如果要和同学一起在学校打打篮球什么的，一定会提前告诉我，让我不要担心。后来的事实证明，儿子确实做到了准时回家。这就是父母接受"训练"的效果。

本书的作者托马斯·戈登博士是美国执业心理学家，师从著名人本主义心理学家卡尔·罗杰斯。托马斯·戈登在芝加哥大学获得博士学位并留校任教，曾担任加州心理学会会长、美国白宫儿童顾问等职。戈登博士以其创建的"戈登方法"而闻名全球，这一方法起初用于改善父母与孩子间的关系，后发展为一种改善所有人际关系的通用模式。

阅读本书，跟着世界著名的人际沟通专家托马斯·戈登博士一起运用“积极倾听”“我—信息”和“没有输家”的解决冲突的办法进行自我训练，从而扩大我们对孩子的影响力，助力孩子的健康成长。

内容简介

《P.E.T.父母效能训练手册》告诉我们：我们应该受到训练，因为父母是人而不是神，父母不用假装无条件地接受。但是，父母可以用接受性语言使孩子敞开心扉，可以用积极倾听的技巧让孩子释放情绪，可以改变环境以改变孩子不可接受的行为。

本书共有十六章，为父母提供了替代强制力的办法，帮助父母掌握“积极倾听”“我—信息”和“没有输家”的解决冲突的办法。运用不受时间限制的P.E.T.教程，我们将会立刻看到效果，即减少战争、少发脾气、不说谎话、不再使用惩罚等。它将帮助我们养育一个充满责任心的孩子，塑造一个让孩子快乐成长的家庭环境。

精彩语录

1. 在人际互动中，一个人无法长时间地保持沉默。人们需要某种语言交流。

2. 积极倾听远比被动倾听（沉默）更为有效，它是使信息的“传送者”与“接受者”建立关联的一种非常有效的方法。

3. 年龄很小的孩子的父母必须学会准确地倾听，这是一种不同类型的倾听，这主要因为婴儿是通过非语言信息来进行沟通的。

4. 每次他们（父母）通过运用权力或权威强迫一个孩子去做某事，他们就剥夺了孩子学习自律和自我责任感的机会。

5. 孩子不会反抗成年人——他们反抗的是成年人夺走他们自由的企

图，他们反抗的是成年人按照自己的形象改变他们或塑造他们的努力，反抗的是成年人的唠叨，反抗的是成年人强迫他们按照自己的是非观念行动。

延伸阅读

还可以选择托马斯·戈登的《顶好父母：别被孩子炒鱿鱼》进行对照阅读。

《顶好父母：别被孩子炒鱿鱼》［美］托马斯·戈登著，康建明、叶定国译，知识产权出版社，2007年1月。

（涂燕疑）

推荐书目篇

（一）儿童发展类
（二）父母成长类
（三）亲子互动类

（一）儿童发展类（21种）

1.《善解童贞——0～6岁孩子的性发展与性关怀》导读

作　者：胡　萍

出 版 社：广西科学技术出版社

出版时间：2011年7月

推荐理由

孩子是天生的哲学家，他们总是对“自己从哪里来”充满好奇。

小时候，我儿子也向我问过这个问题。我告诉他，是医生用刀切开妈妈的肚子拿出来的。因为的确是剖宫产，所以自以为这样的回答，既是事实，又巧妙，而且可以避开谈更深的一些问题。但等到儿子问到为什么男孩和女孩生殖器官不一样的时候，我就只有搪塞了。因为在传统观念的影响下，我认为孩子只是好奇，没必要解释，也无法解释，等他到一定年龄的时候自然就了解了。

但是在看了《善解童贞——0～6岁孩子的性发展与性关怀》这本书之后，我才深刻地意识到，自己是多么的愚笨，自己这个妈妈是多么的不称职。因为这是孩子最初对性的探索，需要正确的引导。由于我这方面知识的匮乏而给出了近乎“愚蠢”的答案。

所以，感谢这本书，是它让我认识到早期性教育的重要性，得以弥补过去对孩子教育的不足之处，希望是“亡羊补牢，犹未迟也”。

作者胡萍，中国性学会青少年性健康教育专业委员会副主任委员，独立研究人，创办深圳“成长与性”工作室。作为中国性教育第一人，她正被越来越多的媒体关注，让越来越多的父母受益。

内容简介

《善解童贞——0～6岁孩子的性发展与性关怀》这本书，共有十四章，讲解了0～6岁儿童性发展的规律，帮助父母理解儿童性发展中出现的种种性活动，提出了帮助孩子性发展的原则和具体方法。

本书先总述了0～6岁孩子的性发展规律、生命的性本能、成人帮助孩子性发展的原则。接着分述，对不同年龄阶段的孩子，应采用不同的性教育方式，比如：0～1岁半孩子这一阶段，如何帮助孩子脱离对乳房的依恋；1岁半会出现肛欲期，孩子会在裤子里大小便，父母最明智的做法是给孩子换上干净的裤子，切不可羞辱、耻笑、责骂孩子；3～6岁是人类性发展的第一个高峰，了解此时孩子性生理的发展和性活动，帮助孩子升华精神的愉悦等等。同时，对生活中常见的问题，如：孩子可以看成人的裸体吗？我的胸部为什么没有妈妈的大？如何应对孩子的恋父恋母情结以及如何引导孩子对性别的认知和理解、如何回答孩子提出的性问题等等进行了解答。

父母了解了这些，就能对孩子进行正确的引导，关注孩子的性发展，尊重孩子，给予孩子必要的关怀，让孩子更好地成长。

精彩语录

1. 我研究发现，对0～6岁的幼儿来说，采用性关怀的办法比较好。
2. 性关怀 = 尊重 + 引导

3. 由于历史和文化的原因，在传统教育中，我们对待孩子的性活动常常以惩罚和告诫处理，简单而粗暴，这样的方式影响了孩子性心理的健康发展。

4. 在孩子的眼里，生殖器和眼睛、鼻子、耳朵一样，是他们身体的一部分，他们了解这个器官并由衷地赞美它，就像赞美自己身体其他任何一个部位。

5. 如果我们的孩子心理发展停滞在某个阶段，随着孩子年龄的增长，他会表现出与心理年龄不相符的行为。

6. 孩子对世界万事万物都充满着好奇心，对于动物性活动的观察和研究是他们探索世界的一部分。

7. 我们有一个永恒不变的原则，那就是不可以欺骗孩子，不可以因为孩子提出这样的问题而打骂孩子。

8. 用画图的方式教孩子认识隐私部位效果最好。

9. 我们的传统文化中，有很多不尊重孩子的行为，我们是摒弃这些传统文化中的糟粕，用更文明的方式教育下一代，还是依然用旧的方式教养我们的孩子，现在，到了选择的关口。

延伸阅读

可以关注胡萍老师的《成长与性》，如果你的孩子年龄已超过 6 岁，请阅读第二册《善解童贞——6 ~ 13 岁孩子的性发展与性教育》，让孩子学会爱、学会尊重、学会保护自己。

《成长与性》胡萍著，科学出版社，2016 年 5 月。

《善解童贞——6 ~ 13 岁孩子的性发展与性教育》胡萍著，广西科学技术出版社，2011 年 4 月。

（刘明光）

2.《儿童的秘密——秘密、隐私和自我的重新认识》导读

作　者：［加］马克斯·范梅南
　　　　［荷］巴斯·莱维林
译　者：陈慧黠　曹赛先
出 版 社：教育科学出版社
出版时间：2004年1月

推荐理由

当我们说到“秘密”这样一个词汇的时候，会不由自主联想到“隐藏”“不可告人”。如果我们的孩子有了自己的小秘密而不肯告诉父母时，我们更会因为不可知而感到不安，生怕一不小心，孩子走向堕落。

其实，生活中有许多无关痛痒的小秘密，它们会让我们产生更丰富的生活体验。加拿大教育学教授马克斯·范梅南和荷兰现象学教授巴斯·莱维林通过对大量的普通秘密进行现象学的分析，向我们揭示了普通秘密存在于个人成长中可能产生的教育意义。

通过这本书，我们可以回顾自己童年甚至成年以后拥有的秘密，理解它们对于形成我们的自我认知和自我角色，建立与他人的亲密的人际关系的价值。

内容简介

《儿童的秘密——秘密、隐私和自我的重新认识》由加拿大教育学教授马克斯·范梅南和荷兰现象学教授巴斯·莱维林合著，借助现象学的研究

揭示生活中那些普通秘密对于儿童成长的教育学意义。全书共有14个章节，通过生活中的秘密、游戏中的秘密和小说中的秘密来认识秘密对于自我认同的价值；通过秘密与隐私的区别来认识秘密对于建立亲密的人际关系的重要意义。

精彩语录

1. 保守秘密是人类最伟大的成就之一：秘密极大地丰富了生活。

2. 秘密具有教育意义，因为它们能够创造出自我的多个层次和内外空间，这有助于个人性格的形成。

3. 更确切地说，秘密构成了人与人之间的关系。

4. 我们感兴趣的主要是秘密体验中的教育意义：即秘密在个人成长中可能产生的积极或消极的作用。

5. 秘密就像一种语言、一种交流模式，它需要代码、解释和重新解释。它赋予我们所说的和所做的以形体和意义。相反，对局外人保守自己的隐私则是一种非交流行为。

6. 我的秘密让我觉得自己很特别、很勇敢、很独立——这不仅仅是因为我的秘密具有的独特性质，而是因为我感到自己很强大，我深信自己能够保守这个秘密。我清楚，与人分享的话，就会毁坏这个秘密。

7. 我们可以看到秘密是一股神奇的力量，它能将我们自己与分享秘密的另外一个人紧紧地联系在一起。

8. 有些人的一生中不断有这样的怀疑，认为他们的存在有某种主要的秘密，需要找到这个秘密使生活变得有意义。

延伸阅读

推荐阅读范梅南教授的另外两本著作：《教学机智——教育智慧的意蕴》《生活体验研究——人文科学视野中的教育学》。

《教学机智——教育智慧的意蕴》［加］马克斯·范梅南著，李树英译，教育科学出版社，2001年。

《生活体验研究——人文科学视野中的教育学》［加］马克斯·范梅南著，宋广文等译，教育科学出版社，2003年1月。

（陈　娟）

3.《怎样满足婴儿的心灵》导读

作　者：[日] 内藤寿七郎

译　者：顾振申

出版社：河北出版传媒集团

河北少年儿童出版社

出版时间：2014年6月

推荐理由

这是一本很温暖的书。

书里面没有枯燥的理论，没有晦涩难懂的专业术语，读这本书好像在听一位长者讲述美好的故事。它用平和的语气告诉我们：如何去面对3岁前的孩子出现的种种常见的“育儿问题”，让孩子更健康快乐地成长。

什么才是对孩子的爱？不是把你所有的东西全给了他，就是对他的爱。真正的爱是尊重、了解并尽力满足对方的需求。本书不只是告诉我们如何照顾孩子，还告诉了我们如何照顾我们自己，如何照顾我们的家庭。

这是一本很有用的书。这本书谈到了我们生活中，比如：婴儿会“察言观色”吗？他们会有感知周围人情绪的能力吗？或许我们都认为孩子小，什么都不懂，其实我们错了。所以别以为躺在摇篮里的那个小东西只会吃喝拉撒睡，其实他什么都懂，只是你不懂他而已。作者很认真地告诉母亲们，对怀里的小宝贝一定要和颜悦色。这让我想起了美国儿童教育专家劳伦斯·科恩博士说的一句话：父母要做孩子身边的“第二只淡定的小鸡”。

当我们看到别人的孩子两岁就背了很多诗句、认识了很多字，我们会不会对自己家的孩子说出“你看人家谁谁，你看看你……”这样的话？作者很温和地告诉我们“不要总拿自己的孩子和别人的孩子比，以此来说自己孩子的缺点”。对一个2岁多的孩子来说，温暖的鼓励是他们成长最好的养分。

这是一本很贴心的书。它不只是告诉了我们母亲面对自己的孩子如何做，还告诉了我们父亲应该如何做，尤其是当教育理念不一致时，如何处理。让我们在育儿问题上，又少了一些摩擦，多了几分和谐。让孩子因为自己正确的教育方式，而变得幸福快乐，真好！

内容简介

本书是被称作日本“育儿之神”的内藤寿七郎先生所著。本书凝聚了他长达六十年的经验，也是日本小儿医学界的巅峰之作。全书共八章，包括了122个育儿方面的问题解答，围绕“在孩子性格养成最关键的前三年，如何对待孩子才可以让其身心健康地成长”这个主题展开。

如何面对3岁大小的孩子的“任性”和“自我中心”？是像《大卫，不可以》里面的妈妈，还是用肌体的接触、眼神的交流去安抚他？作者很清晰地告诉我们，在这个年龄阶段，要慎用“不行！”“不可以！”因为他们还不懂这几个字的“威力”，他们还无法理解这几个简单的字背后的复杂因果关系，还有它们承载的复杂情感。

书中还纠正了日常生活中育儿时出现的习惯性错误。“刚出生的婴儿也能看见东西”，而我们习惯性地认为小小的婴儿什么都不懂，其实不然。对烦躁的婴儿来说，“眼神疗法”“笑脸疗法”很有效果，这个是很多父母在育儿时很少注意到的。作者很贴心地给出了具体做法，用事例诠释了什么才是真正的“爱孩子的心灵”。

精彩语录

1. 人们认为初生的婴儿什么都看不见。其实不然，婴儿即使是刚出生也看得见东西。

2. 即使是还不会说话的婴儿，也要和他进行“眼神的对话”。由此产生的“心灵对话”，对培养婴儿健康的身心具有非常重要的意义。充满爱的注视，不仅对婴儿成长十分重要，对婴儿大脑的发育也非常重要。

3. 其实，只要是孩子喜欢玩的，不管是落在马路上的小石子也好，碎木片也好，都是极好的玩具。

4. 母亲们只对可做的事展现笑脸，不可做的事则表现出不赞成的态度即可。对待三岁的孩子，母亲们应重视福泽谕吉的“育儿不依凭语词，依凭眼目”的名言。

延伸阅读

可以延伸阅读［美］简・尼尔森、谢瑞尔・艾尔文、罗斯琳・A.杜菲合著的《生命最重要的前三年》（尼尔森0—3岁积极训导法）等作品。

《生命最重要的前三年》［美］简・尼尔森、谢瑞尔・艾尔文、罗斯琳・A.杜菲著，邱宏译，天津社会科学院出版社，2010年5月。

（马晓利）

4.《平衡发展的孩子——运动和幼儿早期学习》导读

作　者：[英] 萨利·戈达德·布莱斯

译　者：于淑芬

出 版 社：民主与建设出版社

出版时间：2011年1月

推荐理由

我们常常会觉得迷茫：现在的孩子到底是幸福的一代，还是不幸的一代呢？其幸福在于，科技的发达带来生活水平的提高，让现代人尽享无忧无虑的生活。因此在教育子女方面的投入之大，无论财力还是物力，都是空前的。其不幸在于，现在的孩子被关注太多，偏离了正常发展的轨道，出现的问题之繁杂，也是空前的。而我们所接受的那些养育方法，常常因为不能结合自己孩子的实际情况来运用，导致更多让我们措手不及的新问题出现。

显然，学习了解儿童发展的普遍规律，观察了解自己孩子的成长表现，进而筛选信息，才能做出明智的判断和决定。

本书从人类运动的起源、原始的运动反射写起，正如序言中所说，“探索了科学本质背后所涵盖的古老真理——身体健康，头脑健全，并解释了为什么早期运动对于孩子们良好的平衡发展至关重要，与语言、学习、认知或良好的发展基础相辅相成”。语言高度概括，理论与实际结合，通俗易懂，对读者的启发性极强，这都是本书的突出特点。

根据作者的观点，生命是携带了上帝恩赐的礼物降生人间，这礼物就是最初的运动——反射。更重要的是，人类正是依靠这些反射，构建了成为一个健康的成年人的所有能力。借助这些内容，我们可以清晰了解孩子行为表现背后的那些真正的原因。

翻开这本书并沉浸其中，就如同置身于一个神秘的灵性世界，因为我们不仅会发现，孩子在婴幼儿时期所有的行为，我们都能够找得到科学的依据；还会发现，儿童成年后的大多数行为表现，仍然带着童年的烙印，甚至是成长中不同环境及运动等生活轨迹带来的结果。

我相信在这本充满智慧、令人着迷的著作中，那些有关平衡和运动感知以及认知发展的见解，对所有的父母和对儿童发展感兴趣的专业人士同样至关重要。因为，它用通俗易懂的方式破解了孩子的成长密码。

内容简介

《平衡发展的孩子——运动和幼儿早期学习》这本书共分为十章，分别是：起源；平衡发展；大脑和身体——思维的开发；从摇篮到协调：条件反射与思维发展；音乐语言；音乐与大脑；大多数思维；喂养、成长和脑的发展；让孩子转身；向古人学习：运动中的教育。

作者从运动对儿童成长的重要性讲起，先概括介绍了运动与早期学习之间的关系（平衡发展的表现及重要性）。然后从生命体最初的“反射”开始，详细介绍了条件反射与思维发展的过程、特点，以及不同反射的抑制或发展对儿童产生的影响（影响平衡发展的各种因素）。最后介绍该如何科学地借助运动使孩子的思维、语言等得到平衡发展（怎样帮助儿童获得平衡发展）。

通过阅读本书我们可以知道，学习是建立在大脑和身体之间的整合关系上的一种能力，这种能力发展的一个重要前提是，身心的平衡发展。而多种类型的运动，将会帮助训练大脑在空间运动中的平衡感。

精彩语录

1. 认知和行为的发展变化和脑的变化是相关的，反之亦然。

2. 反射是基本运动技巧的初级老师。

3. 幼儿运动能力也同样反映了在分级意义上以及大脑皮层两个半球相互沟通方面的有效性。

4. 训练我们身体的同时也在滋养我们的大脑，不仅仅是加强和保持神经的连接，还会促进大脑的化学反应和荷尔蒙的状态，全面地促进心灵或者自我的发展。

5. 如果我们试图去孤立地培养我们的大脑（通过认知教育）或者身体，就不能创造一个“平衡发展”的孩子。

6. 音乐很自然地包含了讲话所需要的“声音”因素，是一种没有词语的语言形式。

延伸阅读

推荐阅读获得诺贝尔奖提名的《脑科学与教育入门》，作者是日本的小泉英明；美国心理学家爱德华·桑代克的《人类的学习》等。

《脑科学与教育入门》［日］小泉英明著，陈琳译，高等教育出版社，2009年11月。

《人类的学习》［美］爱德华·桑代克著，李维译，北京大学出版社，2010年。

（齐新萍）

5.《儿童的人格教育》导读

作　者：［奥］阿尔弗雷德·阿德勒

译　者：彭正梅　彭莉莉

出版社：上海人民出版社

出版时间：2011年1月

推荐理由

作为教师，我每天都要和孩子们打交道。他们来自于不同的家庭，生活环境各不相同，因此，教室里的故事也多姿多彩。在那些美妙的故事中，总有一些不和谐的声音。

比如妍，骄傲蛮横。上课时总喜欢插嘴，还喜欢说些风凉话，惹得老师和同学一致白眼儿却仍不悔改。平时，要是谁碰了她，她立刻就会反击。一旦她脾气爆发，任何人都劝不下来，包括做了她四年老师的我，无法走进她的内心，给我带来极大的挫败感。

遇到阿德勒的《儿童的人格教育》，我居然有了一种豁然开朗的喜悦。阿德勒说，“我们如果想要了解儿童的某一特定行为，就必须了解儿童完整的生活经历，不了解儿童行为中隐蔽的生活背景就无从理解他正在做的事情”。这让我联想到了妍，我觉得我应该对她的生活追根溯源。只有了解她的生活环境，才能和她的父母达成共识，采取有效的措施和方法，对她实施恰当的教育。

妍，家里的独生女，身上寄托了一个家庭的希望。也因此，她自小就被父母严格要求。但恰恰是父母的这种苛刻要求，使妍觉得自己总是无法达到父母希望的完美。自卑感也因此渐渐加深，她学会了用“勇敢无畏”

来伪装自己其实早就丧失了的信心。

我找来了她的父母，真诚地和他们交流了我的看法，推荐他们去阅读这本书，建议他们改变原有的教育方式，鼓励孩子重塑信心。

好在妍的父母是明智谦卑且好学的父母。后来，妍爸爸发给我一条短信，他说："谢谢老师给我们推荐了这本书，我知道了我以前对待孩子的方法是错误的。现在，我经常和孩子聊天，她的脾气好多了，我们的心贴得更紧了！"

事实证明，这本书不仅适用于老师，也适用于父母，是一本为人父母、为人师长必读的儿童教育宝典！

作者阿尔弗雷德·阿德勒是奥地利的心理学家、精神病学家，是人本主义心理学的先驱，他创建的心理学体系从生物学定向的本我转向了社会文化定向的自我，对后来西方心理学的发展具有重要意义。

内容简介

本书共分为十四章，主要阐释了阿德勒儿童心理学的重要成就——自卑情结，并延伸开去，给我们介绍了儿童人格的统一性、追求优越的意义、外部环境对儿童成长的影响、青春期和性教育等。

阿德勒认为，个体任何有目的的活动或者追求都是以人的自卑感为前提的。所有儿童都容易产生一种天生的自卑感，但这种自卑感会激发儿童想象力的发展，会让儿童尝试着以改善自身的处境来消除自己的自卑心理，这种现象就是心理补偿。自卑感会激励人去攀登更高的目标，追求优越，使得人的心理获得补偿和日渐完美。如何认清儿童的人格？如何帮助他们预防自卑情结？如何指引他们追求优越？如何矫正儿童的心理环境？父母在儿童的成长过程中可能会发生哪些差错呢？这些问题在本书中均有清晰的解读。

精彩语录

1. 心理学家和为人父母者需要注意的是，所有类型的儿童在成长中所表现出来的社会情感的发展程度。社会情感在儿童心理的正常发展中起着决定性和指导性作用。社会情感的任何障碍都会严重危害儿童的心理发展。社会情感是儿童正常发展的晴雨表。

2. 自卑感和追求优越感是人生同一个基本事实的两面，难以截然区分。

3. 如果儿童进入学校时遭遇失败，那将是一个危险的信号。这与其说是学习的失败，还不如说是心理上的失败。我们可以看到，这些儿童开始对自己丧失信心。他们的气馁情绪开始扩展，回避有意义的行动和任务，总是尽可能地逃避，寻求自由自在之道和便捷的成功。

4. 儿童的每个活动都是他总体生活和整体人格的表达，不了解行为中隐蔽的生活背景就无从理解他所做的事。我们把这种现象称之为人格的统一性。

5. 在儿童教育中，一个最为严重的错误就是，家长和教师对于一个偏离正道的儿童作出恶毒的断语。这种断语无助于情形的改变，它只会加重孩子的怯懦。相反，我们应该鼓励他们。正如诗人维吉尔所说："我能，是因为我相信。"

6. 如果一个儿童多年来一直沿着一个错误的方向发展，那么，我们就不可能期望仅仅通过一次谈话就可以改变他的生活方式。教育者要有耐心。

7. 仅仅根据孩子的学习成绩（例如分数）来对孩子进行评价和判断是愚蠢的。我们倒是应该把学校成绩报告视为儿童目前心理状况的反映。这些成绩报告反映的不仅仅是他所获得的分数，更是反映了他的智力、兴趣和专注能力，等等。

延伸阅读

阿尔弗雷德·阿德勒还有一本《自卑与超越》，类似于本书，另外，美国作家戴尔·卡耐基的《人性的优点》《人性的弱点》也可以对比阅读。

《自卑与超越》［奥］阿尔弗雷德·阿德勒著，马晓娜译，吉林出版集团有限责任公司，2015年7月。

《人性的优点》［美］戴尔·卡耐基著，李丽编译，重庆出版集团，2010年4月。

《人性的弱点》［美］戴尔·卡耐基著，袁玲译，中国发展出版社，2008年1月。

（唐　萍）

6.《童年，人生幸福之源》导读

作　者：［美］爱德华·哈洛韦尔

译　者：覃薇薇

出版社：浙江人民出版社

出版时间：2013年4月

推荐理由

如何培养和教育孩子，是需要天下父母不断讨论和学习的课题。相信大多数父母都为养育孩子付出了心血和艰辛，每一个家庭都有感人至深、催人泪下的故事。尽管大家选择的方式方法或有不同，但是父母们的终极目标是相同的，就是都希望孩子一生快乐幸福。我们说“事业有成、幸福快乐的人生并不只是对精英开放，而是对所有孩子开放的”，但须知前提是，父母要用正确的方式抚育孩子。

“我们满怀敬畏之心，努力为孩子去做每一件事时，然而我们仍不能确定，我们真的做对了吗？”美国著名儿童心理学家爱德华·哈洛韦尔在《童年，人生幸福之源》这本书里以独特的视角给出了答案。作者在这本书中告诉父母：用五个步骤来培养自己的孩子，可以使他们成年之后变得更幸福、更有责任感。因为幸福不是可遇而不可求的，只要父母、老师及所有关心孩子的大人们精心规划，孩子就有获得幸福的可能。

爱德华·哈洛韦尔毕业于哈佛大学和杜兰大学医学院，创办了哈洛韦尔认知及情绪健康中心，他的人生黄金时期的大多数时间在哈佛大学度过。他致力于发掘儿童和成人的积极优势和积极特质，并将研究心得应用于数万个家庭的心理咨询实践，帮助父母教出乐观的孩子。他的研究范围涉及心理学各个层面，包括联结的力量、人生幸福的童年之源、教养子女等。

哈洛韦尔通过自身成长体会并结合多年为人父、为人师的经验，给我们介绍了帮助孩子变得更乐观、更自信的方法和步骤，其核心就是帮助孩子建立“联结”。因为“具有联结感的孩子，在长大以后不仅能取得成就，还能过上充实健康的生活”。相信本书一定会对父母们有很大的启发。

内容简介

《童年，人生幸福之源》是哈佛大学推荐给中学生的必读书目。作者爱德华·哈洛韦尔在本书中，围绕“在童年播撒幸福的种子”“获得幸福的方法”“学会创造幸福”三部分展开论述。

父母为什么要“在童年期为孩子播撒幸福的种子”？因为童年是一生的幸福之源。父母的期望是孩子能“开心地玩耍，自信地生活”，这就需要以父母对孩子“无条件的爱”为前提，教会孩子为自己创造快乐。

要让孩子将来成为一个幸福的成人，在童年需要“以联结给孩子带来坚实的安全感”“用玩耍把孩子从乏味中解脱出来”“借反复练习引导孩子通往精通，从而提高成就感”“让精通成为动力的源泉激发内驱力”，最终“使孩子获得归属感从而让联结更紧密”，也就是“联结、玩耍、练习、精通、认同”的“五步循环法”。

最终，要让孩子成为一个“学会创造幸福”的人，为孩子打开技能学习和快乐的大门，让孩子找到自己感兴趣的事情，从而去体会“专注”给他们带来的快乐。

精彩语录

1. 做一个快乐的成人最好的方法就是深深地体会孩子的世界，感受孩子的乐趣。

2．快乐的成人依赖两项重要技能：应对逆境的能力和创造永恒快乐的能力。这些技能不是天生就具备的，而是后天学习的结果。

3．孩子会提醒你友谊的重要性。许多成年人当了父母之后，就和朋友疏远了，所以我们很有必要向孩子学习怎样和朋友保持紧密联系。

4．千万别低估玩耍的重要性。孩子自己或者跟伙伴一起自由自在地玩耍，是孩子最重要的“工作”，远比考试拿高分重要得多。

5．理性的乐观帮助你解决困难，而不是让你深陷于困难的泥沼中；理性的乐观只因你看清隐藏在每个困难背后的机遇和厄运；理性的乐观引导你划分问题的界限，而不让问题搅乱你的生活。

6．持续的幸福取决于你长时间地坚持投入某件事情或与某个人交往的能力。专注的结果自然取代了牺牲和延迟满足。

7．一旦孩子找到了让自己专注的事情，他会乐于不断地尝试，从而创造出永恒的快乐。

延伸阅读

可参考阅读作者的《分心不是我的错》《分心也有好人生》《分心的孩子这样教》《分心也有好婚姻》等作品。

《分心不是我的错》［美］爱德华·哈洛韦尔著，丁凡译，山西教育出版社，2011年6月。

《分心也有好人生》［美］爱德华·哈洛韦尔、约翰·瑞提著，丁凡译，山西教育出版社，2011年6月。

《分心的孩子这样教》［美］爱德华·哈洛韦尔、彼得·詹森著，丁凡译，山西教育出版社，2011年6月。

《分心也有好婚姻》［美］爱德华·哈洛韦尔、休·哈洛韦尔著，陈楠译，山西教育出版社，2011年6月。

（王建华）

7.《好奇心》导读

作　者：[美] 托德·卡什丹

译　者：谭秀敏

出版社：浙江人民出版社

出版时间：2014 年 7 月

推荐理由

在阅读绘本《小绿狼》时，儿子充满好奇地问：“妈妈，为什么它是一只绿色的狼？”当我们夜晚沉浸在甜蜜的梦乡时，却听到“咔嚓、咔嚓”的声音，是不是既害怕又好奇？当我们遇到新鲜事物，或者对于即将发生的事一无所知时，是不是既感到好奇也感到焦虑呢？当我们遇到爱情时，应该怎样才能留住她获得成功，我们是不是也充满了好奇？

“好奇心”研究第一人，乔治梅森大学心理学教授、社交焦虑与性格优势实验室主任，率先将“福祉”概念纳入大学课程的托德·卡什丹所著的这本《好奇心》，运用大量实例分析和广泛的调查研究，带读者一起探索充满创造力与意义感的人生。

阅读本书，将改变读者对待新机遇的方式。本书讨论的是如何创造幸福人生，即快乐。但除了快乐以外，创造幸福人生的重要因素是什么？答案就是好奇心。“好奇心”会使我们意识到，无论是人生中那些最重要的时刻，还是生活中那些最平凡的瞬间，其实都蕴含着回报，都充满了意义。这些不仅仅同积极思维有关，还是一条直达探索精神的道路。而正是这种精神，使人们创造了奇迹，收获了快乐和意义。

《好奇心》既立足科学研究，又结合大量实例进行分析，通俗易懂，会带我们去探索、去发现人生的意义和目标。

内容简介

《好奇心》这本书的引言“寻找幸福人生”，与尾声“发现人生的意义和目标”相呼应。带我们走了一条发现好奇心、运用好奇心，从而感受有意义的幸福人生之路。

好奇心不止是把我们的注意力吸引到有趣的事情上去，这样的理解太肤浅。《好奇心》这本书会告诉你，它是一种更深层次、更复杂的现象，在我们追求人生意义的过程中，起着非常关键的作用。

我们的祖先因为有了好奇心，才获得知识和技能，并且在人类进化中，表现出了最好的适应能力而存活了下来。现代人中，那些最可能获得成功的人，就是那些充满好奇心的人。他们有着更多的条件去创造自己的幸福人生。

然而，我们的好奇心虽多，时间和精力却是有限的。不管是学习、工作、运动、抚养孩子还是财务管理，如果我们能把即将从事的事情与更具深远意义的个人价值联系起来，我们就会对它产生兴趣并备受鼓舞。我们可以利用好奇心把日常生活中枯燥无聊的工作转变成快乐有趣的事情。

好奇心的表现方式多种多样，其中有些可能会对我们造成干扰。当我们面临众多选择时，好奇心指引我们将要走向何方以及将要从事什么工作。该如何选择朋友？如何选择恋人？如何选择职业？如何才能变成自己想成为的那个人？

本书建立在广泛的调查、研究基础之上，结合了大量实例分析，为人们改变人生提供了好用的工具和切实可行的计划。这并不是一本讨论“快乐”的书，而是涉及人生、探索、感悟以及让人生更有意义等主题。从广义上来说，本书讨论的是如何创造幸福人生。当认识到除了追求快乐，幸福的人生还意味着更多内容时，我们就会面临本书即将要探讨的一个重要问题：创造幸福人生最重要的因素是什么？答案就是好奇心。

这本书会使你意识到，无论是人生中那些最重要的时刻，还是最平凡的瞬间，都蕴含着回报，充满了意义。托德·卡什丹所写的这本书不仅仅是有关积极思维的，它还指出了一条直达探索精神的道路，正是这种精神使人们创造了奇迹，收获了快乐和意义。

精彩语录

1. 好奇心能激励我们从不同的角度看待世界、他人和自己。

2. 最成功的人在面对危险时会感到焦虑，而在潜在的回报和学习机会来临时，则会感到好奇。

3. 幸福人生的起点就是那些既有趣又有意义的时刻。

4. 兴趣的激发和维持，这两个简单的过程，正是幸福人生的核心所在。

5. 好奇心是焦虑的一剂良药。

6. 人生目标是核心价值和兴趣的体现。

7. 我们需要能量来追随我们的好奇心。同时，我们也需要好奇心来发现哪些事物能使我们恢复能量。

延伸阅读

索尼娅·柳博米尔斯基的《幸福的神话》：用心理学解读人生的起起伏伏，你以为的幸福未必是幸福，你以为的不幸也许恰是幸福。

埃伦·兰格的成名作《专念》：一句话，让孩子们变得富有创造力；一个动作，让精疲力竭的员工重振士气；一个实验，让一群80岁的老人年轻了20岁。

以上都是很好的关于心理学的名著，大家不妨品读一下。

《幸福的神话》［美］索尼娅·柳博米尔斯基著，黄珏苹译，浙江人民出版社，2013年6月。

《专念》［美］埃伦·兰格著，王佳艺译，浙江人民出版社，2012年4月。

（窦瑞静）

8.《性格的力量》导读

作　者：[美] 保罗·图赫
译　者：刘春艳　柴悦
出版社：机械工业出版社
出版时间：2014年9月

推荐理由

在当下社会，校园暴力、自残自杀、未成年伤害、杀人等社会问题频发，大家都在问：我们的孩子怎么了？我们的教育怎么了？

现在的父母们，为了不让孩子“输在起跑线上”，每天带孩子奔波于各种课外班之间，却忽视了孩子成长中不可或缺的勇气、热情、乐观、专注力、自控力、责任心、社交等能力的培养。没有一种成功能够弥补在教育孩子方面的失败，教育取得成功的第一步是方向正确。都说性格决定命运，为了孩子的人生，作为父母来说，就应该和孩子一起去塑造积极向上、阳光乐观的性格。而《性格的力量》，就是引导我们走向正确教育方向的书。

作者保罗·图赫是《纽约时报周刊》的资深编辑，他长期以来深入研究并撰写了大量关于儿童性格开发、贫困与政治方面的文章，同时他还身兼美国公共广播电台《美国人的生活》栏目记者、*Open Letters* 的创刊编辑。他以亲身经历诠释了儿童教育的最新理论，总结了儿童教育领域的最新研究，并采访了很多对教育和儿童未来的传统认识发起挑战的教育家和改革家，为我们展示了一种以性格为基础的全新教育方向，一种全新的学习模式。

内容简介

《性格的力量》这本书，通过走访美国各式教育及研究机构，从位于旧金山贫民区的儿科诊所，到俄亥俄州的国际象棋锦标赛，再到纽约市的私立贵族学校，并与很多心理学家、经济学家及神经学家进行深入而持久的交流，得出一个主要结论：幼教领域以往几十年的认知激励假设完全是错误的，成功的关键在于性格，即毅力、认知力、乐观精神以及自制力等各种品质。让孩子学会如何摆脱失败的干扰，学会冷静处事，学会在逆境中解决问题，学会分享，学会感受爱，才能帮助他们走向真正恒久的成功。

作者围绕“问题儿童都来自异世界”这一话题，通过神经学家、心理学家等最新的研究，告诉父母们，“家庭抚养问题必然会影响到孩子，而后，孩子又把这些问题带到学校、街道乃至生活的方方面面”。所以对孩子的问题，需要慎重对待。

那如何才能“塑造孩子的黄金性格”呢？通过KIPP毕业生的故事，作者总结出“在学习成绩方面让他为高中学习做好了准备，但却没有让他在心理或情感上做好准备”的问题根源。从而思考应该帮助培养孩子怎样的性格才能让孩子适应未来的生活。

作者通过“国际象棋”这项活动中棋手们的故事让大家认识到，“学会思考对于孩子性格养成的重要性”。只有学会思考，我们才能够在任何领域都冷静处理所面对的问题，从而适应千变万化的社会生活。

帮助孩子通往成功，是有路径的。当我们帮助孩子获得“智谋、灵活、志向、专业精神和正直”的能力，就有可能帮助他们重塑自己的命运。因为，“真正可塑造的并不是他们的智商和性格，而是他们的命运”。

精彩语录

1. 改善儿童境遇最有效的渠道，并非学校、教堂或就业中心，而是家庭。

2．“思维工具”的课程唯一目的就是帮助孩子们掌握一种特殊技能：抑制冲动、关注手头任务、避免精力分散和心理陷阱、控制情绪、梳理思维。

3．乐观并不是与生俱来的天性，而是一种可以通过后天学习掌握的技能。

4．失败只是你的选择，而不是你的宿命。

5．成就未来的七种性格力量：勇气、自控力、热情、社交能力、感恩、乐观精神、好奇心。

6．放慢动作，克制冲动，思考更有效的问题解决方案，而不是对着老师大吼大叫，或是在球场上推搡其他孩子。

7．弥补差距的五种关键能力：智谋、灵活、志向、专业精神和正直。

8．真正决定一个人人生走向的，往往不是他掌握了多少知识，而是他自童年就形成的性格。

延伸阅读

可以把《性格决定命运》《性格解析》等关于“性格”的书籍对比参考阅读，真正思考性格对一个人的巨大作用。

《性格决定命运》潘东麟著，吉林大学出版社，2010年1月。

《性格解析》［南非］赫伯恩著，上海外语教育出版社，2008年1月。

（霍秀娟）

9.《入学早知道——儿童入学必备的八种能力》导读

主　编：钱志亮

出版社：北京师范大学出版集团

　　　　北京师范大学出版社

出版时间：2011年5月

推荐理由

我至今还保留着儿子上小学第一天的照片，小小的儿子背着书包的样子，一直深深地印在我的脑海里，我甚至依然能够清晰地回忆起我当初是怎样憧憬着儿子美好的校园生活，那时的感觉，似乎他一夜间长大了。

相信每个小学生的父母都有过这样的经历，但是孩子入学需要做的准备，父母们真的了解吗？当孩子到了入学的年龄，他们的生理和心理都同时做好准备了吗？在即将背起书包跨进小学的孩子身后，父母们是仅仅投注了关怀的目光，还是做好了更充分的准备，准备陪伴并且帮助孩子尽快适应小学的学习生活呢？

在不允许留级的义务教育体制下，孩子如果错失一步，将会面临失之千里的差距。正因为如此，当孩子们进入了小学，他们的种种表现就将拉开彼此的距离。有的孩子让父母省心，有的孩子却让父母操碎了心。而被冠以“问题孩子”的孩子们所表现出来的种种问题，不仅让父母和孩子之间互相拉扯，甚至互相伤害，更如拉扯在父母心上的一把“锯子”，让父母焦虑难安，痛苦不堪。

想当初，我儿子上小学一年级时，就遭遇了这样的问题。因为老师反映他上课坐不住，带回来的作业也不完成。我和孩子就这样措手不及，被抛入了无奈和无助之中。当今天读到这本书的时候，我才恍然明白，儿子当初是因为在“听知觉”和“视知觉”方面还没有做好准备，还需要训练。可因为无知，我却走过了那么漫长的一段弯路。如果我能在儿子上幼儿园的时候就遇到这本书，那该多好啊！

虽然这本书略显厚重，可能会让准备阅读的父母心生畏惧，但我想，正在为孩子入学做准备的父母们一定会沉浸其中，爱不释手。因为，读这本书能够帮助他们，使他们懂得如何用书中那些好玩的小游戏陪伴孩子，如何用书中提供的数据、指标作为参照来正确看待孩子的表现，并适度进行调整，帮助孩子尽快适应小学生活。

内容简介

本书主编钱志亮，从事幼小衔接的研究十几年，他针对中国儿童的具体情况，确定了儿童入学成熟水平所包含的八个方面：视知觉能力、听知觉能力、运动协调能力、知觉转换能力、数学准备能力、社会适应能力、语言沟通能力、学习品质。作者以这八个方面作为标准判断儿童是否可以入学，从而引导父母为儿童入学做好充分准备。

在本书中，作者结合自己多年的研究与教学实际经验，观察、分析、总结出孩子们的各种表现，并以此为依据，首先判断孩子所存在的准备不足问题是哪一方面的，然后将未达标孩子和达标孩子的表现进行对比，最后提供相应的游戏作为针对未达标孩子的训练策略。

这些简单有趣的训练策略，大多是作为亲子游戏，在游戏中达到训练目的，因此简单、易学，能够帮助父母使孩子尽快达到入学的成熟水平。

精彩语录

1. 提前上学行不行，看入学成熟水平。

2. 单纯以生理年龄作为入学标准是有失偏颇的，盲目地让孩子提前上学更不可取，必须依据孩子的心理年龄即入学成熟水平来判断孩子该不该入学。

3. 当前幼儿园和家庭对幼小衔接工作过度地重视知识的衔接，却忽视了幼儿身心发展的连续性和阶段性，造成幼儿心理发展上的很多问题。

4. 自我接纳有助于儿童形成一种成功者的心态。

5. 童年时期对世界的好奇、探究的欲望与冲动可能对儿童将来的创造力有巨大的影响。

延伸阅读

钱志亮老师的《儿童问题咨询》之“生理卷、心理卷、学业卷”三卷等作品，可参考阅读。

《儿童问题咨询》钱志亮著，广西师范大学出版社，2005年。

（刘远萍）

10.《郑玉巧育儿经》导读

作　者：郑玉巧

出版社：二十一世纪出版社

出版时间：2008 年 11 月

推荐理由

学习—思考—实践—总结，再学习—再思考—再实践—再总结，在这样的医学道路上，作者郑玉巧有成功的经验，也有失败的教训，有解决育儿难题后的喜悦，也有因不能解决问题而带来的失落。

20 多年来，无数的新爸爸、新妈妈们向作者求助，他们的信任给予作者巨大的支持。在感激、感动之余，郑玉巧大夫把自己 20 多年用心血凝聚的育儿知识，像聊家常一样，讲给正在养育孩子的父母们听。以期给予年轻的爸爸妈妈们最切实的指导和帮助。

本套书中有丰富的临床案例穿插在育儿理论和育儿经验的陈述之中，理论与实际的结合水乳交融，极大增强了本书指导育儿的实用性、有效性。而来自近 200 个家庭的真实育儿照片与书中论述部分的内容呼应，让读者更觉得真实可感，增添了阅读的愉悦感。

看《郑玉巧育儿经》，常常让我回忆起养育女儿的往事。记得女儿快 6 个月的时候，为了给孩子添加辅食，家人总是因为该吃什么、怎么吃、吃多少而吵得不可开交，有不能不听的“老人言”，有某位医生的“喂养标准”，还有某个朋友的“现身说法”……最终孩子都不知怎么喂好了。对此，郑玉巧大夫的建议是：添加辅食既要视母乳情况，也要看婴儿体重增长情况，而且要依据婴儿所需，慢慢尝试着从米粉、蛋黄、菜水开始，并且提示暂时不加果汁等甜味辅食，最最贴心的是告诉父母们添加辅食重在“尝试”，能添则添，不能添则停，如果宝宝发育指标正常，仍可坚持纯母乳喂养！遗憾的是，我女儿的成长过程缺少了这样专业育儿书籍的指导。所以希望年轻的准妈妈准爸爸们，一定要提前阅读，做好当父母的准备。

内容简介

《郑玉巧育儿经》全套共分三卷，分别是“胎儿卷、婴儿卷、幼儿卷”。这本《郑玉巧育儿经（胎儿卷）》，共有十六章，从孕前准备、产前的孕期检查到生产健康的宝宝所要注意的问题，为准妈妈们做了详细的解说，提供了科学准确的参考依据。

书中除了按照孩子成长的时间阶段来讲述之外，还针对每个月龄的婴儿养育，分别从春、夏、秋、冬四季提出应该注意的问题。这就使得本书拥有了横纵两个维度，即婴儿月龄和一年四季节气变化，形成系统、详尽的二维育儿知识表，从而使每一个读者都能准确找到自己孩子在书中的“喂养位置”，极大地方便了使用。

在本书的附录中，作者还提供了不同孕周胎儿体重预测，胎儿心率和胎动记录、孕期检查记录，及婴儿、幼儿身高增长曲线图，家庭常备药箱，预防接种程序表，疾病预防与康复护理细目等，贴心又周到。

精彩语录

1. 怀孕是上苍赐给女性最美好的礼物，你不需要与以前有任何不同。
2. 怀孕前准备应该从结婚那天开始，不要让自己和宝宝吃后悔药。
3. 没有一种药完全适合孕妇，孕期用药必须慎之又慎。
4. 你什么都能吃，天然的、新鲜的、多样的、均衡的。
5. 胎教不是硬生生的知识和教条，胎教是父母内在的修养、内心的幸福和宽容。

6. 正确解读孕期检查，宝宝不会无缘无故地有问题。

7. 分娩是人生最美好的经历，自然分娩的孩子更健康。

8. 坐月子没有禁忌，心情愉快、环境舒适、妈妈宝宝都漂亮。

延伸阅读

推荐大家继续阅读《郑玉巧育儿经》的婴儿卷、幼儿卷，以及作者的《郑玉巧教妈妈喂养》《郑玉巧给宝宝看病》等书籍。

《郑玉巧育儿经》郑玉巧著，二十一世纪出版社，2013年1月。

《郑玉巧教妈妈喂养》郑玉巧著，二十一世纪出版社，2010年1月。

《郑玉巧给宝宝看病》郑玉巧著，二十一世纪出版社，2012年3月。

（马　妍）

11.《养育男孩》导读

作　者：[澳] 史蒂夫·比达尔夫

译　者：丰俊功　宋修华

出版社：中信出版社

出版时间：2014年4月

推荐理由

目前的中小学校园里，大多数女孩都阳光灿烂，自信乐观，语言表达流畅；而很多男孩野蛮粗鲁，喜欢争吵和打架，沟通能力欠佳。从学业成绩、社交能力、文明礼仪等各方面来看，女孩普遍优于男孩，班干部和队干部也大多由女孩担任。于是，很多老师和家长都惊呼："我们的男孩子怎么啦？"更有专家呼吁："救救男孩！"我是一个十二岁男孩的母亲，面对那个不爱收拾房间，到处乱扔衣服，时不时和妈妈顶嘴，却又说不清事情缘由的男孩，我该怎么办？难道真是我的男孩出问题了吗？

拿到《养育男孩》这本书，我开始拨开心中的迷雾。在阅读中，我一遍又一遍辗转于书中孩子生活的场景：母体、家庭、学校、社区和社会，引发了我从母亲、教师和教育管理者三种角度上的觉醒：男孩就是男孩，具有与生俱来的男性特质，男孩和女孩在大脑结构上就先天不同。

对此作者建议：男孩可以比女孩晚入学一年，针对男孩在语言表达能力方面的弱势，学校可以为其增设语文、阅读和戏剧课，不要让男孩感到因为女孩在场而愚蠢可笑。在校园里，用正面的男性教师形象引领男孩的成长，适度的运动可以培养男孩积极、向上和乐观的品性。

本书语言通俗、论证丰富、图片有趣，每章会有一个精华小结部分，使读者可以再次品鉴整章的精华内容。这本实用的家庭教育指南为父母、教师和教育管理者都提供了非常有价值的观点和建议，值得收藏。

内容简介

《养育男孩》共有十章，本书第一章从“这就是男孩”开始，到第十章“社会的挑战”结束，主要内容有这样几个方面：了解男孩的成长特点及其与女孩的区别，让父母了解自己应该为男孩成长做些什么，同时，学校、社会对男孩成长的影响和挑战都有哪些？其中特别提到了要帮助男孩建立健康的性观念及养成良好的运动习惯等。

书中通过“心灵寄语”板块提供的故事，让我们更清晰地看到了男孩子成长中的特点及常常面临的问题，“小贴士”则给出具体的建议来帮助父母解决这些问题。

本书还结合了大量脑科学的最新研究成果，对书中的观点加以论证，为书中的故事和建议提供了理论依据，对父母们的启发和帮助作用也更大了。

精彩语录

1. 一定要告诉儿子，他是多么出色、帅气、聪明，又是多么富有创造性。

2. 睾丸激素会对大脑产生影响，使男孩更关心等级差别，对竞争更感兴趣。

3. “千万不要放弃自己的孩子”这点至关重要，如果你不知道怎样更好地管教孩子，就寻求别人的帮助。

4. 如果你采取一种好奇的态度，想了解男孩的世界，这样会帮助你更好地养育男孩。

5. 父母能给孩子最好的礼物就是保持稳定的关系。

6. 男孩子不喜欢面对面地和父母谈论自己的生活。

7. 帮助男孩认清自己、建立正确的自我意识是解决问题的关键。

8. 体育运动是一个学会关心、了解和养育下一代的绝好方式，而且已经经受了时间考验。

延伸阅读

本书作者的其他作品还有《男性的品格》等，可以选择阅读。

《男性的品格》［澳］史蒂夫·比达尔夫著，石新辉译，中信出版社，2009年1月。

（陆守红）

12.《培育女孩》导读

作　者：[美] 詹姆士·杜布森
译　者：李晓燕
出 版 社：华东师范大学出版社
出版时间：2014年2月

推荐理由

我们常说女孩要富养，但你知道何为真正的富养？

我们都说女孩要宠，但你知道怎样宠出“高质量”的女孩？

我们都知道家庭对孩子的影响重大，但你知道有“家”无“教”对孩子潜在的影响有多大？

我们都在担心孩子性早熟，但你一定不知道，有一个好爸爸就能改变女孩早熟……

美国心理学权威、家庭最高顾问杜布森博士，为读者量身定制的育女“秘籍”——《培育女孩》将带你走进与杜博士的倾情对话！他为你打通一条育女的光明之路；他为你展开一幅亲子交流的温馨画面；他助你解开育女迷途中的各种疑问；他让你成为更好的妈妈、更称职可亲的爸爸。

这本书让我们明白：如何在所谓“宣扬个性、尊重人权”的文化泥沼中不迷失、不沦陷；如何让爸爸这一角色有效参与育女，让女孩更有安全感；如何奠定女孩终身幸福。其实，陪伴和理解是最好的爱，是最有价值的双向幸福。

本书作者詹姆士·杜布森，一生专门服务儿童和家庭，作为执业心理咨询师和婚姻家庭咨询师，他曾在南加州大学医学院任职14年之久，并在洛杉矶儿童医院任职17年，他持有南加州大学儿童发展博士学位。同时，他也是白宫家庭问题会议的特别工作组成员。

内容简介

《培育女孩》共22个主题，涵盖女孩的先天生理构造与男孩的差别；女孩青青期的变化与应对策略；家庭教育对女孩的影响；父亲对女孩的成长所产生的作用（尤其是父亲如何教育青春期的女孩）等。这些主题让读者明白如何培育真正的好女孩。

内容包括：奇妙的女孩，处境危险的女孩们，教养女孩变淑女，为什么爸爸重要，沉迷于外表，月经初潮和青春期，损友、密友、益友……让父母了解女孩成长的特点，以便更好地培育女孩。

精彩语录

1. 孩子的儿童时代不长，应当在它快速超过的时候给予它优先的次序。

2. 好的育儿之道几乎总是需要父母的自我牺牲。

3. 家是最好的培养感恩态度的地方。

4. 我们在教导儿童社交礼仪的时候，我们就是在训练下一代人的自我管理和自我控制能力。

5. 教导女孩合适的言谈举止就是帮助他们在一个不怎么文明的社会里做个有教养的淑女。

6. 等你女儿过了青春期，你们之间才可以是朋友关系。

7. 不敢对孩子说“不”的爸爸妈妈们通常都会将孩子培养成他们自己所惧怕的叛逆孩子。

8. 有好爸爸的女孩较少以炫耀自我的方式求得异性的注意。

9. 灰姑娘和白雪公主从来不穿低腰牛仔裤或者人字拖鞋。

10. 青春期女孩的最大恐惧是害怕被抛弃、被拒绝、被批评或者被羞辱。

11. 人的一生，最渴望归属和情感支持的就是青春期。

延伸阅读

还可以选择詹姆士·杜布森的《培育男孩》和《勇于管教》进行阅读。

《培育男孩》[美] 詹姆士·杜布森著，仇玉丹译，中国轻工业出版社，2008年1月。

《勇于管教》[美] 詹姆士·杜布森著，王跃进译，华东师范大学出版社，2009年12月。

（章伶俐）

13.《语迟的孩子》导读

作　者：[美] 托马斯·索维尔
译　者：顾 鹏　王文卿
出 版 社：湖北教育出版社
出版时间：2013 年 11 月

推荐理由

中国人常说“贵人语迟”，原文是“君子讷于言而敏于行”，但后来人们总用这个词来讲孩子语迟的事。总之，习语也好，安慰也罢，至少说明我们的传统文化对于孩子语迟的现象是宽容的，明代大儒王阳明五岁开口讲话的故事在民间也广为流传，爱因斯坦幼年的故事还曾上过小学课本。

曾几何时，语迟突然与一种叫自闭症的疾病息息相关起来。自闭症的概念本是一个舶来品，却让我们曾经宽容的社会环境也变得严酷起来。一旦有孩子不说话，大家都会说去看医生吧，可是别说医生，就是脑科学家们至今也没有完全搞清楚人类究竟为什么能说话。

本书不是要讨论自闭症的前世今生，而是用一个一个孩子的真实故事告诉大家，孩子语迟未必是什么大问题，他依然有可能是下一个王阳明或爱因斯坦。相信这本书会给很多人带来信心，会给很多家庭和他们的孩子带来福音。

内容简介

《语迟的孩子》这本书共五章。主要讲的是作者的儿子在该说话时迟迟不会说话，他和妻子非常焦虑，开始带着孩子去不同医院做各种各样的检查测试。语迟现象往往被认为是“自闭症”的典型症状，索维尔夫妇带着自己的孩子在治疗的过程中，接触到很多语迟的孩子，他们确实经常会被贴上“自闭症”的标签。索维尔太太曾一度失去信心，认为孩子可能是有问题。但这位父亲凭自己的直觉，并听从了一位经济学教授的建议，不再折腾孩子，不再带他做各种检查和治疗，只给儿子爱和关注，给他自信和安全——他的儿子慢慢变得正常，智力出色，心理健康，顺利进入大学，然后进入斯坦福大学的计算机中心工作。

本书以托马斯·索维尔自己的孩子为范例，分享了培养迟语症孩子的全过程，希望那些孤立无援的家长在本书中能找到一些启示和帮助。

精彩语录

1. 有一些被贴“标签”的孩子，的确是有这些问题，因此我并不想给这些孩子的家长（或者其他家长）不切实际的希望。然而，事实证明，这些“标签”有时是在没有充足证据的情况下被误用了，或者，给出诊断的那些人并不具备相关的专业资质；有时，两种情况兼而有之。

2. 标签是应该贴在罐子上的，而不是贴在我们的孩子身上。

3. 我们要记住的是，每个孩子的发育都有其自身的规律，我们需要尊重他们独特的语言发育过程。

4. 对孩子要有足够的耐心，而同时对可能出现的问题又要极度敏感。这仿佛是骑在独轮车上，快不得慢不得。调节好自己的步伐，跟着孩子一起找到平衡点。

延伸阅读

本书作者的其他作品还有《语迟的孩子也聪明》，也可以选择阅读。

《语迟的孩子也聪明》［美］托马斯·索维尔著，王玉、郭明珠译，中国轻工业出版社，2011年10月。

（陈桂芳）

14.《蜗牛牵我去散步》导读

作　者：陈 婕

出 版 社：北京大学出版社

出版时间：2012 年 12 月

推荐理由

不是每一个孩子的出生和成长都如父母所希望的样子。

当我们发现孩子表现异常，或者发育迟缓，或者面对周围环境没有任何回应，或者只沉浸在自己的世界中时；当我们奔波于各家医院、各个康复机构，如等待宣判般煎熬，如等待蜗牛前行般焦虑和不安时，我们曾是多么的苦恼，多么的无助！我们一定无数次在心里呐喊："为什么上帝偏偏选择了给我们一个不健康的孩子呢？"这样的经历，恐怕是所有问题孩子的父母都有的。但又有多少母亲会在这样可谓是厄运降临的时候，选择不放弃，且以母爱的巨大力量与命运抗争并取得了胜利呢？作者陈婕，便是这样的母亲。

当"科学的脑 CT 检查无功而返"；当心理医生说："孩子的所有问题其实是父母包办的结果"，直到精神卫生中心出具了"轻—中度自闭症"的诊断结果，作为妈妈的陈婕仍然不认为这是最终的结论。她走过的这段陪伴儿子康复的历程，异常艰难，却极具启示意义。因为恰恰是这样的不相信，成就了一位母亲，挽救了一个孩子、一个家庭。

在本书中，最可贵的，我认为不是作者对儿子成长中大量案例的记录，也不是她对案例进行的科学细致的剖析，而是她所表现出来的一个母亲的理智和坚韧。她并没有因为儿子的问题在书中打“苦情牌”，更不怨天尤人和哀叹。而是在发现孩子的问题之后，果断做出选择，辞去工作全心陪伴。她一方面全力照顾儿子，一方面针对“自闭症”这样一个世界难题，做了大量的调查、研究、分析，然后开始了一场不屈不挠的抗争。她相信科学，但不唯科学。这样智慧的爱，才是最伟大的爱。

很多问题孩子的父母，其实不缺少爱，甚至也不是缺少方法，往往缺少的是坚持。对待一个生病的孩子，应该也只能如对待一只“牵”自己去散步的蜗牛一样，蜗行，但不辍。

这是一本自闭儿妈妈写的书，却不仅仅是写给自闭儿母亲和家庭的书。因为通过阅读本书，不仅自闭儿父母或有自闭倾向的孩子的父母能更好地了解孩子，根据孩子自身的特点，以更科学的方法制订出针对自己孩子的个性有效的训练，而且对正常孩子的父母，都有着巨大的启示和意义。

内容简介

《蜗牛牵我去散步》这本书共十章，讲述了一个充满爱和坚强，充满着自信和智慧的故事。

儿子被诊断为自闭儿后，母亲便开始辗转于各个医院和培训机构，开始了艰难的求诊和漫长而辛苦的训练干预之路。从最初遭遇的困惑，到始终不放弃希望；从接受现实并勇敢面对，到积极进行科学干预；从不断在新的困难前碰壁，到锲而不舍地坚持；从看到曙光，到不得不承认仍然面对着更多的问题。作者始终让我们看到的，是一个急而不躁、理智从容的母亲形象。

她把自己多年亲身育儿经历和创办培训机构的教学体验，进行了翔实的记录和科学的阐述，将自己养育自闭儿过程中，对自闭儿的共性与个性的研究发现，对自闭儿不同特质的分析，以及诸多抽象的理论，深入浅出地进行了描述，极具参考价值。

精彩语录

1. 孩子自闭了，父母不能自闭，我们是孩子和外界沟通的桥梁。

2. 当我们回归到成长的主线，关注孩子的内在能力，就可以心无旁骛地帮孩子一路成长起来。

3. 父母和老师要善于抓住孩子某一瞬间的注意力。

4. 一个人学习的途径，总的来说，都和感知觉有关。用眼睛去看、用耳朵去听、用手去触摸、用嘴巴去品尝、用鼻子去闻、用身体去感受，不同的感觉和体会让孩子的经验逐渐积累起来，最终成为自身成长的智慧。

5. 父母是孩子最亲近的人，我们没有办法依靠强大的专业人员来帮助孩子实现改变，只有依靠自己。

6. 上帝给你一个特殊的孩子，是因为你比别人都坚强，你比别人都优秀，所以才把这个艰巨的任务交给你来完成。

延伸阅读

推荐阅读杨晓玲、蔡逸周主编的《解密孤独症》；[美] 英格索尔等著，郑铮翻译的《自闭症儿童社交游戏训练——给父母及训练师的指南》；陈金燕所著《自闭症孩子的春天》（一本给自闭儿父母及训练师的实用操作手册）等。

《解密孤独症》杨晓玲、蔡逸周主编，华夏出版社，2007年5月。

《自闭症儿童社交游戏训练——给父母及训练师的指南》[美] 英格索尔著，郑铮译，中国轻工业出版社，2012年2月。

《自闭症孩子的春天》陈金燕著，中国妇女出版社，2013年5月。

（张　霞）

15.《涂鸦，宝宝说给世界的话》导读

作　者：［意］艾薇·克劳迪

译　者：崔银辉

出版社：南方出版社

出版时间：2012年12月

推荐理由

涂鸦是幼儿最喜爱的手指游戏，同时也是让父母们了解孩子智力水平、个性特征、行为动机以及与家庭成员间关系的最有效的途径。幼儿对世界的感受和认知，由于处于语言和思维发展的前期阶段，孩子无法用语言文字表达出来，年幼的孩子选择了用涂鸦的方式来阐释自我。

《涂鸦，宝宝说给世界的话》针对1—6岁儿童的涂鸦特点，在心理学基础上对各种不同的涂鸦方式（包括颜色、图案、布局、握笔等）进行解读，帮助父母与老师从涂鸦中读懂孩子的个性、情感以及心理需求。本书通过阐释涂鸦，将带领父母和老师们走进孩子的内心，从而更好地与孩子沟通，更好地引导他们成长，也为彼此培养更加信赖的亲密情感。

本书作者是意大利教育心理学家、儿童教育家、新闻工作者艾薇·克劳迪，她在米兰创办并管理一所笔迹学学校，同时在媒体创办有关书画与心理关系的专栏，有多部儿童教育学作品。1992年起，艾薇专心研究儿童涂鸦与儿童心理的关系，发表有多篇专业论文。

本书在幼儿涂鸦的颜色上对孩子进行性格分析，在涂鸦元素上对孩子进行个性识别，方便父母和老师们对照孩子的作品分析孩子的个性，以便因材施教；了解孩子的心理，从而进行有效疏导。

内容简介

《涂鸦，宝宝说给世界的话》这本书共三部分：

第一部分，涂鸦的基本解释。对孩子的涂鸦作了最基础的分析：从孩子对不同涂鸦工具和涂抹方法的选择，可以看出什么；孩子对不同颜色的偏好反映了什么；孩子经常涂抹的图案有着怎样的意义，等等。

第二部分，涂鸦。着重分析了宝宝从最初的“大作”到三四岁时的图画，告诉父母们怎样从中获取孩子的性格信息，了解孩子的个性。从而知道：在培养孩子的过程中应该特别注意哪些问题；如何进行因材施教，等等。

第三部分，图画。重点分析三四岁以上的宝宝画的图画，这部分由四个投射小测验组成，主要通过人物、树木、房子和家庭四种类型的图画，帮助父母们了解孩子内心深处真实的个性。并以世界各地小朋友的涂鸦为例，呈现了孩子们成长的大致过程。

精彩语录

1. 小家伙用手涂抹颜色的过程，能展示出他性格中的很多方面。其中，小家伙的手指与纸的接触方式，象征着他们和外部环境的关系。

2. 当宝宝看到原本什么都不是的原料，在自己的手中变成一个个可爱的小人儿或小东西时，手工便成为一项充满惊奇的创造活动了。

3. 宝宝接触这些“艺术创造”的工具，不要介意宝宝的衣服和小手会因此而弄脏。碰碰这里，摸摸那里，这些都是宝宝好奇心和求知欲的表现，好妈妈都会放任自流，让宝宝自由自在地探索、成长。

4. 让孩子学会把东西收拾得井井有条，从这样的小事着手，有利于培养孩子的逻辑思维、责任心和自律能力。

5. 对于小家伙们来说，用手或袖子擦黑板是一种下意识的行为。与用抹布擦相比，用手或袖子要舒服得多，顺手得多。这个行为既简单又出于天性，恰巧也能反映出家长对孩子的卫生教育是否适当。

6. 我们应该让宝宝从过于讲究的卫生教育中解放出来，让他们随意高兴地玩耍，在玩耍中发展自己的创造力。这样，宝宝才能自发地形成自主、自信的品质，这是健全人格所必需的元素。

7. 从宝宝对纸的安排方式，我们也可以了解到他们性格、情感的重要方面。 两岁的孩子就能很好地控制、使用自己的小手了。他们会先用手按住纸张或图案的边缘，然后再涂色。也有的孩子正好相反，他们经常越出自己的画纸，在桌子上或旁边小伙伴的纸上接着画。这并不代表着他们“没有教养”，而是说明他们自由自在、没什么束缚，懂得享受人生的乐趣。

8. 在画画时，宝宝会不自觉地将内心的真实想法展现出来，因此，我们能够从图画中了解他们的世界观和情感特点。

9. 如何在纸上为图画布局，这反映了小宝宝如何观察、接受并遵守社会规则的宝贵信息。不仅我们家长要遵守社会规则，宝宝也需要遵守，因此家长需要通过连贯的教育帮助宝宝理解社会规则。

10. 如果您曾因孩子说谎而严厉斥责他，那在这里必须告诉您，这样做会让孩子陷入矛盾的状态中，以后孩子甚至有可能为了避免受到打骂而说谎。

延伸阅读

与本书相关的其他作品还有：《创意涂鸦填色簿》（119位充满想象力的艺术家涂色画）、《宝宝聪明就这样简单》、《培养孩子从画画开始》、《跟着大师画绘本》、《和孩子一起玩艺术》（激发孩子潜能的创意美术游戏）、《涂鸦解密——儿童绘画心理透视》等，可以选择阅读。

《创意涂鸦填色簿》［美］ 索拉斯·弘-柏丽达著，周旼旻译，上海人民美术出版社，2015年1月。

《宝宝聪明就这样简单》李卓著，团结出版社，2010年4月。

《培养孩子从画画开始》[日] 鸟居昭美著，于群译，漓江出版社，2010年11月。

《跟着大师画绘本》[德] 詹姆斯·克吕斯著，火棘果子译，连环画出版社，2014年9月。

《和孩子一起玩艺术》李芳妃（梨汤老师）著，漓江出版社，2011年4月。

《涂鸦解密——儿童绘画心理透视》[法] 达维多著，陈霞译，浙江教育出版社，2007年12月。

（陈辛娟）

16.《母乳育儿全书》导读

作　者：国际母乳会
译　者：荀寿温
出版社：新星出版社
出版时间：2012年9月

推荐理由

国际母乳会是全球领先的母乳喂养倡导组织，专门为哺乳妈妈们提供面对面的帮助，是世界上哺乳信息最大的来源之一，在世界各地的68个国家有3000多个小组，并作为非政府组织为联合国儿童基金会、联合国及世界卫生组织提供顾问服务。

《母乳育儿全书》为国际母乳会的代表作品，是由7位妈妈写成的。可以说是"妈妈写给妈妈"的关于母乳喂养的书。这本书之所以能够长久地受到世界各地妈妈们的信赖，我认为最大的原因就在于，书中所写的内容，全部来自妈妈们的"哺乳故事"。虽然也有一些科学知识，但更多的，是妈妈们在"母乳会"聚会的时候分享的母乳喂养经验以及所提供的实用的建议，可谓是一本母乳育儿的"百科全书"。

在本书中，妈妈们列举了自己母乳育儿过程中遇到的各种问题，结合事实提出中肯的建议。比如戴安娜讲述自己在生第三个孩子的时候，因为担心疼痛而使用了纳布啡止痛，虽然只有一半的剂量，但仍然导致孩子出生后对吃奶没兴趣，总打瞌睡。因为担心对母乳喂养产生影响，戴安娜坚持用手指给打瞌睡的孩子喂一点挤出来的奶，这样，孩子一醒来就开始自己急切地吃奶。这让戴安娜发现，即使是分娩时用的一点药也会对母乳喂养产生如此大的破坏性。

本书作者就是这样结合自己的真实经历讲述故事，然后从故事中总结出来哺乳经验，使得本书自1958年第1版问世以来，一直是全球妈妈们最信赖、最权威的哺乳指南。

内容简介

本书共分四个部分。

第一部分“新的开始”，主要从哺乳前期妈妈的准备工作入手，告诉妈妈们哺乳的重要性，包括“你的乳汁是宝宝的标准食物、哺乳有助于妈妈保持健康、哺乳深化了你和宝宝的亲密关系”等内容，同时告诉妈妈们哺乳需要做好的身体、心理以及物品等方面的准备。然后从分娩与哺乳的关系开始，告诉妈妈们在宝宝出生后“需要的哺乳方式”“宝宝需要平静、宝宝需要良好的支撑”，等等。

第二部分“宝宝的年龄和哺乳阶段”，是从宝宝出生到18个月，针对宝宝在每个不同的阶段可能出现的各种问题，引导妈妈们知道应该怎样从容面对。而这些问题和母乳喂养之间，仍然是息息相关的。

第三部分“重要问题”，主要针对宝宝开始尝试固体食物了，当妈妈要重返职场时要和妈妈分离了，该怎样给孩子“断乳”。同时提供了一些比如“早产儿、多胞胎”等情况出现时，妈妈们需要了解的“非主流方式”。

第四部分“母乳会资料”，是为妈妈们提供的一个“资料库”。方便妈妈们找到学习母乳喂养的“组织”，帮助自己解决养育孩子过程中的具体问题。

精彩语录

1. 很多妈妈在亲自哺乳后才会热爱哺乳，把它当成这一生中最美好的记忆，这一经历会强有力地影响着我们。

2. 你或许听过“养育一个孩子需要举全村之力”这句谚语，这可以解释为其他“村民”在教育和鼓励孩子上起着直接作用；但也可以从另一个角度理解这句话，即“村庄”的作用是支持新妈妈和她的家庭，使她能够把时间和精力放在养育宝宝上。

3. 对于如何能够白天睡一觉或是夜里好好休息一晚的问题，对于你在哪里睡，以及宝宝在哪里睡的问题……宝宝可能会用一个词来回答：在一起！

4. 他将得到你的初乳及早期的乳汁，这是他第一次接受的最简单的“免疫”，也是为他的消化系统更顺利的运转注入的润滑剂。

5. 实际上，孩子较大时才给他们离乳的我们可以告诉你：就算一直到今天，我们仍能在孩子身上看到这种从哺乳肇始的亲密关系的影响。也许离乳从未真正彻底地发生过，正如一个吃奶的孩子自己选择吃最后一次奶时说的话：“妈妈，你的奶会永远陪伴着我。”

延伸阅读

推荐阅读《西尔斯亲密育儿百科》等育儿类书籍。

《西尔斯亲密育儿百科》[美] 威廉・西尔斯、玛莎・西尔斯、罗伯特・西尔斯、詹姆斯・西尔斯著，邵艳美、唐婧译，南海出版公司，2009年11月。

（徐彦格）

17.《透析童年——探寻成人和孩子生命的内在连结》导读

作　者：王　树
出 版 社：中央编译出版社
出版时间：2014年7月

推荐理由

我是一个有两个孩子的妈妈，在养育孩子的过程中，孩子带给我个人成长的动力和迫切性，来得最为直接。这个过程中，我深深地意识到：作为父母的我们，不是懂多少理论和会多少技术就能和孩子在“同一频道”的，而只有让自己与孩子的生命真正相连接，真正了解孩子的内在需求，学会认同、理解孩子，才能够做合格的好父母。

也正因如此，我对王树老师的这本《透析童年——探寻成人和孩子生命的内在连结》有特别的偏爱。孙瑞雪老师为本书作的序言题目是“打碎自己的童年”。其实每一个人，都需要一个将自己打碎再重新整合在一起的经历。因为唯有这种痛苦，才可以激发人内在的成长愿望。

这本书没有生涩的专业知识、术语，没有高深的理论，也没有让人望而生畏的“修炼方法”。她借助一个生命的成长历程，倾诉着灵魂失去连结的孤独，却也呈现了一个生命在思考中完成了自我，并因此接纳了所遭遇的一切的过程。相信我们每一个阅读此书的人，都会思考这样一个问题：如何让我们的心理与精神的成长，追得上身体的独立？

王树的文字温暖却很有力量，是那种足以让阅读者灵性绽放的力量。

与其说这是一本教父母怎样教育孩子的书，不如说它首先是一本教育父母如何自我疗愈的书。

内容简介

本书除“引言、尾声、附录”三部分之外，共有六章。主题分别是：归属感、安全感、自我认同、爱、尊重等生命的内在需求。

生命从光明中诞生，来自光明的生命，“也许是我们的父母，也许是我们自己，也许是我们的孩子”。

我们每一个人，从被赋予灵性到在母亲温暖的子宫中孕育，从呱呱坠地、初失庇护到发现并接纳自己及环境，生命就是这样一个寻求存在和归属的历程。

情绪化的母亲，是孩子安全感的“杀手”，而“连结”可以让我们拥有滋养心灵的能量，所以，我们要借助“重建内在”为孩子提供一个有安全感的家庭。而我们自己，也需要这种内在的重建。

我们每个人的心里，都住着一个“内在小孩”，我们只有学会等待，懂得原谅自己、认同自我，才能认同我们的孩子。疗愈了自己的“内在小孩”，才能给孩子提供一个健康的成长环境。需要这种认同感的，“也许是我们的父母，也许是我们自己，也许是我们的孩子”。

爱是有法则的，而我们成人却习惯了以爱的名义伤害孩子，以为了孩子未来的名义伤害孩子。

父母们应该认识到，“问题不是我们不爱孩子，而是不知道孩子需要什么样的爱”。

精彩语录

1. 关注与重视孩子的内心感受就是滋养孩子内在世界的养分。
2. 成人自身的状态，就是孩子成长最重要的环境。

3. 造物主是神奇的，他给了孩子弱小的身体，却也给了他强大的爱的能量，唤醒别人的爱，也疗愈自己的伤痛。

4. 我们有五种核心限制性信念：无资格、被抛弃、无意义和无价值、无助感、无望感。这五种核心限制性信念，隐埋在我们生命的最深处，我们很少能够清楚地觉察到它们，但它们却是我们生命的“老板”，每时每刻都在左右我们的思想、牵制我们的情绪、主导我们的行为。

5. 成人对儿童除认知之外的其他部分，比如身体、感觉、情绪、心理和精神等方面的发展与成长，基本上是无知的。

延伸阅读

可拓展阅读《爱与自由》《倾听孩子》《父母的觉醒》等书籍。

《爱与自由》［韩］李镐伯著，王正丽译，武汉出版社，2011年4月。

《倾听孩子》［美］帕蒂·惠芙乐著，陈平俊等译，北京大学出版社，2007年9月。

《父母的觉醒》［美］沙法丽·萨巴瑞著，王臻译，上海社会科学院出版社，2013年9月。

（宋香丽）

18.《游戏力》导读

作　　者：[美] 劳伦斯·科恩
译　　者：李 岩
出 版 社：军事谊文出版社
出版时间：2011 年 5 月

推荐理由

当我们回忆起童年时，游戏一定是印象最深刻的部分。我们从童年走来，从游戏中走来，也应该把尽可能多的游戏带给孩子。因为在游戏中，我们可以聆听到孩子内心的声音。读懂和孩子们的游戏，就能读懂孩子们的心情，因为他们通过游戏把内心显露给了我们。

读《游戏力》这本书，可以帮助我们更好地了解孩子，通过大量的贴近生活的实际案例，提供给我们实际操作的技巧和方式。它告诉我们，游戏是孩子的语言。只有用孩子的语言，才能最有效地让孩子知道：我们听懂了他们的心声，我们是由衷地赞赏他们的努力，相信他们懂得合作。

让我们陪伴孩子，在游戏中一起成长。

内容简介

本书详细解释了游戏力，这种基于游戏的亲子沟通方式可能是重建亲子间深情关系的桥梁。游戏当中所激发的活力，所产生的亲密感，可以缓解父母的压力。

游戏不仅帮助父母们进入孩子的世界，而且帮助我们以孩子的方式，重新建立自信和亲情。如果孩子在游戏中玩得开心，那么他们的合作精神与创造力也往往会表现得淋漓尽致。游戏既能帮助孩子探索世界，又能帮助他们理解每天所接受到的信息，还能帮助他们从生活的挫折中重新振作起来。

本书中，作者通过几十个案例告诉我们，孩子的任何行为都在表达着一份合理的内心需求，只不过表达方式有时是无理取闹，例如：事事对抗，每天在幼儿园门口黏着妈妈，遇到小挫折就大哭大闹，经常打人，不好好写作业，总是欺负弟弟妹妹等，无非是希望能够引起父母的关注。与孩子有效沟通的第一步，就是及时而准确地“翻译”出隐藏在这些表面行为背后的需求。与孩子有效沟通的第二步，是将我们的关怀、爱心、赞赏、鼓励、期望和界限等“翻译”成让孩子更容易理解和接受的语言。

游戏，是孩子的第一语言。如果我们想告诉孩子什么，那么最好的方式是“玩给他看”，而不是“说给他听”。既然我们都同意让孩子“在玩中学知识”，那么让孩子“在玩中懂道理”“在玩中建立自信”也会同样有效。

精彩语录

1．游戏力是一种态度，让我们一周 7 天、一天 24 小时都能与孩子联结，拥有更多乐趣，让他们没有压力和恐惧地学习和成长。

2．养育工作随时随地都在进行，有很多充满乐趣的游戏机会可以蓄满杯子，提供安慰，抚平创伤，分享温柔时光。

3．游戏中除了注入乐趣、联结和自信之外，有时孩子也需要一些更有计划的安排。

4．游戏时光是一份更加深入孩子世界的详细地图，能够帮助孩子运用游戏来建立更亲密的关系、探索这个世界，从生活的烦恼中复原，获得更多乐趣。

5．游戏力可以帮助孩子找回表达情绪的自由，避免因压抑情绪或者不当发泄情绪而造成的潜在恶果。

6. 拥有自信和联结良好的孩子，不仅能使自己快乐地玩耍，而且通过语言、行动或者主题游戏，让情绪得到直接释放。

延伸阅读

可拓展阅读《游戏力Ⅱ》，《童年游戏力——让孩子在游戏中快乐成长》等书籍。

《游戏力Ⅱ》［美］劳伦斯·科恩著，李岩、伍娜、高晓静译，中国人口出版社，2015年1月。

《童年游戏力——让孩子在游戏中快乐成长》［德］吉拉德·胡特尔、［德］科耐莉亚·尼弛著，张文鹏译，中国妇女出版社，2013年10月。

（黄新美）

19.《崔玉涛：宝贝健康公开课》导读

作　者：崔玉涛

出版社：北京出版集团公司　北京出版社

出版时间：2013年1月

推荐理由

孩子的呱呱坠地标志着整个家庭的重心迅速转移到了宝宝的身上。宝宝的饮食上要注意哪些？是坚持母乳喂养好还是配方奶粉营养更全面？宝宝什么时候该添加辅食了，添加哪种辅食能让宝宝健康成长？宝宝发烧，一定要用抗生素吗？这些问题，想必会让每一位父母都为之烦恼、揪心，也会让父母有一肚子的疑问要向医生请教。

本书的作者崔玉涛有20余年的儿科临床经验，现任中美合资北京和睦家医院儿科主任，《父母必读》杂志“崔大夫诊室”专栏作者。在这本书里，崔大夫会耐心、细致地一一解答我们的疑问，告诉我们母乳喂养能给宝宝提供近乎完美的营养，是任何其他营养物质都无法取代的。一岁以前，孩子吃的食物中都不用加盐。理由是：不管是吃母乳、配方粉还是辅食，其中的钠已经足够满足孩子的营养需求了。崔医生还告诉我们应对宝宝生病最需要的知识：哪些情况不必担心，哪些情况必须紧急处理，带宝宝看病怎样更顺利，给宝宝用药有哪些讲究……了解这些，会使我们少些焦虑，用平和的心态面对宝宝生病，用科学的方法喂养和照顾宝宝，让宝宝健康快乐地成长！

这是一本非常实用的、具有现代理念的育儿指导，读这本书，就像和富有经验的医生在面对面地交谈，接受他的指导！

内容简介

《崔玉涛：宝贝健康公开课》这本书，共三大块内容，从营养与饮食、常见病、日常护理三方面阐述宝宝在日常生活中可能出现的一系列问题，并指出诱因和应对措施。

本书的核心内容包括以下几个方面：

给宝贝最棒的母乳、配方粉喂养、添加辅食步步来、营养素要不要补、锻炼孩子的消化吸收能力、每个孩子都能好好吃饭，以及关于常见病如感冒、发烧、咳嗽、腹泻、幼儿急疹、过敏等情况的应对措施。通过一个个诊室真实案例的分析，细致入微、深入浅出地将养育的要点娓娓道来，同时传授国际最前沿的养育知识，帮助父母建立正确的养育观。

精彩语录

1. 母乳喂养能给宝宝提供近乎完美的喂养，是任何其他营养物质都无法取代的。

2. 千万不要过多添加额外的营养素，否则会破坏母乳天然的营养价值，反而得不偿失。

3. 如果宝宝进食正常，又不存在发育或其他问题，配方粉喂养的宝宝不必再添加钙、维生素D等营养素。

4. 让宝宝喜欢吃饭远远比让他吃饱重要得多。

5. 我们应该让孩子享受吃饭的感觉，而不是把吃饭当成吃药。

6. 1岁以前，孩子吃的食物中都不用加盐。理由是你不管是吃母乳、配方粉还是辅食，其中的钠已经足够满足孩子的需要了。

7. 过多或不适当地补充营养素，不仅不能促进孩子健康生长，反而会出现其他营养素吸收受阻等问题。

8. 如果宝宝的生长出现问题，要先从妈妈、宝宝自身和喂养方式上考虑，不要马上进入“缺”和“补”的怪圈中。

9. 让孩子重新爱上吃饭的最好方法就是“饥饿疗法”——等到孩子真正饿时再喂他，并让他逐渐养成进食的规律和习惯。

10. 带孩子看病的提醒：初诊时选择自己比较满意的医院；尽可能连续在一家医院就诊；治疗需要有一段持续的过程，不要抱着立竿见影的想法；听从医生的建议。

11. 静脉输液虽然有它的好处，但并不一定就是最积极的方式，应该遵守“能口服不肌肉注射，能肌肉注射不静脉给药”的原则。

延伸阅读

作者还著有《崔玉涛图解家庭育儿》11册，可以根据自己的需要参考阅读。

《崔玉涛图解家庭育儿》崔玉涛著，东方出版社，2012年。

（张利花）

20.《读懂孩子——心理学家实用教子宝典（6—12岁）》导读

作　者：边玉芳

出版社：北京师范大学出版集团

　　　　北京师范大学出版社

出版时间：2014年1月

推荐理由

今天我们怎么做父母？伴随着孩子的一天天长大，各种问题也接踵而至，如何看待这些问题并解决这些问题？很明显，家庭教育不是技术活儿，不是看着一些家教书中所列的方法老老实实去做就行了，方法背后，应该是对孩子成长身心规律的正确认识和理解。

一言以蔽之，就是读懂孩子。

这是家庭教育首先要做的。父母读懂了孩子，理解了孩子，手里就有了一把万能钥匙，能够打开孩子各种各样的心锁。

现在父母对孩子的教育越来越重视，但面临的困惑也越来越多，要让家庭教育有好的效果，培养出心理健康、人格健全的孩子，引导孩子顺利渡过心理学家埃里克森总结出来的各种成长危机，家长首先要不断学习，学会了解孩子、理解孩子，并在此基础上科学地进行家庭教育。

《读懂孩子》这套书，旨在引导家长了解并理解孩子，并为家长提供科学合理的养育策略和建议。作者边玉芳教授，是北师大认知神经科学与学习国家重点实验室的研究人员，这套书是她在总结百年来心理学、脑科学的研究成果与我国儿童和青少年发展特点的基础上，结合自己的丰富实践写作而成的，她带领其研究团队系统梳理了0—6岁、6—12岁、12—18岁儿童和青少年的成长规律，提出了科学的育人策略。

这套书中的《读懂孩子——心理学家实用教子宝典（6—12岁）》，适合正处于小学阶段孩子的家长阅读。本书既有科学性与普适性、全面性和关键性、操作性和实用性，又有可读性和趣味性，当然更有明显的工具特性，适合家长们逐页阅读，也适合家长们在遇到相关问题时查找所需信息。这本书是为家长而写，但也同样适合教师与教育工作者阅读，阅读这本书，我们能从中收获正确的教育理念和实用有效的教育方法。

内容简介

《读懂孩子——心理学家实用教子宝典（6—12岁）》这本书，一共有6个篇章，就是6个大的话题：入学适应与习惯、认知与学习、品质与能力、亲子互动与人际交往、影响孩子发展的重要因素以及走进青春期。每个大话题又分为若干小话题，作者围绕每一个小话题，都阐述了成长规律和具体的养育策略等。

以“认知与学习”这一章为例，有大脑发育、注意力、记忆力、想象力、观察力、学习动机、学习方法等10个小话题，在“大脑发育”这个小话题里，作者深入浅出地介绍了一些成长规律：小学阶段，大脑仍在继续快速发展，大脑重量已接近成人；不同脑区功能不同，发展速度也不同；男孩和女孩大脑发展情况不同，导致男孩“晚熟”；小学阶段，大脑具有很强的可塑性，后天学习能促进大脑的发展；间接的学习同样能激活相应脑区，促进大脑发育；长期处于负面情绪，不利于孩子的大脑发育；饮食营养和睡眠对孩子大脑的发育有重要影响。随后提供了以下几点养育策略：为孩子营造一个丰富的、多刺激的环境；让孩子的大脑经常“工作”；理解男孩的“晚熟”，帮助他们合理安排时间；鼓励孩子多参加社交活动，多与同伴交流；为孩子创造一个情绪安定的环境，教给孩子调节情绪的方法；提供合理的膳食，为孩子提供充足的营养；养成良好的作息习惯，保证孩子得到充足的睡眠时间，提高睡眠质量。

此外，为了方便读者阅读，每个篇章中还设置了一些小栏目，包括主题漫画赫尔概述、特别提示、知识库、实验室、测试吧、心灵加油站、边博士直播间。这些栏目丰富了本书内容，有理论但不枯燥，策略方法具体、简单易行，可读性和趣味性很强。

精彩语录

1. 一年级孩子处于他律阶段，缺乏自我管理意识，不懂自我监督，因此，他们不能自觉遵守学校和班级的规章制度，需要成人反复强调。

2. 良好的学习习惯可以调动潜意识为学习服务。

3. 当孩子专注学习或思考时，不要轻易打断孩子。

4. 重视反馈，经常给予孩子具体、及时的评价。评价、反馈本身就是一种激励性的行为，包括称赞、肯定和评语等。

5. 家庭阅读是培养孩子阅读兴趣和打造阅读基础的摇篮，而亲子阅读是家庭阅读的核心方式。它不但可以丰富家庭文化生活，还可以激发孩子的阅读兴趣、培养阅读能力，同时还有助于孩子获取知识，帮助孩子形成正确的思维意识、价值观念。

6. 给孩子创造一些自主的时间，不要剥夺孩子自主安排时间的机会。

7. 采用权威型教养方式，多鼓励孩子独立和尝试，与孩子多沟通。

8. 当孩子遇到人际交往“问题”或与同伴发生矛盾时，家长不宜过多介入，引导孩子学会自己解决。

9. 创造各种机会，让孩子体验参与社会行为带来的喜悦和成就感。

10. 亲子间缺少沟通，受到父母过度保护，这类孩子容易成为被欺负者。

11. 民主理解型的隔代教育对孩子的发展最好。

12. 小学阶段进行性教育是最为合适的。

延伸阅读

本书作者的其他相关作品还有：

《读懂孩子——心理学家实用教子宝典（0—6岁）》边玉芳著，北京师范大学出版社，2014年1月第1版。

《读懂孩子——心理学家实用教子宝典（12—18岁）》边玉芳著，北京师范大学出版社，2014年1月第1版。

家长和教师可以根据孩子所处年龄段选择阅读。

（王桂香）

21.《〈3—6岁儿童学习与发展指南〉解读》导读

作　者：李季湄　冯晓霞

出版社：人民教育出版社

出版时间：2013年3月

推荐理由

《3—6岁儿童学习与发展指南》是国家教育部为深入贯彻教育规划纲要，落实《国务院关于当前发展学前教育的若干意见》，帮助广大幼儿园教师和家长了解3—6岁幼儿学习与发展的基本规律和特点，全面提高科学保教水平，组织专家研制并经教育部学前教育专家指导委员会审议通过的指导性文件。

只有对《3—6岁儿童学习与发展指南》进行正确的解读，了解其研制的背景、目的与作用，了解其研制的过程及内容结构，了解《3—6岁儿童学习与发展指南》与《教育规划纲要》之间、和学前教育“国十条”之间的关系，真正遵循“关注幼儿学习与发展的整体性，尊重幼儿发展的个体差异，理解幼儿学习的方式和特点，重视幼儿的学习品质”的基本原则，才能有效落实《教育规划纲要》所提出的方向和要求。

本书对书中所涉及的健康领域、语言领域、社会领域、科学领域、艺术领域的要点进行了细致解读，不仅告诉从事学前教育的工作者和父母们，这个年龄段孩子的学习和发展特点“是什么”，更告诉大家“为什么”和“怎么做”。一方面帮助从事教育的工作者们提高专业知识和实践能力；一方面帮助父母们在家庭中学会如何观察幼儿、了解幼儿，通过游戏和生活来实施《3—6岁儿童学习与发展指南》所提出的具体内容。

内容简介

本书主体分为两部分，第一部分：怎样理解《3—6岁儿童学习与发展指南》，第二部分：怎样实施《3—6岁儿童学习与发展指南》。前面附了教育部基础教育二司巡视员李天顺在《3—6岁儿童学习与发展指南》培训班上的讲话，起到了理论引领的作用；后面附了教育部关于印发《3—6岁儿童学习与发展指南》的通知及《3—6岁儿童学习与发展指南》全文，与"解读"的内容形成呼应。

第一部分里，首先针对《3—6岁儿童学习与发展指南》（以下简称《指南》），做了关于研制背景、目的与作用的概述。指出《指南》研制的背景是"建设社会主义和谐社会的需要、是我国教育发展的需要"；其目的是"以幼儿后继学习和终身发展奠定良好素质基础为目标，以促进幼儿体、智、德、美各方面的协调发展为核心"；其作用从长远来看，不仅可以更好地落实《儿童权利公约》，促进学前教育公平，进一步提高幼儿园教育质量，还可以提高幼儿教师发展的专业素质，提高家长教育能力和家庭教育质量，引导全社会正确地认识幼儿的学习与发展。

其次是关于各领域要点的解读。分别包括3—6岁儿童学习与发展在健康领域、语言领域、社会领域、科学领域、艺术领域的目标、要求、特点、发展要点及注意事项等内容。

第二部分主题为"怎样实施"，这部分具体指导教师与父母如何"利用《指南》观察和了解幼儿，了解各领域及其子领域的具体目标"；如何"把《指南》的实施融入一日生活"，如何"通过活动区游戏来实施《指南》"，如何"在集体教学活动中使用《指南》"。

精彩语录

1. 学习与发展是两个过程。学习是受发展制约的，要求幼儿进行超越其发展阶段的学习显然是拔苗助长。但学习又推动发展，而不只是消极地等待发展；发展既是学习的基础，又表现为学习的过程与结果。

2. 遵循幼儿学习与发展的整体性规律，最重要的是应尊重幼儿的生活与游戏。

3. 在幼儿成长过程中，语言的学习与发展，可以有效地帮助他们理解音乐、美术的内容，如理解一首歌曲的歌词或者解释一幅美术作品的画面；而其他符号系统的学习和使用，也可以有助于幼儿更好地表情达意，获得更为完美而愉悦的审美感受。

4. 游戏与幼儿发展的关系可以概括为三句话：游戏反映发展，游戏巩固发展，游戏促进发展。

5. 幼儿园集体教学能否产生有意义的学习，在很大程度上也是取决于教学内容是否有一定的系统性，是否以幼儿的已有经验为基础，教学过程是否能帮助幼儿利用旧经验建构新经验。

延伸阅读

推荐阅读《国家中长期教育改革和发展规划纲要（2010—2020年）》，《关于当前发展学前教育的若干意见》（国发〔2010〕41号），以了解国家相关教育政策。

《国家中长期教育改革和发展规划纲要（2010—2020年）》，人民出版社，2010年7月。

《关于当前发展学前教育的若干意见》（国发〔2010〕41号），2010年11月。

（徐彦格）

（二）父母成长类（31种）

1.《阅读与经典》导读

作　者：彭 懿

出 版 社：接力出版社

出版时间：2011年9月

推荐理由

对孩子来说，图画书在他们的启蒙阶段起着重要的作用。亲子共读图画书，就是父母在陪伴孩子构建一个自己的世界。可是，图画书该怎么读？看图画还是看文字？

《阅读与经典》是一部教给读者如何阅读和欣赏图画书的阅读指南。走进这本书，也就叩开了阅读图画书的大门，我们会“跳”到那个光怪陆离的世界里，尽情享受，不忍离开；走进这本书，也就寻到了图画书赏析的路径，我们会“沉”入那些神奇曼妙的故事中，尽情享受，不舍放手。

作者彭懿是著名儿童文学理论家、著名幻想小说作家、翻译家、摄影家。他借助这本书，告诉我们：在一本图画书里，不存在随意的内容，只有精心设计的细节。无论是封面、环衬、扉页、封底，还是折页、散页、文字、框线；无论是色调的变化、艺术风格，还是潜在的节奏、画面的连贯，都是作者的匠心独运，言说着所欲传达给读者的情感和主题。从外在形态、艺术表现到故事内容，《阅读与经典》对一百多年间世界经典图画书进行了专业、系统的记录和独到、有趣的解读，可谓是一部读懂图画书的百科全书。

走进这本书，带孩子走进一个更美好的世界！

内容简介

《阅读与经典》分为上、下篇。

上篇从“图画书”的定义开始，介绍了图画书的书籍构成、形态和表现形式。让我们揭开“图画书”的面纱，深入每一个细节去发现、去欣赏、去体会。

下篇从问世百余年来的第一本图画故事书《彼得兔的故事》起，解读了具有重要影响的64本世界经典图画书，不仅包括每一本书的作品名称、文图作者、初版时间、出版单位以及规格和页码等基本资料，还涉及其所获奖项、上榜排名、各种推荐记录等。

附录不仅包含图画书重要奖项的介绍和权威推荐书目，还为读者的深入阅读和研究提供了主题索引。

精彩语录

1. 图画书要用画面来说话，它非常强调画面的连贯，它通常被规定在32页或40页之内，这几十页画面要形成一个连续的视觉映象，就仿佛是一部电影短片。

2. 有些图画书里暗藏着一个或多个折页——当翻到某一页，画面突然向左或是向右、向上或是向下延长了；有的图画书并不装订成册，还有的图画书从前往后、从后往前都可以读。

3. 留白是说画面，空白是说页面。留白是绘画技巧，空白是设计手段。留白和空白，都是图画书常用的表现方式，它们为读者提供想象的空间，具有无中生有和无中胜有的效果。

4. 无字书一个字都没有，完全靠画面来讲述故事。因为不再是图文合奏，少了一条文字的叙述线，所以无字书叙述故事的职能就责无旁贷地落到了图画的身上。而要以纯粹的图画语言演绎出一个完整的故事，无字书的图画就必须具有更多的解说性，能让读者透过图画看懂故事。

延伸阅读

可以参考阅读作者的《世界儿童文学：阅读与经典》及长篇幻想小说《与幽灵擦肩而过》《半夜别开窗》等书。

《世界儿童文学：阅读与经典》彭懿著，接力出版社，2011年9月。

《与幽灵擦肩而过》彭懿著，作家出版社，1996年。

《半夜别开窗》彭懿著，作家出版社，1997年。

（孙薛莉）

2.《不要用爱控制我》导读

作　者：［美］帕萃丝·埃文斯

译　者：郑春蕾　梅　子

出版社：京华出版社

出版时间：2007年6月

推荐理由

“我这样说都是为了你好啊！”生活中，你是否常对孩子说这样的话？你是否动不动就喜欢对他（她）说教？你是否觉得这些都是因为爱他（她），希望他（她）在成长的路上少经历一些曲折？

你肯定见过这样一些人，在同事、朋友和陌生人面前表现得非常有礼貌、非常尊重对方，但唯独对配偶或孩子表现得特别没有耐心、特别粗暴。你或许会猜，这个人一定是对自己的配偶失去了爱，但恰恰相反，当事人会表示，他爱对方，并且根本离不开对方。

你一定也关注到，社会上最常见的恶性事件，不是发生在陌生人之间，而是发生在亲人之间。譬如，多个独立调查显示，刑事案件约有三分之一是发生在亲人之间。在这些恶性事件中，至少有一小半看不到“钱权名利”等物质因素的参与。那些犯罪嫌疑人经常以爱的名义行恶，他们会说，他们的确是因为爱才向对方泼硫酸或者砍对方几十刀，还显得极其真诚。这种恶性事件还包括大量的精神性伤害，譬如彻底控制对方，不论有多大的物质损失，都坚持让对方与所有的亲朋好友断绝关系；譬如用尽各种办法伤害恋人，毁掉他们的生活和前程……这样做的时候，他们仍然会说，是因为爱，所以才这么做。

这本书会告诉你，实际上，这些都不是爱，而是控制。把控制说成爱，是我们这个世界最常见的谎言之一，而且对这个谎言，我们很容易信以为真，并因此受伤或伤人。这是一本魔书，但又是一本写得极其通俗易懂的书。

作者帕萃丝·埃文斯是人际关系研究中心创始人，在全美建立了许多工作室，并在众多媒体上露面，为大众治疗心理创伤。这本书被誉为人际关系领域的一次“根本性突破”。读了这本书，你会明白很多事情：为什么开车时脾气特别大；为什么初恋失败其实是一件好事；为什么你的上司那么难以相处；为什么不管你怎么做，你的父母都指责你做得不对……

内容简介

《不要用爱控制我》这本书共四个部分，三十章。

第一部分第十五章，从“控制大多是无意识的行为、爱往往成了控制的理由、逆向联系控制行为的开始”等方面深入浅出地阐述了暴力、冲突是从控制开始的。

第二部分第六章，向读者陈述了控制者生活得并不快乐的原因——他们不能自拔也无能为力，他们最害怕被控制者有独立的倾向，他们为了存在，不断完成“自我塑造”，并且“我”必须是对的，他们为使自己免受恐惧采取措施，使用控制策略，为侵犯行为虚构原因。

第三部分第三章不再探讨控制关系，而是开始进入团体关系的领域，让读者看到，当受制于幻觉的人聚在一起的时候，会有什么事发生；并且让你看到这些“亲密”关系具有什么深远的影响。

第四部分第六章不仅会告诉你摆脱控制困难的原因，而且会帮助你找到摆脱控制的办法——打破幻觉，找出根源，与强制力共舞。

本书以独特的视角，深入探讨了日常生活中我们习以为常的行为背后的原因，解开了我们的困惑，使我们学会识别、理解和应对控制，让我们的生活远离暴力，更加和谐、幸福。

精彩语录

1. 有些人习惯将自己的意志强加于人，却一点都意识不到这些行为的破坏性。当你遇到这些试图控制你的人时，你的个性就被“抹杀”了。

2. 孩提时代，成年人是孩子的上帝，但即使是上帝也不能随便给人下定论。

3. 只有在演戏时，别人才能够决定你的角色。真实生活中，如果有人要按他们的意志给你分配角色，他们就是在玩“伪装”游戏。

4. 对于别人的情况，我们总会有不了解的地方，因为这些都是隐藏在内心深处的。

5. 善良的人也会受到幻觉的影响。

6. 幻觉存在的主要目的：为控制关系披上一件理性的外衣。

7. 意见一致最好的方法是一致性联系。

8. 在一个“共同虚拟”的世界里，毫无疑问会充满争斗。

9. 自由赋予我们个性，让我们定义自己，创造价值，每个人自由选择的权利是神圣的。

10. 只有记住自己是如何为幻觉所控制，方可打破幻觉。

延伸阅读

本书作者的另一部著作《不要用爱控制我2》也曾名列《商业周刊》《新闻周刊》的畅销书排行榜，建议选择阅读。

《不要用爱控制我2》［美］帕萃丝·埃文斯著，田东宇译，京华出版社，2012年2月。

（刘庆梅）

3.《卡尔·威特的教育》导读

作　者：［德］卡尔·威特
译　者：刘恒新
出 版 社：京华出版社
出版时间：2001年6月

推荐理由

1800年7月，在德国哈勒附近一个叫洛赫的小村庄里，一位牧师的儿子出生了。然而这孩子和别的婴儿不太一样，他生下来就四肢抽搐，呼吸急促，这孩子先天发育不足，且婴儿时期反应迟钝，显得极为痴呆。这样的“低智儿”可以得到怎样的发展呢？《卡尔·威特的教育》无疑给出了一个令人振奋的回答。

就是这样一个智能明显发育不全的孩子，在父亲的教育下，八九岁时已经能够运用六国语言，也通晓化学、动物学、植物学、物理学和数学；9岁考入莱比锡大学；10岁进入哥廷根大学；13岁他出版了《三角术》一书；1814年4月，他被授予哲学博士学位；16岁获得法学博士学位，并被任命为柏林大学的法学教授……这个孩子就是举世闻名的奇才——卡尔·威特。

卡尔·威特能取得这番成就，完全是因为老卡尔·威特教育有方。卡尔的父亲把小卡尔长到14岁以前受到的教育写成了一本书，这就是《卡尔·威特的教育》。书中详细记载了卡尔的成长过程，以及老卡尔独特的教子心得和独辟蹊径的教育方法。尽管卡尔·威特的故事只能算是特例，但对父母们来说，其所承载的教育意义依然是巨大的。

正如哈佛大学心理学博士塞德兹所说：“把一个低智儿培养成了闻名

全德意志的奇才，这是证明《卡尔·威特的教育》一书神奇和伟大的最好例子。”

内容简介

《卡尔·威特的教育》这本书，共十七章，分别从早期环境的培养、智力发展最佳时期、正确教育孩子的方法、培养孩子的各种良好习惯、避免一些不良的习惯等角度，结合孩子的学习、生活、习惯等进行了详细的阐述。

本书的核心内容包括以下几个方面：孩子生下来时都一样，仅仅由于环境不同，孩子的发展也不相同；儿童潜能的递减法则告诉我们：教育开始得越晚，儿童的能力实现就越少，因此，应从孩子出生那天就开始教育；用游戏的方法对孩子进行各方面的教育，孩子各种能力都是通过游戏玩出来的；父母要以身作则地尊重孩子，并且在孩子很小的时候，就要让孩子养成尊重他人的习惯。时刻注意夸奖孩子的妙处，“夸”不仅表明了父母的信心，同时也坚定了孩子的信心，只有孩子对自己充满了信心，父母才能培养出优秀的人才等等。

书中所列举的大量实例，会让渴望孩子成才的父母学会对孩子进行早期教育的方法。对一些父母常见的教育失误给予指导，并指出问题产生的原因以及将会出现的后果，让父母懂得应该从各方面培养孩子，让孩子得到全面的成长！

精彩语录

1. 即使是普通的孩子，只要教育得法，也会成为不平凡的人。

2. 应给3岁以前的模式时期“灌”些什么呢？大致是两方面的内容：一方面是反复灌输语言、音乐、文字和图形等所谓奠定智力的大脑活动基础的模式；另一方面则是输入人生的基本准则和态度。

3. 教育开始得越晚，儿童的能力实现就越少。这就是儿童潜在能力的递减法则。

4. 我主张从孩子15天大就开始灌输词汇，在孩子刚会辨别事物时就教他说话。

5. 在人的一生中，一至五岁可能是最有语言才能的时期了，父母千万别让这种才能白白枯死。

6. 批评孩子不等于惩罚孩子或把孩子当成自己的出气筒。永远记住：父母的一举一动、一言一行都会对孩子产生永久的影响。

7. 和玩具在一起度过童年，不仅仅是浪费时间，还会让孩子从小养成一些将来很难改掉的恶习。

8. 最重要的教育方法就是要鼓励孩子去相信自己。

延伸阅读

与这本书同属于“哈佛天才与素质教育典藏文库”的还有《M·S·斯特娜的自然教育》《俗物与天才》《童年的秘密》等，供参考阅读。

《M·S·斯特娜的自然教育》［美］M·S·斯特娜著，张艳华译，京华出版社，2005年8月。

《俗物与天才》［美］鲍里斯·塞德兹著，精英教育服务机构译，哈尔滨出版社，2009年7月。

《童年的秘密》［意］玛利亚·蒙台梭利著，单中惠译，中国长安出版社，2010年5月。

（张利花）

4.《早期教育与天才》导读

作　者：［日］木村久一
译　者：唐欣
出版社：凤凰出版传媒集团　江苏人民出版社
出版时间：2013年9月

推荐理由

孩子是父母手心的宝，是父母一生的牵挂。让每一个孩子成才，是父母最大的期盼。从呱呱坠地的婴儿，到活力四射的翩翩少年，所有的父母都希望自己能把孩子教育成才。可是，为人父母者又该如何教育好孩子，又该如何抓住启智黄金期进行早期教育呢？亲爱的父母们，当你能静心与木村久一进行一次时空“对话”时，他一定会带给你许多启迪与思考。

这本《早期教育与天才》通过一个个天才诞生的故事，讲述了儿童早期教育的重要性、迫切性和可行性，告诉我们应该如何培养孩子不同寻常的综合素质，观点精辟，具有极强的可读性与可操作性。但早期教育不能成为破坏孩子自然成长的工具，成为父母的负担和扼杀孩子们天分的桎梏。

本书从初稿到现在已经一百多年了，时空流转，但它的教育价值并没有褪色，相反，木村久一的著作一百年来被无数次的再版印刷，更显示了他的思想精髓如宝石般熠熠生辉。“一无所知”地捧起这本书，细细读来，你会和孩子一起收获进步和成长，那将会是一场相互提升、相互补偿的和谐的觉醒之旅。

内容简介

《早期教育与天才》一书，共有七章，它从心理与情感的层面来讲述教养之道。

书中运用了大量案例帮助我们理解作者所提的观点："人类属于知性动物，从出生起，大脑所需的营养就远超出身体的所需"，所以，要满足他们的求知欲，给予他们足够的感性营养，从而"让他在知识的道路上快乐地奔跑"。"天才的幼年都生长在丰富而有趣的环境中"，所以要为他们提供更多、更有意义的东西等等。

作者对自己的观点深入浅出，娓娓道来，告诉我们要在遵循孩子天性的基础上进行早期教育；在教知识的同时更要给孩子获取、发现知识的方法；早期教育应该坚持不懈。这些都启发我们去思考父母所应该给予孩子的教育，让我们不仅懂得如何接纳孩子的天性，更学会如何激发孩子的潜能。

精彩语录

1. 从种种事实来看，天才还是庸才，与其说是由先天的遗传、禀赋等因素所决定的，莫如说是由后天的环境影响和教育等因素所决定的。

2. 一个优质的家庭的组建其实就是早期教育的开始。

3. 当我们把孩子当成同一旅程中的旅伴时，他们对我们的改变将与我们对他们的改变一样巨大。

4. 孩子们索要阅读书籍的选择十分重要，一个人对书的喜好往往决定于他第一次阅读的书，童年时期的阅读可能会影响这个人的一生。

5. 对3岁以前的婴儿的教育，其实就是"模式教育"。这段时期，婴儿对面前多次重复的事物不会感到厌烦，所以3岁以前也是"硬灌"时期。给3岁以前的模式时期的孩子"硬灌"些什么呢？大致有两方面：一方面是反复灌输语言、音乐、文字和图形等所谓奠定智力的大脑活动基础模式；另一方面则是输入人生的基本准则和态度。

6. 教育孩子最重要的方法就是要鼓励他去相信自己。

7. 孩子的信心从何而来呢？全部来源于父母的夸奖。孩子需要鼓励，“夸”不仅仅表明了父母的信任，同时也坚定了孩子的信心。只有孩子对自己充满了信心，父母才能培养出优秀的人才。

8. 巴尔博士认为，对孩子进行理财教育的目的并不仅是让孩子学会攒钱或方便他以后经商，而是要让他成为一个能干的、健全的、真正的人。

9. 培养人才的关键是要有将教育置于优先位置的文化价值观念。

10. 用心平气和的态度去处理孩子的过失是一种最好的方法。

延伸阅读

可参考阅读本书中提到的斯特娜的《M·S·斯特娜的自然教育》、鲍里斯·塞德兹的《俗物与天才》、约翰·洛克的《家庭学校》等书籍。

《M·S·斯特娜的自然教育》［美］M·S·斯特娜著，张艳华译，京华出版社，2005年8月。

《俗物与天才》［美］鲍里斯·塞德兹著，精英教育服务机构译，哈尔滨出版社，2009年7月。

《家庭学校》［英］约翰·洛克著，张小茅译，京华出版社，2005年8月。

（刘丹丹）

5.《长大不容易》导读

作　者：卢 勤

出版社：湖北长江出版集团　长江文艺出版社

出版时间：2011 年 4 月

推荐理由

卢勤老师的名字，在几代人的记忆里，是和“知心姐姐”的称号联系在一起的。也似乎正因如此，这位明明已经年近古稀的长者，这位国内著名的家庭教育专家，竟然没有被岁月烙下“老”的印迹。几次听卢勤老师的家庭教育讲座，仍然被她清晰的思路、睿智幽默的话语、深入浅出的道理所打动。

在这本《长大不容易》中，卢勤老师结合自己的育儿经验，总结了孩子在不同年龄段、不同成长期要特别关注的问题，从而给大家在育儿方面以启迪。

我想，如果您是孩子的父母，翻开这本书一定不会失望。

书中有卢勤老师多年的经验积累，从生命孕育开始，到孩子成人步入社会，所有故事讲述的都是生活中非常常见的问题，也提供了很多供参考的具体做法，当然，还有作者针对具体问题的分析和心得，非常容易上手。

如果您是一位老师，翻开这本书一定会有惊喜。

书中引用了很多中外心理学家、教育家的实践，蕴含哲理，而道理又讲得极简明易懂，有的甚至可以直接用来和学生共同探讨。

如果您是一个孩子，无论处于哪个年龄段，翻开这本书也会爱不释手。

书中讲到了很多你最感兴趣的问题。比如我从哪里来、如何拥有好人缘、如何挑选“另一半”等，帮助你了解自己、理解他人，教给你如何进行自我教育，让自己成为更好的人。

作者在三十多年的“知心姐姐”生涯中，接触过无数焦虑的父母。她努力用自己亲身的育儿经验告诉所有的朋友：“长大不容易，成长有规律。”“我们不必焦虑，但是，我们需要学习。走过了，才会明白，世界上没有后悔药，如果明白地走，会走得更明白。”

内容简介

本书共八章，以一个孩子的成长为脉络，分别为：孕育生命期、婴儿成长期、幼儿成长期、儿童成长期、少年成长期、青年成长期、步入成人期以及家的影响，荟萃了“知心姐姐”三十多年家庭教育的思想精华。

作者在书中提出了“遵循儿童成长的规律，顺势而为；以感受体验代替空洞说教；加深情感联系，放手才能放心；帮助家长培养一个有责任心、有爱心、自立自主的孩子；鼓励孩子们成为自己人生的主人”等等自然的教育理念。

一个生命从孕育到出生，从出生到长大，从什么都不会到完全独立，从独立再到孕育下一代生命，要遭遇多少问题啊，而这些故事，就汇聚成了成长。父母们所必然遭遇的问题，大都可以从这本书里找到积极面对的方法。书里附带了卢勤老师的讲座光盘，可以让我们如临现场，感受“知心姐姐”的魅力。

精彩语录

1. 付出了才会有感情，经历了才会有经验。

2. 不能因为我们的短视，误把人生的长跑当短跑；不能因为我们的无知，错把孩子看成学习的机器；更不能因为我们的功利心，剥夺孩子最宝贵的童年。

3. 孩子会认为，你要从他嘴里抢他最爱吃的东西，更强化他的保护意识，于是会拼命地吃起手来，拽都拽不出来。

4. 小孩子喜欢把小手摊在水龙头下呆呆地接水，他是在接受一种锻炼触觉和听觉的体验。

5. 正是因为孩子习惯于被打断，而消磨了自己天然的专注能力。

6. 长大，是个学习的过程。不仅要从书本上学习，最重要的是在体验中学习。

7. 动物给予孩子的不仅仅是爱心，还有灵性，而灵性激发人的创造性。

8. 懂得分享的孩子，他们未来的路才会越走越宽。

9. 父母让孩子通过语言把所有的积极的和消极的都表达出来，是对孩子最大的爱护。

10. 父母心中不灭的希望，对于孩子来说就是生命的力量。

11. 一家人，最需要的是彼此的信任和爱。

12. 人是不容易改变的，爱情的力量也没有你想象的那么大。

延伸阅读

知心姐姐第一部轰动全国的家教书——《写给年轻妈妈》。

《写给年轻妈妈》卢勤著，中国妇女出版社，2005年8月。

（吕照熹）

6.《改变孩子先改变自己——好爸爸贾容韬教子手记》导读

作　者：贾容韬

出 版 社：作家出版社

出版时间：2013 年 1 月

推荐理由

经验，无非是用“脚”走出来的路。这是我读完这本《改变孩子先改变自己——好爸爸贾容韬教子手记》最深刻的感受。

谁没有在还是孩子的时候犯过错？谁的孩子没有犯过错？当我们从一个曾经犯错的孩子成为面对犯错孩子的父母时，如果我们还是犯错，将会对孩子造成多大的伤害啊！所以，作为父母的我们，能否从反思自我开始，给予犯错的孩子最大的尊重和耐心，就决定了我们家庭教育的成败。所以对父母来说，要改变孩子，必须先改变自己。

《改变孩子先改变自己——好爸爸贾容韬教子手记》记录了作者贾容韬从企业家到“专职爸爸”的历程，记录了他从普通爸爸到实力派家庭教育专家的历程，也是他从自助到助人的自我成长的生命历程。这本书，值得那些正被孩子的种种“问题”困扰着的父母们阅读，值得那些有决心改变自我、陪伴孩子成长的父母阅读，值得天下所有的父母阅读。

它会让父母知道：想要教育好孩子，首先应该把孩子当成一个独立的个体、一个完整的人来看待。在陪伴孩子成长的道路上，父母更需要不断地学习与提升才能跟上孩子成长的脚步。唯有父母的反思与改变，才能让孩子不断进步。

内容简介

《改变孩子先改变自己——好爸爸贾容韬教子手记》这本书，用七章，从五十八个方面，结合自己经历的真实故事告诉其他父母，如何改变自己才能成为一个好父亲，而只有先成为一个合格的父亲，孩子才有可能改变。

贾容韬老师从自己面对考试倒数第一、数次打群架、几乎快要被学校开除的孩子的经历讲起，细致回忆了自己作为“陪读”爸爸的经历，回忆了自己怎样从一件一件的小事做起，细心发现陪伴儿子的契机；从改变自己做起，一点一点寻求自我成长的途径进而帮助孩子成长，总结出了作为一位以自我改变从而成功帮助孩子纠正不良行为的父亲的经验。

他从自我改变引发孩子的变化，思考现在家庭教育的误区；他敏锐地寻找到“阅读”这个撬动孩子精神发展的“杠杆”，培养孩子的优秀品格；他从总结教育孩子所需要的“大智慧”，觉悟到“好家庭胜过好学校”。但他不认为自己改变了孩子是最大的成功，反而认为是家庭教育让自己终身受益。

如果父母想了解自己的孩子，发现“‘乖孩子’背后的隐患”，知道孩子“为什么说谎”；如果父母想了解自己的孩子，知道“培养优秀孩子的‘秘密’”，知道“影响孩子的‘黄金法则’”；如果父母想自我成长，知道“家庭教育需要有危机感”，认识到“最需要拯救的是父母”……那么，就一定能从这本书的故事中，受到启发，获得自己希望的收获。

精彩语录

1．爱一朵花就陪它一起绽放，爱孩子就和他一起成长。

2．生活中不是缺少幸福，而是缺少发现幸福的眼光和感受幸福的心态。

3. 有了幸福才会有爱心，有了爱心才会有和气，有了和气才会有愉悦，有了愉悦才会有和谐的亲子关系。

4. 惩罚孩子，实际上剥夺了孩子从内心深层对自己错误行为的反省过程，而这个过程对孩子的成长是最重要的，也是弥足珍贵的。

5. 家庭教育的一个重要理念，就是和孩子共同学习、共同成长。

6. 要影响，不要灌输；要引导，不要教导；要推荐，不要推销；要唤醒，不要征服。

7. 家长坚持原则，等于帮助孩子；家长丧失原则，等于放纵孩子。

8. 倾听是家庭教育最简单、最有效的手段，也是家长的基本素养。

9. 在教育的误区里，最需要拯救的不是孩子，而是父母。

10. 家庭教育是打好人生底色的教育，是培养孩子基本素养的教育，如果缺少了家庭教育，无论孩子进入多好的学校、配备多优秀的教师，也不可避免地会出现这样那样的问题。

延伸阅读

本书作者的其他作品还有《真的不是孩子的错》《中国家教原则》等，可以选择阅读。

《真的不是孩子的错》贾容韬著，中国妇女出版社，2006年3月。

《中国家教原则》贾容韬、吴朝霞著，中国华侨出版社，2006年6月。

（黄　琼）

7.《家长学校》导读

作　者：［德］安德里亚·比朔夫　汉斯·贝旺格

译　者：李王琦

出 版 社：江苏人民出版社

出版时间：2012 年 7 月

推荐理由

没有做好准备而匆匆做了父母的人，如同没有拿到驾照就匆匆上路的司机，其危险性是显而易见的。比如我们会因为不懂孩子而被焦虑折磨得筋疲力尽；我们会因为不理解孩子的行为而频繁陷入和孩子之间的“争斗”；我们甚至会因为育儿意见的不统一引发家庭成员之间的“战争”……诸如此类，都需要我们学会体谅别人的情绪，学会共处，避免伤害身边的人。

这本《家长学校》，就是一本“超实用的德式育儿教子手册”（法国《读书》杂志），一本“完备、实用，极具指导性”（西班牙《西班牙杂志》）的书，可以帮助我们追寻到那些困扰我们的育儿问题的答案。从这本书中，我们可以就自己最需要的、最感兴趣的、最迫切希望知道的问题“按图索骥”，轻松获得最切实的帮助，找到具有疗效作用的信息，从而安抚自己和孩子的心灵。

作者安德里亚·比朔夫是一位自由作家和记者，重点研究儿童教育和健康问题，撰写过获奖儿童书籍《你知道区别吗?》，并且为不同的报纸和杂志撰写儿童心理学和幼儿医学方面的文章。她被人称为一部“有关教育误区的百科全书”。汉斯·贝旺格是一位儿童心理专家，是德国利希滕菲耳斯地区教育和家庭咨询处的负责人。他常年为《家长》《家庭父母》杂志提供专业咨询，积极地为学童的各种进修活动做专题报告。

这些都决定了这本《家长学校》是一本“将目光关注于快乐，即每个孩子给自己父母带来快乐。关注于信任，正因为信任，孩子才会自然而然地牵住父母的手。关注于当回忆起孩子的第一次微笑时，父母眼中流露出的光彩”的书，将会给因育儿陷入苦恼中的父母以最大的帮助。

内容简介

在这本《家长学校》里，作者从“角色与转变、信任、日常生活、睡眠、规矩和界限、尊重、玩耍、提升与激发、自我意识与性格、媒介、学校、性、青春期、放手”十四个贯穿孩子成长的重要方面入手，介绍了孩子从0岁到18岁离家前父母应该知道、应该做到的事项。

本书的结构非常清晰，涉及的育儿领域也很宽。内容上不仅有某一阶段家庭教育中最重要问题的解读和思考，更重要的是提出了自己的建议，并有具体做法的细致引领，非常实用。

比如在“规矩和界限”这一课，作者从生活中一个简单的事件引发思考，指出家庭中融洽关系的重要前提是：“集体感和信任”“规矩和界限”。然后提出了“用爱让孩子听话、规矩能增强安全感、家有家规、严肃对待界限”等建议，并附上具体的操作指导：“撰写家庭的基本规则、自由支配的时间”等等。

诚如书中所说：“育儿教了是展现家长持续力的一个复杂的动态行为，父母必须同时拥有伟大的爱心和耐心。”

精彩语录

1．温柔而又体贴的爱是成功的教育和幸福的家庭生活的基本前提；而另一个重要的基础是明智的规矩。规矩可以给孩子们指出方向。

2. 确信有一种值得敬仰的价值观，并且在其中寻找生活的意义和信念。

3. 培养出惯性的思维，有利于保持良好的习惯。

4. 绝对不能把孩子与其他人的表现进行比较，而是只比较他自己的进步。

5. 有逻辑地引导孩子的行为，必须与发生的事情有关。让孩子感受到自己应该如何弥补自己的错误，而非惩罚。

6. 只有放手，才能把握住幸福。

7. 树立权威并不意味着采用强硬手段来教育孩子。权威并不代表一个统治者，而是代表在自己的领域里非常内行并且有经验的人。

延伸阅读

可以参考阅读“德式天才养成法丛书”系列中的《父母全能》等作品。

《父母全能》［德］安德烈亚斯·萨尔塞多著，彭逸译，江苏人民出版社，2012年7月。

（汪苏莉）

8.《新父母学校》导读

作　者：刘良华

出版社：北京师范大学出版集团

　　　　北京师范大学出版社

出版时间：2013年7月

推荐理由

本书在大量有关家庭教育的调查研究中发现：

第一，“影响学生成绩的主要因素不是学校而是家庭”。如果孩子在家庭生活中没有成为“三好孩子”（身体好、性格好、习惯好），那么，这个孩子就很可能成为学校的“差生”。

第二，父母的生活习惯以及父母的陪伴影响孩子的学习成绩。

第三，孩子的成长有三个关键年龄段，当孩子处于3岁前后、9岁前后和13岁前后这三个关键年龄段时，父母需要为孩子提供相应的帮助和教育，帮助孩子养成三个生活习惯和三个学习习惯。

本书提醒父母，家庭教育比学校教育更为重要。家庭教育是“培根教育”：知识的学习是树枝和树叶，身体和性格是树根。不要以为自己的事业才是大事，孩子的教育失败，全家都会陷入灾难。

作为一个9岁男孩的母亲，我庆幸在我孩子成长的关键年龄段遇到了这样正确的养育方法。因为，在当前社会大环境下，此书包含了许多指导父母更好地实施家庭教育，让孩子成为有益于社会的人的金玉良言。

作者刘良华，华东师范大学课程与教学研究所教授。主要研究领域为：“教育哲学”“教师教育学”“家庭教育学”。

内容简介

《新父母学校》这本书，共六章。

前面三章从美国、日本和我国的家庭教育的调查报告说起，分别从“家庭教育对孩子学习成绩的影响”“家庭教育与学校教育的分工”“为关键年龄的孩子提供关键的教育”这三个方面入手，讲述了我国家庭教育的现状，让父母了解家庭教育的重要性以及具体的教育方法。

第四、五章则从孩子的角度，告诉父母怎样发现孩子的性格、智力、性别上的差异并引导孩子自学。

最后一章包括“怎样对待问题儿童”“警惕科学和技术”“教孩子学会考试”三个方面，是作者与父母的对话。

精彩语录

1. 每一个孩子的健康成长，将影响整个国家的发展。推动摇篮的手，也推动国家的发展。国民的命运，与其说是操在掌权者手中，倒不如说是握在母亲的手中。

2. 培育一个贵族需要三代人的努力。如果孩子因家庭富裕而四体不勤、傲慢虚荣，那么，富裕不仅不是孩子成长的资源，反而成为孩子成长的祸害。中国的民间经验是“富不过三代”。

3. 不要简单地把教育孩子的责任转交给祖父母，更不能简单地把教育孩子的责任转交给保姆，这样会让孩子处于成长的危险之中。

4. 劳动和运动是教育的故乡。在药店永远找不到最好的营养品，因为最好的营养品在劳作的田野里或奔跑的运动场上。

5. 人和人的差异、一个民族和一个民族的差异，往往显示为意志力的强弱。所谓“意志力”，就是不服输、不放弃的品质。

6. 给孩子的成长留出自由的时间，不要时时刻刻“盯”着孩子的考试成绩，也不要用太多的“兴趣班”把孩子的时间全部挤满。自由的时间不仅对孩子的成长重要，它对所有人都重要。

7. 不见得一定要采用所谓“男孩穷养，女孩富养”的办法，出色的父母只是“顺木之天，以致其性”，以不同的方式养育男孩和女孩。

延伸阅读

还可以阅读刘良华所著《教育研究方法：专题与案例》《叙事教育学》等书。

《教育研究方法：专题与案例》刘良华著，华东师范大学出版社，2007年8月。

《叙事教育学》刘良华著，华东师范大学出版社，2011年9月。

（张　颖）

9.《爱弥儿》导读

作　者：[法] 让·雅克·卢梭
译　者：彭正梅
出 版 社：上海人民出版社
出版时间：2011 年 1 月

推荐理由

记得今年夏天，带儿子去采摘，孩子欢天喜地玩耍着，其间还跑来问我，“妈妈，草莓为什么不长在树上，为什么不长在上面，而耷拉在地上”。“它就是这么长的啊，哪里有什么为什么。”我脱口而出。看着转身失望而去的孩子，我忽然意识到了自己的问题。对于一个成长中的人，我们到底要对其施以怎样的教育呢？

本书作者卢梭认为，教育的最高目的在于培养自由人。他从一个人的幼儿、少年、青年到成年的成长特点出发，指导我们每个阶段应该怎样去教育孩子，怎样去引导孩子，怎样才能把孩子教育好。我们作为父母，最终希望把孩子教育成什么样的人？是一个对社会有贡献的“公民”，还是仅仅就是一个人？在作者看来，“一个父亲生养了孩子，只是完成了他的任务的三分之一。他对人类有生育人的义务；他对社会有培养社会人的义务；对国家有造就公民的义务”。

《爱弥儿》这本书，在一定程度上给了父母一个方向，让其思考如何从“自然教育、社会教育和公民教育”三种教育形式着手，为孩子设定一个目标，好好培养孩子，让其成为一名优秀的公民。

内容简介

本书共分五卷。第一卷，着重论述要给两岁以前的婴儿最合适的照顾和营养，借助体育教育，使儿童能自然发展。第二卷，作者主张对2—12岁的儿童进行感官教育，包括视觉、触觉、听觉、嗅觉、运动等，并且对他的衣、食、住、行进行了规范。这个时候，身体的锻炼仍然是很重要的。第三卷，作者主张对12—15岁的少年进行智育教育。因为他们通过感官的感受，已经具有了一些经验。这段时期，要培养他们的好奇心以及持久注意一个事物的习惯。但不提倡过早教授各种知识，因为他不主张培养神童。第四卷，作者认为15—20岁的青年需要为进入社会做好准备了，要对他们进行德育教育。在第五卷中，主要论述对女子的教育以及男女青年的爱情教育。虽然卢梭把智育和德育截然分开的方法不适用于现代，但其提出的按年龄特征分阶段进行教育的思想，是一个重大的进步。

精彩语录

1. 人们只想到怎样保护他们的孩子，这是不够的。应该教育孩子成人后怎样自我保护，教育他经受住命运的打击，教育他蔑视豪华和贫穷，教育他在必要时，在冰岛的冰天雪地里或者马耳他岛的灼热的岩石上也能够生活。

2. 一切痛苦的感觉都是同摆脱痛苦的欲望分不开的，一切快乐的观念都是同享受快乐的欲望分不开的；因此，一切欲望都意味着缺乏，而所有被感觉到的缺乏就是痛苦。

3. 要尊重儿童，不要急于对他们做出或好或坏的评判。

4. 我的目标不是教给他各种知识，而是教他在需要的时候获取知识的能力，教他准确评估知识的价值，教他爱真理胜于一切。

5. 让我们把虚荣之心扩大到爱别人，这样我们才可以把它变为美德。这种美德，植根于每一个人的心中。

延伸阅读

推荐阅读卢梭的《忏悔录》《论科学与艺术》等。

《忏悔录》［法］卢梭著，黎星、范希衡译，人民文学出版社，1982年9月。

《论科学与艺术》［法］卢梭著，何兆武译，上海人民出版社，2007年10月。

（仲林艳）

10.《儿童的利益——学会尊重孩子》导读

作　者：[法] 弗朗索瓦兹·多尔多

译　者：王文新

出版社：上海社会科学院出版社

出版时间：2012年2月

推荐理由

把孩子的利益和天性还给他。尊重他，时刻提醒自己他是一个终将离你而去的独立的人。

把孩子的自由和权利还给他。欣赏他，时刻提醒自己他是一个终将离你而去的独立的人。

把孩子的语言和想象还给他。聆听他，时刻提醒自己他是一个终将离你而去的独立的人。

所以，我们要学会怎样把儿童真正当作一个人，一个与我们一样平等的人来看待。

作为把弗洛伊德的精神分析推向儿童的“始作俑者”，弗朗索瓦兹·多尔多在理论上极有建树，著述甚丰，她把弗洛伊德的观点引入到医学和儿科学的领域，引起了医学界的震动。而且她致力于儿童教育实践，旗帜鲜明地捍卫儿童的利益，在全世界都产生了巨大影响。

她通过犀利的语言，列举大量人们不敢面对的事实，来彻底反对一种因对儿童过度保护而产生破坏作用的教育方式，反对追求整齐划一的培养理念，反对对流行模式的盲从和强制儿童效仿父母的做法。书中所有的观点和结论都来自多尔多矢志不渝的思想：尊重儿童，就是在尊重人类！

内容简介

《儿童的利益——学会尊重孩子》是法国著名儿童精神分析大师弗朗索瓦兹·多尔多的作品。她凭借自己的人生经历、长期从事儿童精神分析的专业知识，以及亲身养育子女的丰富经验，针对诸多有关儿童的历史形象、儿童的社会地位、出生时受到的对待、学校教育等问题发表了看法。

作者指出儿童的利益在全世界都受到糟糕的保护的三大原因：“一、越来越丰富的科学言论正在与文学言论争夺对人生第一时期认识的垄断。这种科学言论掩盖了每位儿童身上所包含的象征性现实、特别力量和潜能；二、社会首先关注的是使花在儿童身上的钱有所回报；三、成人们害怕释放儿童身上携带的质疑其权威、知识和社会地位的某种力量、某些能量。他们将自己的模式强加于儿童”。

整本书分成四大部分内容。第一部分，试图从社会学、科学乃至人类学的角度做出“诊断”，让人们正视儿童的问题。第二部分“语言生命”指出，人们应该把孩子当成主体而不是谈论的主题。于是在第三部分阐述了为儿童服务的社会模式。第四部分写了为预防儿童神经症做出的尝试。这是小步骤的革命，也是真正的革命。

精彩语录

1. 尊重孩子，把孩子的自由和权利还给孩子。

2. 孩子将是一个离你而去的独立的人，你的任务就是帮助他完成独立。

3. 他们之所以迷失了自我，原因就是我们不懂得如何爱他们，如何信任年轻的一代。

4. 时刻提醒自己：俯下身去，带着欣赏的心态，聆听孩子的话，关注他做的事；陪在孩子身边，却要力争“隐身”，只在他需要和迷茫的时候“显形”。

5. 利用合适的机会和孩子温和地交谈，让他在和父母的平等交流中，开心地接受后者的建议和引导。

6. 孩子有着无人能预测的潜能，有自己的未来和成长轨迹，不是家长和老师所能规划的。

7. 成人们想弄懂儿童并控制他们：他们本应该倾听儿童。

8. 一个大，一个小，但他们价值相等。

延伸阅读

本书作者的其他作品还有《当孩子出生以后》《青少年的利益——学会理解青春期的孩子》等，可以选择阅读。

《当孩子出生以后》[法] 弗朗索瓦兹·多尔多著，光明译，安徽人民出版社，2001年8月。

《青少年的利益——学会理解青春期的孩子》[法] 弗朗索瓦兹·多尔多著，李利红译，上海社会科学院出版社，2010年9月。

（杨志红）

11.《正面管教》导读

作　者：［美］简·尼尔森
译　者：玉 冰
出版社：京华出版社
出版时间：2009年1月

推荐理由

当你的孩子违反规则时，你是不是变得很焦躁？当你的孩子和你顶嘴时，你是否很气愤？当你的孩子或学生出现不良行为时，你是不是感到很无助？相信大多数父母和老师都出现过这种焦虑和痛苦，有时甚至把自己弄得疲惫不堪，灰心丧气。那么有没有一种方法能让我们改善在家里和教室里与孩子们的关系呢？《正面管教》这本书，能使我们的家庭和课堂得到巨大的改善。

这本书不但深入浅出地介绍了许多行之有效的涉及孩子心理、行为、认知、教育等方面的经典理论，使我们能“知其所以然”地明白书中所介绍的正面管教方法，更重要的是，书中还收集了作者在几十年教育研究与实践中遇到的成功案例，读来发人深省。

遵照书中的引导，我们可以学着“在纠正孩子的行为前，先要赢得孩子的心”，以“和善而坚定的态度，和孩子们一起探讨解决矛盾的好办法”，可以学着用正确的语言表达我们对孩子的理解，从而和孩子建立和谐信任的关系。

相信很多父母会因为这本书，不但能逐步消弭紧张的亲子关系，甚至能缓解紧张的家庭关系。

内容简介

本书经过三次修订，分十二章，其中增加了许多作者的新思想。

作者给我们讲述了“严厉、骄纵、正面管教”三种方式的不同点，让我们的和善与坚定并行，从而使我们尊重孩子，解决问题，改变对孩子不尊重的、没有长效的错误管教方法。本章倡导和善而坚定，把有价值的社会技能和生活技能教给孩子。

作者还更多地介绍了将“积极的暂停”作为一个对大人和孩子都非常有效的生活技能来运用。当我们无助、无奈时，这种方法能帮助孩子们和大人感觉好起来从而能做得更好些。

“专注于解决问题”是这个修订版的一个主旨。大人对孩子们的喋喋不休让孩子们很反感。那么那些让父母和老师们感到沮丧的很多行为难题怎么解决呢？这个是可以解决的，关键是大人首先要改变自己。本书介绍了矫正错误的“三个R”，很值得家长和老师们学习。

“你的性格对孩子性格的影响”，给我们介绍了四种生活态度取向，及其对养育风格、教学风格的影响，帮助我们理解自己性格中的优缺点会对孩子造成什么影响，让我们通过时间和耐心成为最好的父母、最优秀的人。

通过正面管教，我们让孩子感受到归属感和自我价值感，也让我们自己更轻松愉快地教育孩子，从而培养出优秀的孩子。

精彩语录

1. 那些被娇纵大的孩子总觉得这个世界欠他们的。他们从小就被训练得要用自己全部的精力和智力去操纵和烦扰大人满足他们的每一个愿望。他们将更多的时间用来想办法逃避责任，而不是培养自己的独立和能力。

2. 在处理每一个问题前，先让自己冷静下来，直到能够用理性大脑来思考时再解决问题才有意义。这也是我们应该教给孩子的一项重要技能。

3. 一个良好的开端就是走进孩子的内心世界，对孩子因失望而做出的行为有更多的了解。

4. 赢得十几岁孩子的合作的最好途径，是以相互尊重、相互平等的态度来解决问题。

5. 错误是学习的机会。

6. 一个行为不当的孩子是一个丧失了信心的孩子。

7. 如果必须说，语气要和善而坚定，而且说得越少越好。

8. 我们做什么永远比怎么做更重要。

延伸阅读

推荐对比阅读作者的另一部作品《正面管教A－Z》，或者［美］海姆·G·吉诺特的三部《孩子，把你的手给我》等。

《正面管教A－Z》［美］简·尼尔森、琳·洛特、斯蒂芬·格伦著，花莹莹译，北京联合出版公司，2013年9月。

《孩子，把你的手给我》［美］海姆·G·吉诺特著，张雪兰译，京华出版社，2004年9月。

（彭盼花）

12.《父母平和　孩子快乐》导读

作　者：[美] 劳拉·马卡姆

译　者：刘海青

出 版 社：上海社会科学院出版社

出版时间：2014年1月

推荐理由

这本书只说明一个问题，那就是要培养有思想、有责任心、有能力、有激情，快乐、自信、自律的孩子，唯一需要成长的是父母，而并不是本来就处在成长阶段的孩子。

本书作者劳拉·马卡姆博士，是Ahaparenting.com网站的总编，在育儿领域著述颇丰。劳拉拥有哥伦比亚大学临床心理学博士学位，曾为无数家庭提供育儿指导。她是两个孩子的母亲以及九个孩子的姑妈，是“父母和孩子并重”理论的主要倡导者。劳拉·马卡姆博士经过长期深入研究和实践，总结出一套既简单又高效的育儿方法。她的原则是：面对孩子带来的真实而持续的变化，首先建立亲子情感联系。当你和孩子建立起关键的情感联系之后，便无须再对孩子威胁、唠叨、恳求、贿赂，甚至惩罚。书中提供的方法帮助父母更好地理解和管理自己的情感，通过移情理解，培养高情商的孩子。

内容简介

本书分为“自我调整”“培养亲情”“引导而非控制”三大部分，这既是本书的三大特色和基本理念，也是让父母循序渐进的三大阶梯，即父母首先需要解决自身的问题，其次建立起理想的亲子关系，然后才可能采用高效的育儿技巧。其中第三个理念——“引导而非控制”，是本书的核心。

我们都知道，作为父母，我们的言行对孩子的成长可能有所帮助，也可能存在无意或有意的伤害，如何引导孩子的言行，而不是控制孩子，就显得尤为必要。所以作者用一半的笔墨来关注这个问题，使父母能够认识到必须控制自己的动机和情感，有效地引导和联系自己的孩子，进行自我调整，确保自己处于平和状态，然后再去干涉孩子的行为。世界上没有完美的父母，也没有完美的孩子，所以我们没有必要为自己不能够始终如一地保持平和而愧疚，只要我们意识到自己的问题所在，并努力改正就足够了，毕竟什么时候开始改正错误都不晚。

这本革命性指南可以帮助父母更好地理解和管理自己的情感，针对学步期到中学阶段的孩子，通过合理的限制、换位思考和清晰的交流，培养具有自律品质的孩子。

精彩语录

1. 孩子不会使我们产生权力争斗的愤怒或焦虑，这些愤怒和焦虑完全来自我们自身的恐惧和忧虑。

2. 如果我们希望孩子学习进步，我们的行为就要像成年人!

3. 我们能注意到自己的情感，又能让它离去不受其影响——我们就树立了情感调整的榜样，供孩子观察效仿。

4. 事实上，几乎所有人在童年时都受过伤，如果没有治愈，这些创伤就会阻止我们以真正希望的方式养育孩子。

5. 愤怒是一种信息，告诉我们生活出了问题。

6. 孩子并不需要完美无瑕的父母。他们需要的是拥抱成长、弥补缺陷、敞开心扉的父母，而不是一味地冷酷。

7. 如果亲子关系遭到损坏，任何“育儿技巧”都无法弥补。

8. 让父母与孩子保持密切关系的一项最重要的技巧是倾听，而不是教育、建议或提供解决方案。

9. 情绪是信号，不是让你痛苦挣扎的泥浆。大多数情况下，一旦孩子感到自己的情绪被父母理解和接受，情绪强度便会减弱，并开始逐步消失。

10. 当人们感觉自己是坏人时，他们就更有可能以坏人的方式行动。

11. 局面难以控制时，请你牢记：孩子的所有不当行为都是因为他们的基本要求没有得到满足。

延伸阅读

可参考阅读《创造爱的依恋》《握住孩子的手》《由内而外的教养：做好父母，从接纳自己开始》。

《创造爱的依恋》［英］吉姆·S.戈尔丁、［美］丹尼尔·A.休斯著，付荣华、王梦慧译，黑龙江教育出版社，2016年9月。

《握住孩子的手》梁纪锋编著，水利水电出版社，2007年6月。

《由内而外的教养：做好父母，从接纳自己开始》［美］丹尼尔·西格尔、玛丽·哈策尔著，李昂译，浙江人民出版社，2013年5月。

（曾爱莉）

13.《培养独立的孩子——生存教育在美国》导读

作　者：[美] 黄全愈
出版社：中国人民大学出版社
出版时间：2010年8月

推荐理由

生物进化的过程，就是“优胜劣汰，适者生存”的过程，人类社会的进步和发展，归根结底也是生存能力的竞争。所以，“生存”是人类的重大课题。为此，联合国教科文组织对21世纪的教育提出了一个极具震撼力的口号：“Learning to be.”（学会生存）。

那么，何为“学会生存”？当我们对孩子说要“学会生存”的时候，我们究竟想让孩子学些什么？

每个父母都希望自己的孩子拥有美好的未来，过上体面的生活。为了不让孩子“输在起跑线上”，父母想尽办法让孩子上最好的学校，给孩子报最好的奥数班、英语班、钢琴班，还负责接送；为了孩子所谓的“未来的幸福”，父母想尽办法为孩子创造最好的条件，出门以车代步，还使孩子“饭来张口、衣来伸手”，以保证孩子安心学习。

可这样的结果是，我们的孩子除了读书、做题，别的什么都不会了。生活焦虑、自理能力低下、人际关系淡漠等诸多问题开始逐渐浮现出来。

本书作者黄全愈，是一位旅美教育学家。他通过长期观察，深入研究美国家庭和学校的生存教育，从身边真实的案例出发，从自己养育儿子矿矿的亲身经历入手，和读者分享了美国生存教育的现状。同时，作者还结合自己的研究结果，向读者提出了关于生存教育的具体措施和建议。

在信息、科技、生产、经济高度发达的今天，“作者笔下的三大生存教育话题、六大生存法则”，将为“面对各种生存问题的人们指点迷津”。

内容简介

本书共十章。

第一章到第三章先论述了三大生存教育话题，即如何“适应”，什么是“学会生存”，美国童子军的生存教育是怎样的。

从第四章开始到第九章，作者提出了六大生存法则，即“学会共处、发现心里的‘新大陆’、给自己开间心理诊所、懂得游戏规则、学会理财、养只‘纸老虎’”。这部分列举了大量的实例，形象地阐述了各项法则之于生存的重要性。并针对培养孩子的生存能力，提出了具体的建议。

第十章作者特别讲述了“问题孩子”的生存教育，因为这类孩子最容易被遗忘、被抛弃。作者把他在美国专门为“问题孩子”开办学校的经历和调查做了分析，发人深省。

精彩语录

1．不适应，就意味着死亡。这个说法有些过分。但我们完全可以说，不适应，永远难以成功。

2．如果说体能、技能、智能是生存能力的具体表现，那么“体能”应该是生存的基础，“技能”是生存的保障，“智能”是生存的前提。

3．最有效、最直接的生存教育，发生在你和孩子生活中的每一天每一刻。父母是孩子生存教育的第一任老师。生活是孩子生存教育的第一个课堂。

4．美国的教育，无论是学校教育还是家庭教育，或是社会教育，甚至是自我教育，都非常崇尚“街头聪明”，而不是“书本聪明”。

5．“学会生存”，首先就是要学会表达自己的想法，学会与人相处，学会与人沟通，学会信任他人。没有学会这些基本要求，“学会生存”就是句空话。

延伸阅读

作者的其他作品还有《望子成龙——家庭教育在美国》《孩子就是孩子——玩的教育在美国》以及《培养智慧的孩子——天赋教育在美国》，它们比较全面、系统地向读者介绍了西方的教育理念，并对比国内教育进行了剖析，可一并阅读。

《望子成龙——家庭教育在美国》［美］黄全愈著，中国人民大学出版社，2010年8月。

《孩子就是孩子——玩的教育在美国》［美］黄全愈著，中国人民大学出版社，2010年8月。

《培养智慧的孩子——天赋教育在美国》［美］黄全愈著，中国人民大学出版社，2010年8月。

（王文杰）

14.《为了孩子——和家长谈谈未成年人保护法》导读

顾　问：张丁华　王鸿江
主　编：赵忠心　关 颖
副主编：赵智鸿　赵 刚
撰稿人：赵忠心　关 颖　王小波　王志强
出版社：中国法制出版社
出版时间：2007年12月

推荐理由

在中国，每每谈到法律，大家无论如何都不会把它和父母教育子女的过程联系起来。很多父母认为：孩子是我生的，我养的，我对孩子有权作出任何的决定和处置，我想怎样管就怎样管。这些父母往往不懂得尊重未成年人的合法权益，认为管教自己的孩子是他们家的“私事”，不仅其他人无权干涉，法律也管不着。

那么，孩子真的是父母的私有财产或附属品吗？显然不是。其实子女是父母的，也是社会的。抚养教育未成年人是为了把他们培养成为社会主义建设者和接班人。所以作为家长的我们要依法履行监护、抚养和教育孩子的职责和义务。

《为了孩子——和家长谈谈未成年人保护法》这本书很好地体现了《未成年人保护法》的基本精神，全面地阐述了家庭保护的内涵和父母的职责，尤其突出了未成年人的权利，对未成年人的生存权、发展权、受保护权和参与权做了详细解读，是非常值得父母阅读的普法书籍。

但是此书并没有像一般的法律书籍一样局限于法律条文，而是以未成年人的家庭保护为主线，融入我国相关法律规定的内容。所以这本书并不是单纯地对父母讲道理，而是用通俗易懂的方式，结合分析典型事例和家庭保护中存在的问题，给读者一些有益的教育提示，引发我们对教育子女问题的一些思考。使我们在轻松的阅读中，了解法律知识，懂得如何在法律保障的范围内，更好地去保护和教育孩子。尤其对那些教育子女时常采取暴力方式的父母，更有着非常重要的警示意义。

内容简介

《为了孩子——和家长谈谈未成年人保护法》这本书由导言和九章构成。第一章从未成年人的特点出发，谈对未成年人进行特殊保护的意义和基本原则；第二章谈家庭保护的地位、作用和关键点；第三章谈父母和其他监护人的职责；第四章至第七章突出未成年人的四大权利，分别对未成年人的生存权、发展权、受保护权和参与权做了详细解读；第八章谈如何教孩子学会自我保护；第九章从家庭的角度谈如何认识学校、社会、司法保护。最后在附录中列举了《中华人民共和国未成年人保护法》《中华人民共和国预防未成年人犯罪法》《儿童权利公约》中的相关法律条文。

书中列举了大量的事例，通过这些事例，来对相关法律进行阐释，读来更轻松易懂。同时，书中还针对父母关心的家庭教育中的一些焦点问题，链接了相关内容进行专业指导，使父母知道应该怎样在懂孩子的前提下，用正确的方法爱护和教育好自己的孩子。

精彩语录

1. 父母要与孩子一起了解城市，开阔视野，感受城市生活的美好与舒适，适应新的环境。帮助孩子建立信心，弥补知识上的缺陷，改变不良生活方式和习惯，帮助孩子尽快融入城市生活。

2. 孩子成长需要良好、和睦的家庭环境，父母是这一环境的创设者。

3. 做一个合格的监护人，仅有爱心是不够的，还应当知法、懂法、守法、用法，用爱心和责任心去关心、教育和保护自己的孩子沿着一条安全、健康的成长之路长大成人。

4. 生活情境是法纪教育的最好课堂。

5. 孩子们闲暇时间的娱乐活动，通俗地说就是“玩”，这是未成年人的权利，受到法律保护。

6. 父母的过度保护弱化了孩子的生存能力和社会适应能力。

7. 中国人总是把“听话”当作孩子的优点，但我希望我的孩子不要只做听话的孩子，我要他们成为讲理的孩子。

8. 好的学习效果不是父母逼出来的，最重要的是知道孩子在想什么、他们迫切需要什么，让孩子在学习中体验成功，增加他的学习兴趣，才能打好学习的基础。

延伸阅读

可拓展阅读李克等编著的《家有少年——父母孩子读案例》，蒋月娥、魏洁主编的《儿童参与——东西方思维的交汇》，李烈群编著的《未成年人保护法实例说》等。

《家有少年——父母孩子读案例》李克、宋才发主编，人民法院出版社，2005年1月。

《儿童参与——东西方思维的交汇》蒋月娥、魏洁主编，中国法制出版社，2004年。

《未成年人保护法实例说》李烈群编著，湖南人民出版社，2004年5月。

（李惠珍）

15.《光有爱还不够——帮助孩子构建自我》导读

作　者：[法] 克洛德·阿尔莫
译　者：王文新　李美平
出 版 社：上海社会科学院出版社
出版时间：2010年4月

推荐理由

没有不爱自己孩子的父母，但是却少有人思考，只有爱，能不能让我们的孩子成长得更好？

俄罗斯女摄影师Anna Radchenko，曾经拍摄过一组主题为“母爱的反面”的摄影作品。在这组作品里，我们能够清晰地看出母爱对孩子的特殊作用，可以看出扭曲的母爱对孩子的束缚和控制。

作为一位精神分析学家，有着20多年在诊所和公共领域服务成人和儿童经历的儿童问题专家克洛德·阿尔莫，有着丰富的实践经验。她在这本书中向我们揭示了，“用感情来涵盖父母之爱的观念对孩子、家长和整个社会都产生了严重后果”。儿童并非“天生”就拥有适应生活的能力，也并非天生就掌握了社会的生存法则，这一切，是需要父母帮助的。

所以，如果父母不能够通过教育来帮助孩子“构建自我”，父母的爱，往往会给孩子造成无法弥补的伤害。可见，父母对孩子，只有爱并不够。

“爱”是一种能力，也是一种行动。做一个好父亲和好母亲，从学习开始吧！

内容简介

《光有爱还不够——帮助孩子构建自我》这本书，共有三部分内容，这三部分形成了一个清晰的逻辑结构。

首先，作者给我们揭示了“爱的神话及其危害”。作者认为，在“集体思考缺失”中，爱具有两个主要特征：“永恒存在的”和“总是有益的”，但精神分析实践已经证明，这两种观念是错误的。

其次，作者从历史发展的角度告诉我们，父母对孩子的爱并非是从来就有的，而是社会发展的产物，且经历了从缺失到膨胀的过程。同样，司法也曾经“遗忘”过儿童。从无视儿童地位，到模糊立法，再到剥夺教育权利的倒退，儿童成为了一个“牺牲品”。

最后，作者指出：教育，才是“孩子成长的驱动力”。孩子的成长离不开合理的引导和教育的作用，孩子的问题潜伏着家庭教育的问题，也潜伏着父母的问题，父母应该与孩子一起修复、一起成长。

“光有爱还不够”，并不是在贬低感情的价值，而是认为感情不是定义父母之爱的唯一因素，因为孩子的成长还需要来自父母的教育。

精彩语录

1. 要给予孩子爱，就要求父母本身有爱。这只有在下列两种情况下才有可能：他们在童年时期享受过自己父母给予的爱；如果没有的话，也能在今后的个人生活历程中意识到这种缺失。缺失感终究代替不了已缺失的爱。

2. 爱孩子，实际上就是持久地给孩子以教导、爱、帮助与温情。这不是为了把他留在身边，而是为了让他能够渐行渐远，最终远离父母，在另外一个地方开始自己的生活。

3. 通往地狱之路总是由善意铺筑的。

4. 人们越是歌颂爱，就越是忽视教育……爱的过度膨胀可能源于一种误区，即“孩子也是人”的理念导致人们忘记了他是一个“构建中”的人，其成长离不开成人的权威作用以及他们的教育准则。

5. 教育上的“不作为”与“过度作为”一样具有破坏性。

6. 为了实现“心理成长”，儿童必然需要父母或者父母替代者的帮助，后者就是他在这片陌生土地上的向导，通过给他一步步地指明道路让他发现这片土地，并通过自身的行为示范逐渐教给他人们是如何在这片土地上生存的。像这样对孩子的引导有一个名称，那就是教育。

7. 心灵既不是阴霾的领土，也不是奇迹的王国，心理活动总是遵从一定的逻辑。

延伸阅读

可参考阅读法国另外一位精神分析大师弗朗索瓦兹·多尔多的作品《儿童的利益》等。

《儿童的利益》［法］弗朗索瓦兹·多尔多著，王文新译，上海社会科学院出版社，2012年2月。

（张文芬）

16.《教出乐观的孩子》导读

作　者：[美] 马丁·塞利格曼
卡伦·莱维奇
莉萨·杰科克斯
简·吉勒姆
译　者：洪 莉
出 版 社：浙江人民出版社
出版时间：2013年6月

推荐理由

人就是为追求幸福而来，但什么才是真正的幸福？不论您的身份地位、工作业绩，不论您的学历高低、年纪大小，您是否知道，怎样做才能让自己的生活变得更幸福？

当您知道，只要自己能够明确辨别和正确运用自身条件，就能找到生活的意义，找到理解和追求幸福的路径时，您是否在内心欢呼雀跃？

当您深陷恶劣情绪不能自拔，短时期内饱受悲观情绪恶性循环的困扰，为自己不具备心理健康免疫力而消极厌世时，您是否想过，这糟糕的一切都是可防可控的！

当您的孩子在衣食无忧的生活环境中长大，在您坚持正面民主鼓励型的教育中长大，但您的孩子却依然过得不快乐，您是否对自己陷入教养误区而懊悔不已？

当您在工作中不得不与上司意见相悖时，您如何才能取得领导的理解？当您遭遇了领导的冷遇，您如何才能让自己走出目前工作的沼泽地？

“不如意事常八九，可与人言无二三。”这种看似悲观却富含哲理的前辈经验是准确的吗？难道我们的人生之路真的荆棘密布，鲜有快乐吗？

其实，乐观是一种可以掌握的技巧，幸福更是可以习得的心理感受。因为我们可以在塞利格曼博士的ABCDE技术帮助下，改变自己的“解释风格”，从而掌控自己的情绪。这是一本通过父母传递给孩子“乐观、兴趣和习惯”的父母必修秘籍。

内容简介

《教出乐观的孩子》这本书分为五个部分，十四章。前面的两部分从孩子为什么需要乐观，以及父母在这方面负有什么责任说起，告诉我们盲目提高孩子的自尊并不能提高孩子的幸福感；鼓励廉价的成功，未来会造就以失败为昂贵代价的下一代。那我们的父母和教师又该如何去引导孩子获得掌控情绪的能力呢？作者从第三部分开始告诉我们怎样判断自己孩子是乐观还是悲观，以及孩子乐观的来源。第四部分“如何教出乐观的孩子”是本书的核心部分。诸如“乐观教养ABC”等看似高深难懂的法则通过作者深入浅出的演绎，配合着各类直观的表格和生动的漫画，让读者有种豁然开朗的感觉。最后一部分是深化本书主题：要给孩子树立正确的乐观态度。乐观不是自己高喊空洞的口号；乐观也不是在事情不顺利时迁怒于人，躲避问题；乐观不是否认和拒绝悲伤情绪，因为负面情绪也是丰富生活的一部分，是孩子获得掌控感的必经之路。

书中列举了大量的对比实例和直观易懂的表格、漫画，让渴望成长的父母能很快学会一些测量孩子乐观或是悲观的正确方法。同时还分析了问题产生的原因以及可能由此出现的后果，让父母学会客观地对待孩子正确的乐观态度，认识到“乐观并不是万灵丹，它不能取代父母良好的教养，它不能取代孩子发展起来的强烈道德观，它也不能取代雄心壮志或者是正义感”。引导父母懂得乐观只是一种工具，是一种强有力的工具，在强烈的价值观与雄心壮志面前，良好的工具就可促成个人成就与社会正义。

精彩语录

1. 刻意缓和心情抑郁，会使孩子更难感觉满意。吓阻失败的感受会使孩子更难得到掌控的感受。减少必要的悲哀以及焦虑会使孩子处于罹患抑郁的风险之中。鼓励廉价的成功，未来会造就以失败为昂贵代价的下一代。

2. 批评孩子需谨慎：第一项规则就是准确；第二项规则是在实际情况允许的情况下，你应该以乐观的解释风格来批评孩子。

3. 孩子不快乐，父母有责任。

4. 悲观有四个来源：基因，父母的悲观，从父母、老师那儿得来的悲观性批评，掌控感和无助感的经历。

5. 抑郁在人的一生中具有普遍性，也就是在人的一生中至少都发生过一次抑郁。

6. 孩子就像海绵，他们不但吸收你所讲的话，也吸收你讲话的方式。

7. “心流”：没有挫折，便无法获得。

8. 要使你的孩子经历掌控感，必须先让他经历失败、心情抑郁以及不断尝试直到成功为止。

9. 人类面对许多无法控制的事件时的反应：经常是试都不试就放弃了。

10. 人类生命的头两年都是花在如何从无助的情境中挣脱出来。

11. 表现满意的提倡者有两种新方法：一个是从悲观改成乐观，另一个是从无助改成掌控。

12. 焦躁的最大好处就是：绝大多数时候，它是你抵御风险、防止损失和侵犯的最前锋。

延伸阅读

本书作者的其他可以选择阅读的作品还有：

《真实的幸福》马丁·塞利格曼著，洪兰译，北方联合出版传媒，2010

年7月。

《活出最乐观的自己》马丁·塞利格曼著，洪兰译，万卷出版公司，2010年8月。

《认识自己，接纳自己》马丁·塞利格曼著，任俊译，万卷出版公司，2010年9月。

《持续的幸福》马丁·塞利格曼著，苏德中译，浙江人民出版社，2013年7月。

（万国华）

17.《中国家训经典》导读

编　者：翟　博

出版社：海南出版社

出版时间：2002年6月

推荐理由

家庭，是孩子的第一所学校，家庭教育在孩子成长中的作用是不容忽视的。无论脑科学的发展对人类教育领域有着怎样的冲击，那些古人流传下来的家训经典，依然是历史长河中璀璨的明珠，对今天的教育有着重要的价值和意义。

中国历来就以“家教”的优良传统而著称于世，历朝历代有关的文字记录也有很多。无论是周公训诫其子伯禽的“德行广大而守以恭者，荣”，还是管仲教育弟子的“温恭自虚，所受是极”，都强调了做人要有“谦恭”的德行。无论孔子的“庭训”还是孔臧的“诫子书”，都是在告诉孩子要“好好学习，锲而不舍”。从楚国的子发母亲质问子发：“今子为将，士卒并分菽粒而食之，子独朝夕刍豢黍粱，何也？”到唐朝卢氏告诫儿子崔玄暐：“汝今坐食禄俸，荣幸已多，若其不能忠清，何以戴天履地？”都是教育子孙为官之道是“与下属同甘共苦”，是“忠清”。这当中，南北朝时期颜之推的《颜氏家训》，宋朝朱熹的《训蒙诗》，清朝曾国藩的《曾国藩家书》，乃至近现代的《傅雷家书》等，其影响力都很大。而宋朝袁采的《袁氏世范》、清朝万斛泉的《童蒙须知韵语》也是内容涉及面较广的家教经典。

这本由翟博老师主编的《中国家训经典》中，就收录了自周朝至近代，我国历代祖先从“养德、治学、教子、为人、交友、立业、建功”等不同角度对子孙及弟子们的“训诫”，囊括了中华家教的精华。这些都是我们的祖先留给我们宝贵的文化遗产，我们要了解，要传承，更要努力活出中国文化的精神。

内容简介

这本《中国家训经典》，是按照历史年代编排的。本书的选编纵贯古今，编目多系名人名作，内容涉及修身、齐家、治国、平天下、立德、立言、立功、读书作文、婚姻家庭、待人接物等社会人生的许多方面。体现了中国历代两百多位有成就的、出色的父母和历史名人智慧的灵光和丰富的教子经验。

为了方便阅读，编者按照“作者简介、内容提要、原文、注释、译文”的体例编写。除了传授教子方法之外，对于我们认识中国古代的政治、文化、教育、伦理、道德，对于传授知识和进行传统的道德教育也具有一定价值和强大的生命力。

精彩语录

1. 夫生不可不惜，不可苟惜。

2. 自身的行为不够好，必然贻害后人，想让儿子孝顺，父亲必须先慈爱；想让弟弟顺从，哥哥必须先友善。

3. 如果办事时心地宽厚，对兄弟的孩子就像对自己的孩子一样仁慈，那么妯娌之间也就会没有争斗而和睦相处了。

4. 虽然大圣大贤，旷世难逢，但我们的生活中又确实充满着比我们贤能的人，入芝兰之室，久而同其芬芳。我们应该爱慕贤才，尊重能人，与贤能在一起，接受他们的熏陶，以培养自己高尚的情操，选择正确的人生方向。

5. 人生短促，要学道做人，如果只贪口腹，就是白做了一世人。

6. 人与人交流的深度和广度，主要基于彼此素养、修养、知识面等“智识”方面的相近程度，只有智识相当的人们之间，才有彻底深层的交流、平等的对话。如果两人智识水平相去甚远，则往往难得有互相补充、互相提高的效果，因而选择谈话的对象时，应该注意这一些，防止不问谈话对象而对牛弹琴。

7. 学问之道，如水到渠成，不间断，到时候自见效。

延伸阅读

可参考阅读家训类的如《名门家训》《中华传世家训经典》等作品。

《名门家训》陶清澈编著，哈尔滨出版社，2011年7月。

《中华传世家训经典》郭齐家、李茂旭主编，人民日报出版社，2009年9月。

（张艳丽）

18.《做最好的家长——李镇西老师教养女儿手记》导读

作　者：李镇西

出 版 社：漓江出版社

出版时间：2015 年 10 月

推荐理由

每个孩子都是不一样的，孩子成长的时代、环境也不一样。怎样做才能成为最好的家长，或许每个人的答案各不一样，但好家长的做法自有相同相通之处，如真正地理解、尊重孩子，不断反思、调整教育方法。

作为全国著名的中学特级教师，李镇西有着自己独特的育儿方法。他的育儿笔记中不仅记录了他理解、尊重孩子的言行，不断反思、调整方法的过程，还展现了职业教师培养学生的视野和方法。比如，有的家长是不太愿意自己的孩子做班干部的，但李镇西不仅鼓励自己的孩子做，而且给孩子做“如何当好班干部”的顾问，告诉孩子当班干部应树立“服务意识”“主人意识”“创新意识”“效率意识”，站在支持者、指导者的角度来引导孩子，加强了孩子的学习意识，拓宽了孩子锻炼的平台，使孩子的性格得以改善，能力得到充分提高，实在是高明！

正如李镇西在自序中所写的那样：“正因为我这双重身份（老师和父亲），让我比起非职业教师的家长来说，可能多了一些更科学的教育理念和更有效的教育方法。”面对“如何帮学习受挫的孩子找回自信”“如何对待孩子上网的问题”“如何跟孩子‘谈情说爱’”“如何面对孩子的逆反”

“如何培养孩子的世界胸襟和中国情怀”“如何让孩子适应重点班”“如何陪孩子走过高三”“如何填报志愿”等问题，这位一线优秀教师详细的记录给了我们很多启发，值得细细品读。

还要特别提到的一点是，李镇西注重对孩子品质的培养，如培养孩子的善良、宽容、独立、有担当等性格。从这些育儿手记中我们会看到，孩子拥有这样的品质，往往更容易获得幸福。而让孩子幸福，不正是每个父母努力的方向吗？

内容简介

《做最好的家长——李镇西老师教养女儿手记》这本书，共八个章节，分别为：家庭教育从孩子出生开始；好习惯在小学阶段养成；帮助孩子战胜学习挫折；让孩子拥有美好品格；怎样与青春期孩子沟通；培养孩子的世界胸襟和中国情怀；从学会写作到学会做人；陪孩子走过高中，走向成熟。

这八个章节记录了孩子出生后父母对孩子进行的启蒙教育，一直到孩子读大学留学法国，多年的教育让孩子如绚丽的花朵般绽放。读者不仅可从中看到一个孩子二十多年成长的轨迹，有更多的收获和感悟，而且能更深切地理解作者教育的用心之所在。

并且，在每一章最后，作者都总结了与本章有关的“教子关键点”，这些关键点给了我们提纲挈领的指导，也让读者从前面感性的例子过渡到理性的理论总结，从而产生更深刻的理解。

精彩语录

1. 所谓“生命教育”，就是帮助孩子认识生命、珍惜生命、敬畏生命、欣赏生命，提高生存技能和生命质量的一种教育活动。对于家庭教育来说，家长记录孩子生命成长的每一个细节，关注身体发育和精神成长的每一天变化，让渐渐长大的孩子通过爸爸妈妈的日记——实际上是通过爸爸妈妈的眼睛看到自己生命的鲜活，感受自己的勃勃生机，进而热爱生命，呵护生命，并把这种感情扩展为对一切生命的敬畏和欣赏，这是最好的生命教育。

2. 父母要避免将孩子的时间塞满各种活动，所有的孩子都需要有一些无所事事、随性玩耍的时间。

3. 对刚进小学的孩子，保护他对学习的兴趣、信心和快乐感，是第一重要的。每一个人都是一个独特的宇宙，每一个家长都要欣赏自己的孩子，发现自己孩子独一无二的优势。觉得自己的孩子比别人强，我始终认为，这是培养优秀孩子的前提。

4. 培养孩子对阅读的爱好，用书香气熏陶孩子，多和孩子一起读书，并尽可能让孩子在玩儿的气氛中接触好书，为他们的人生打好“精神的底色”。

5. 让孩子坚持写日记，引导孩子养成用笔记录自己心路历程的习惯，通过作文（包括日记）和自己对话，这极有利于孩子表达能力、观察能力、心理健康等多方面的发展。

延伸阅读

李镇西出版有《李镇西教育文丛》，其中，《爱心与教育》获中宣部“五个一工程”奖、冰心图书大奖和中国教育学会优秀教育成果一等奖，《走进心灵》获中国图书大奖，可挑选自己感兴趣的进行阅读。

《爱心与教育》李镇西著，漓江出版社，2014年修订。

《走进心灵》李镇西、郭孝平著，四川少儿出版社，1999年11月。

（王　毅）

19.《无条件养育》导读

作　者：［美］艾尔菲·科恩

译　者：小巫　耿丹

出版社：天津教育出版社

出版时间：2012年6月

推荐理由

在生活中，我们常常听到大家这样评价一个孩子："他家这孩子可是个好孩子，大人说什么他就听，从不给大人惹麻烦。""这个孩子调皮捣蛋，老师家长说什么他都不听，现在就这样，以后可怎么办呀。"

于是很多父母这样想："现在对小孩子多教育灌输，让孩子和自己三观一致，以后再说什么他也都能听进去，做出的事情也不会出乎我的意料，我会省很多心。"如果有人请大家回答："这样教育孩子对吗？"也许会遭到反问："孩子听话有错吗？我们不是一直让孩子听话，这是为了孩子好呀？"

对此，《无条件养育》一书中的观点是：让孩子听话是有条件的爱。"有条件的爱有些短视，着眼于立竿见影，让孩子乖乖就范，受我们的控制，但这会给他们今后的生活带来很多问题。"这种论断不是空穴来风也不是耸人听闻，本书用了一半的篇幅，列举了很多研究实例，从不同方面论述什么是"有条件的爱"，详细地分析了养育为什么不能以"听话"为目标，被迫"听话"的孩子会出现什么样的心理问题、付出什么样的人生代价。

书中提倡无条件的爱，因为无条件的爱目光长远，着眼于长期效应，赋予孩子安全感，力图让孩子充满爱心地成长为自信、独立、品行端庄、承担责任的人。作者认为：我们最关心的问题不应该是“我如何能让孩子听我的话”，而是“我的孩子需要什么——我如何能够满足这些需要”。建议我们与孩子“换位思考”，真正从孩子的角度看问题。

养育孩子可谓是艰辛的，不仅考验体力，更考验我们的智慧。在养育孩子的过程中，我们需要不断学习，勤于思考，付诸行动！尽管“这很难，但仍值得我们全力以赴”。

内容简介

《无条件养育》为父母提供了一些实用性建议，以取代我们有时为规范孩子行为、逼迫他们成功而禁不住使用的传统养育技巧。艾尔菲·科恩，美国知名育儿作家、教育学者，已出版9部深具影响力的育儿著作。

在这本书中，作者首先以“有条件养育”与自己主张的观点进行理论基础的探究，分析了什么是“有条件的爱”，让大家深刻认识到对孩子“过度管制”与惩罚所产生的严重后果，思考如何才能让孩子自己学会做出正确的决定，而非遵循安排。

然后，从“什么是无条件的爱”“为什么应该给孩子无条件的爱”继续抽丝剥茧，进而提出无条件养育的原则及具体建议。

精彩语录

1. 这很难，但仍值得我们全力以赴。

2. 我们越执着于长远的养育目标，事情就会变得越复杂。

3. 孩子学会做正确决定的方式就是通过做决定，而不是遵循安排。

4. 相比我们对孩子有何感受，孩子如何经历这些感受以及如何看待我们对待他们的方式才更重要。

5. 有条件养育的两种面目："爱的撤回"（大棒）和"正面强化"（胡萝卜）。

6. 解释不能将惩罚的负面效果降至最低，惩罚却可以将解释的正面效果降至最低。

7. 我们越想让孩子活到老学到老，真正从语言、算术和思想上获得乐趣，避免只走安全容易的捷径，并成为有深度的思考者，就越应该竭尽所能地帮助他们忘记"分数"。

8. 被无条件爱的孩子会更容易无条件地接受他们自己。

9. 过多考虑自己需求和目标的家长，比起从整体上考虑孩子和家庭需要的家长，更倾向于不接纳他们的孩子，更容易使用惩罚和控制手段去对待孩子。

10. 我刚才对孩子的所作所为，是否可能与我的需要、我的恐惧和我的成长经历有关，而无关他们的真正兴趣和需要？

延伸阅读

还可以阅读艾尔菲·科恩所著《奖励的惩罚》等书。

《奖励的惩罚》[美] 艾尔菲·科恩著，程寅、艾斐译，生活·读书·新知三联书店上海分店，2006年10月。

（仝　陨）

20.《家庭成就孩子——李子勋的后现代亲子课》导读

作　者：李子勋

出版社：中信出版社

出版时间：2011年6月

推荐理由

李子勋，著名心理学家，心理医生。中央电视台《心理访谈》《实话实说》等电视节目特邀心理专家，《心理月刊》《父母必读》等杂志专栏作家。作者的职业背景与从业经历无疑让这本书在众多家庭教育专著中独树一帜。

这本书没有枯燥的说教，更不是空洞的理论堆砌。面对众多孩子身上令人不得其解的行为，作者通过一步一步的追问，像剥洋葱一样最终揭示出问题的根源——孩子行为异常的始作俑者正是父母，尽管他们是以爱的名义。

但是，作者并非要给出一个适用于大众的育子秘籍，而是在剖析一个个发人深省的案例，从专业的角度阐述儿童的智力与心理发展的规律，启迪读者去思考、去发现更温和、更贴近自然，也更适合自己孩子的育子方式。

内容简介

《家庭成就孩子——李子勋的后现代亲子课》这本书，共分上、下两篇。

上篇“孩子就是孩子”共十三章，主要讲述孩子教育过程中的常见、热点问题，比如报兴趣班的原则，如何养成良好的学习习惯，怎么对待爱发脾气、爱哭、易紧张的孩子，如何面对孩子犯错等。

下篇“孩子是家庭中的孩子”共十二章，主要用案例来揭示：许多有心理问题的孩子，其实是无意识地利用自己的疾病来平衡所在家庭的关系，他们的病症其实承载了家庭的很多深层矛盾与问题。

如何帮助孩子，或者说帮助家庭走出困境，是值得父母和心理咨询师深思的问题。

精彩语录

1. 我们习惯在已知中去寻找看问题的方式与问题解答，现在我们要学习在未知中去探索与解决问题，放弃头脑中一些既定的知识和概念，才能沉浸在孩子的世界里和他分享成长的快乐。学习在每一个当下去感受而非理解孩子，用感觉去互动，以接纳去分享，而不是用价值观去选择并推销自己的生活哲理与忠告。

2. 想让孩子顺利长大，母亲需要转化角色，并把主导孩子的空间让出来，让孩子对自己建立信心。越是坚决地贯彻教育的母亲，孩子越不容易长大；相反，宽松的家庭和合适的引导，孩子反倒如小鸟展翅，会勇敢地飞翔。

3. 好与不好每个人都有自己的标准。人们习惯把自己认为好的东西强加给孩子，这样的做法可能会避免孩子犯幼稚的错误，但却压抑了他的思考和选择能力。

4. 父母无意识地通过孩子实现权力欲、控制欲、自我中心，然后是心理获益，牺牲孩子满足道德需求，从孩子身上寻求价值感，或逼迫孩子实现自己早年的未竟事业。孩子的每一个行为障碍，都隐含着一种关系补偿，补偿幼时被父母欠缺的东西。

5. 容忍慢，是父母一个很重要的心理素质，我们不需要孩子急切地去证明什么，慢，我们才不会错过和孩子相伴的美好时光。

6. 我个人认为整个小学不是为了获取知识，只是为了孩子喜欢学习，习惯学校环境，以及增进在同龄群体中的相处能力……

延伸阅读

本书作者的其他作品还有《陪孩子长大》，此书精选了孩子各个时期的成长个案，带你走进孩子的内心世界，解读成长烦恼、讲述沟通技巧，为父母提供陪孩子长大的实用方法，帮父母解读亲子问题的深层意义。风靡亚洲的“妈妈学校”创始人徐亨淑所著《妈妈学校——合格妈妈的4堂必修课》也会带给你有益的启示。

《陪孩子长大》李子勋著，中国广播影视出版社，2006年1月。

《妈妈学校——合格妈妈的4堂必修课》［韩］徐亨淑著，金吉文译，中信出版社，2010年10月。

（黄丽丽）

21.《单亲家庭教育指南》导读

作　者：［美］卡尔·皮卡哈特
译　者：吴婷婷
出版社：电子工业出版社
出版时间：2011年7月

推荐理由

孩子成长的家庭背景，对他的人生具有很大的影响，很多家庭在困惑和迷茫的转折点，常常不知道如何面对孩子。

很多“问题孩子”都来自于单亲家庭，这说明父母的情感是否稳定对孩子的影响很大，所有的孩子都是他们的父母所作选择的受益者和受害者。就父母离异这件事情来说，孩子受到的伤害多于得到的收益。然而尽管父母的决定会永远地改变孩子的生活，但他们还是得继续成长。那么如何减少孩子面对父母离婚所带来的种种令人烦恼的问题？这本书可以让作为父母的你更懂得怎样与孩子一起迈过人生的坎坷。

本书作者卡尔·皮卡哈特博士，执业心理医生，著名心理学家、儿童与离婚问题专家。这本书旨在帮助父母更好地处理孩子们在父母离婚后的适应问题，帮助离婚的父母双方在情感上接受自己离婚的事实，扮演好单亲父母的角色。让离婚的父母重新建立和维护各自的家庭，而又不伤害到自己的孩子。

内容简介

对于父母来说，离婚最困难的部分是如何降低或消除对孩子造成的影响，如何向孩子解释离婚的原因，如何让孩子知道他们不需为父母的这个决定负责，避免他们的内疚和自责情绪。本书将告诉读者不得已离婚时，如何与孩子开放地沟通离婚问题，如何在情感上支持孩子，如何管理好一个单亲家庭，如何帮助孩子自在地与同学和朋友相处……

在本书中，作者既让我们认识到社会的“真相”，又提醒了我们需要“注意”的关键、“必须要了解的问题”，还对我们容易产生的“问题”给予了解答，是一本真正的“指南”。

精彩语录

1. 任何婚姻中的宽容让步都是一种收获，这种收获让人心满意足。婚姻中的付出让人们的自由受到限制，而婚姻中的风险让人受到伤害。所以成功婚姻的目标是收获最大化、风险最小化以及适中的付出。

2. 年龄较小的孩子们可以抓住这种重聚的幻想很多年，父母们仍然在家庭聚会，假日还有生日的时候共同出现，这些行为最终鼓励孩子们拒绝接受事实。父母在这些重大节日分开时，会让孩子们明白父母已经离婚。这样就不会让孩子抱有父母还会重聚的幻想。

3. 当正要离婚的父母们变得不再和对方交谈，并且太关注自我而忽略了孩子们想要说和知道的事情时，孩子们会对以下四种情况感到害怕：他们感到无人和自己交流、被排斥在外、孤单和被隔离。父母停止与对方交谈，但是没有理由不和孩子们交流。事实上，他们更应该与孩子们交谈。

延伸阅读

可参考阅读《离异家庭子女心理》《爱不终止：单亲父母这样帮孩子走出离婚阴影》。

《离异家庭子女心理》傅安球、史利芳著，浙江教育出版社，2001年6月。

《爱不终止：单亲父母这样帮孩子走出离婚阴影》［美］莉萨·斯卡波著，李昊译，辽海出版社，2015年5月。

（徐　云）

22.《父母的觉醒》导读

作　者：［美］沙法丽·萨巴瑞
译　者：王　臻
出版社：上海社会科学院出版社
出版时间：2013年9月

推荐理由

新时代的父母已清楚地了解，如今养育孩子不只是给他们的身体补充营养，更要注重精神上的“补钙”。而事实是，现在的孩子身处信息化高速运转的网络时代，许多父母在教养孩子的路上总在迷茫：为什么现在的孩子比以前难教育？这问题究竟出在哪个环节上？实际上，是成人很习惯性地用自己认为正确的方法来对待孩子，却不知道与孩子之间的互动规律，而这也正是与孩子相行渐远的根源。父母又常常打着“爱”的旗号，凭借自己的本能盲目地对孩子的言行作出反应，一次次将冲突升级，一步步将孩子“毁灭”于自己的手中。

世界上没有绝对理想的父母，也没有绝对理想的儿女。出生于印度，于纽约哥伦比亚大学获得临床心理学博士学位的沙法丽·萨巴瑞认为：“父母的觉醒与改变是教育的真正开始。父母只有安顿好自己的身心，才能帮助孩子成长为一个健全的人。”

全书让我们从灵魂深处直面为人父母的自负感，摒弃把孩子当成自己“私有物品”的观念，欣赏孩子的本真，尊重孩子独特的生命规划图；与孩子相爱互助、活得真实且纯粹，享受孩子带给我们的第二次全新成长，绽放生命的光彩。

亲爱的父母们，当你真诚、谦虚地把自己放空，“一无所知”地捧起这本书，细细读来，你会和孩子一起收获进步和成长，那将会是一场相互提升、相互补偿的和谐的觉醒之旅，而长幼双方都能乐在其中地享受每一场“精神之舞”！

内容简介

《父母的觉醒》一书，共有十七章，它从心理与情感的层面来讲述养育孩子之道。

此书从父母的“自负心”和“真心”之间的挣扎写起，明确提出孩子享有的身为自己的权利及为人父母应该抛弃的自负感，认清自己的不觉醒，并用真诚和爱意去化解一个个使孩子身心受到伤害的“障碍”。这不仅会将孩子身体、思维、心灵的培养融为一体，也让父母享受与孩子的共同成长！

而后记、附录更是浓缩了“觉醒”的精华，让我们理解了“共同的不觉醒”，并罗列出了“父母觉醒指南”，实在是一本关于教养之道的向导之作。

书中还运用了大量案例帮助我们理解作者所提的许多观点，深入浅出，又娓娓道来。每一章的每一个小标题，或是一个具体的小观点，或是一个引发父母思考的小问题，这些，都将启发和引领我们学会教养之道，接纳孩子的天性，享受为人父母的过程。

精彩语录

1. 父母首先应当努力做到的是让孩子享有身为自己的权利，让他们在自己的命运轨迹下生活，那才是他们人格精神的真实反映。

2. 富有觉悟地教养儿女既是一辈子的修行，也是每一天的功课，更是敏锐地察觉自己深层的不觉醒的过程。

3. 当我们把孩子当成同一旅程中的旅伴时，他们对我们的改变将与我们对他们的改变一样巨大。

4. 我们没有意识到，只有彻底肯定孩子独立自主的精神，我们才能抓住为人父母的精神要领。

5. 除了对为人父母的旅程心怀赞美，觉醒的教养方式还在于接受和拥抱旅程中那些令人抓狂的事。

6. 进入敬畏和感恩的境界是孩子一生中最重要的课程。

7. 当孩子同我们说话时，我们应竭尽全力地倾听——不仅用头脑，还要用心灵。

8. 要想培养觉醒的行为习惯，孩子需要从两方面进行学习。如果将他们称为“雄鹰的两扇翅膀”，那么其中一扇叫做“真实”，另一扇叫做“包容”。

延伸阅读

推荐《父母改变，孩子改变》《光有爱还不够——帮助孩子构建自我》两部书籍与本书对照阅读。

《父母改变，孩子改变》张文质著，北京师范大学出版社，2009年3月。

《光有爱还不够——帮助孩子构建自我》［法］克洛德·阿尔莫著，王文新、李美平译，上海社会科学院出版社，2009年10月。

（梁　敏）

23.《为什么孩子这么难教》导读

作　　者：[美] 斯坦利·I·格林斯潘
　　　　　杰奎琳·萨蒙
译　　者：姚芸竹
出 版 社：华东师范大学出版社
出版时间：2011年1月

推荐理由

《为什么孩子这么难教》这本书被评为美国养育孩子最好的图书之一。作者斯坦利·I·格林斯潘是美国当代儿童心理咨询与治疗的领军人物。作为临床教授、医学博士，他不仅有深厚的学术背景和文学功底，同时有着数十年丰富的临床儿童咨询与治疗经验。作者从生理学和心理学角度分析了问题孩子问题产生的原因及相应策略，角度新颖，方法新奇。本书引用了大量实例，对孩子的行为细节尽量细化描述，让父母们都能找到某方面的共鸣，并能从中获得启发。

在这本书里，作者告诉父母们，如何辨认每种类型的孩子在认知这个世界时所用的方式，如何在日常生活的照顾上切合孩子的需求与感受。另外，书中充满乐观、智慧的指导，使为人父母者相信：他们不见得只能去“忍受”孩子的各种固执特性，只要能够调整应对的方式，就可以帮助孩子将这些差异性转变为无价的资产。

书中说孩子的个性，并不是由先天基因或后天养育单独决定的，它产生于二者的互动过程，二者的关系有点儿像锁和钥匙。找到正确的钥匙，创造新的互动方式，孩子通常就能够成为拥有健康情感的个体，我们则能够成为最棒的父母。

内容简介

《为什么孩子这么难教》这本书共十章。作者在第一、二章首先告诉父母：对于“问题儿童”，父母不是原因，但可以是解决方案。给予了父母勇于面对孩子问题的力量。通过讲述儿童成长各阶段的特点，让父母以一种全新的视角来看待孩子。第三章到第七章分别具体分析了“高度敏感的孩子”“沉迷自我的孩子”“叛逆的孩子”“注意力不集中的孩子”和“过分活跃/攻击型的孩子”五类“问题儿童”。从心理学的角度结合年龄特点，按照从婴儿时期到青春期前期分析各类“问题儿童”的行为特点和成因，帮助父母准确界定孩子的特性，了解各类“问题儿童”的养育方法，教会父母如何帮助“问题儿童”等，为父母养育“问题儿童”提供了正确的方向。

在每一种问题后面，作者同时给出了具体建议，可以概括为“地板时间、解决问题时间、同情和理解、步骤、设定界限”五个步骤，即先要花时间和孩子进行沟通，帮助孩子建立安全感；然后充分了解孩子所遭遇的具体问题；对孩子所遭遇的问题给予理解；帮助孩子找到合适的解决问题的方法并设定解决问题的步骤；最后就是要帮助孩子同时建立规则。最后一章为父母制订了7个重要原则，鼓励父母迎接挑战，并指导父母更好、更有效地养育孩子。

精彩语录

1. 父母不是原因，但可以是解决方案。

2. 不必说太多，只是让孩子感到安慰和舒适，让孩子知道，失败与空虚的感受也是人生的一部分。

3. 有时，你能做得最好的事情，就是不要总想做得“最好”。

4. 真正的呵护，与金钱、礼物、书或昂贵的学费都无关。

5. 我们所有人都有我们不太值得骄傲的负面性格。那些潜藏的“真实”通常折射到孩子身上，形成我们不喜欢的性格，就好像家庭中所有人的“所有坏的因素”全都集于孩子一身。而意识到上述模式，则更能使我们同情和理解孩子，表达我们的支持与鼓励，而不是持过度批评的态度。

6. 你对孩子的要求越多，期望越高，你就越应当准备好“给予”他们。给予意味着同情、温暖和灵活性，同时也要给予孩子纪律和界限。

延伸阅读

可与克里斯·麦克马纳斯教授的《右手，左手》、心理学博士刘翔平的《分心不是我的错——注意力障碍儿童父母必读》、心理学者马志国的《孩子有心事了：心理专家给家长的建议》等书籍参照阅读。

《右手，左手》［英］克里斯·麦克马纳斯著，胡新和译，北京理工大学出版社，2007年1月。

《分心不是我的错——注意力障碍儿童父母必读》刘翔平、张微编著，华东师范大学出版社，2006年10月。

《孩子有心事了：心理专家给家长的建议》马志国著，华东师范大学出版社，2009年1月。

（刘志红）

24.《好孩子的成长99%靠妈妈》导读

作　者：［韩］张炳慧
译　者：李世鹏
出 版 社：深圳出版发行集团　海天出版社
出版时间：2006年2月

推荐理由

这是一本充满智慧和温暖的读本，作者张炳慧是一位韩国妈妈，也是一位旅美博士，她在总结如何教育三个继子成才的这本“教育心经”里，的确如她自己所言，没有高深的教育理论，没有长篇累牍的论述，有的只是作为一个母亲，一个没有血缘关系的继母，以人类最原始、最真实的母性为基础，用理性的爱和无私的关怀，教导孩子们如何做人进而成长为社会精英的过程。

一个孩子的诞生离不开母亲，能否健康地成长更是离不开母亲，一个用心做母亲的人，必然本能地具有“母亲的本性和直觉”，不必去“盲从理论”，而应“相信自己的力量，再去博采众长”，因为“方法就在妈妈心中”。

有评论说这是一本“教育心经”。“心经”一词来源于佛教，可解释为：回归真理的源头。在大量的教育理论充斥着人们的视角和头脑的当今，我们真的有必要去思考一下：一个母亲，在家庭这样一个环境里，如何真正去实施对孩子的教育？

这也是一本具有国际视野的书籍。作者看似在呼吁韩国妈妈们如何理性看待美国式教育、如何克服自己国家目前教育大环境所造成的局限，实则对世界上许多国家的妈妈们，特别是现今的中国妈妈们，也有着醍醐灌顶的启示。

本书另一个重要观点是“人性教育”，人性教育的出发点应该是家庭。作者在书中指出，韩国的现代教育无论在学校还是在家庭，都忽略了人性教育。其实这何尝不是我国教育同样存在的问题呢？

当然，这更是一本特别适合女性去阅读的书籍。在这本充满母性智慧的书里，太多的真实生活案例，足以让每一个用心去阅读的人，开启智慧，唤醒自己教育孩子的自信。

内容简介

《好孩子的成长99%靠妈妈》的作者以“非教育专家”的身份讲述了一个个鲜活的教育故事，既生动有趣又富有智慧，既有东方特色又具国际视野，故事背后传递出来的理念、所使用的技巧能让读者眼前一亮，心中清明。

本书共五章，核心内容包括以下几个方面：好父母教育出好子女，在责备孩子之前先审视自己，孩子应具备的品德，张炳慧博士的新家庭教育论，父母需要知道的几点。

书中特别强调，父母，尤其是母亲对孩子的影响是巨大的，妈妈的信任是灵丹妙药。指出父母首先要成为孩子的良师益友，要尝试用各种办法让孩子自己学习、经历、思考、认识自我……

一如作者所说：不要期望教育专家的建议能解决你孩子的所有问题，因为每个孩子的情况都不尽相同。只要你用心去了解自己的孩子，积极寻找解决问题的方法，就能和孩子一起成长。

精彩语录

1. 好的孩子是从好的父母中产生的。

2. 教育孩子的方法就在妈妈心中……主要来自母亲的本性和直觉，相信自己的力量，再去博采众长。在学习别人的理论和学说时，要坚持自己正确的原则。父母一定要具备正确的判断力，能够分辨哪些方法适合自己的孩子，哪些方法可取，哪些方法可以摒弃。

3. 我经常向孩子们提一些类似的问题。在这种“如果是我，该怎样做”的假设中，孩子们对自己渐渐有了正确的认识。

4. 妈妈的信任是灵丹妙药……在教育孩子的时候一定要采取一些策略。有时候需要对孩子的行为睁一只眼闭一只眼，装作没看见。即使孩子没有达到预期的要求，也要给予孩子信任，孩子应该是在妈妈的信任中成长的。

5. 对人类来说，一个人需要掌握知识、感性认识和社会关系。但是，如果只进行知识的教育，人就会失去了感性认识和社会性。对这三个方面全面的学习，就是整体教育。

6. 每一代人都是桥梁，是发扬优良传统、传承先进文化的桥梁……这不只是对我的孩子，也是我对所有母亲的希望。既然成为母亲，再苦再累也要满怀信心地承担下去。

延伸阅读

可参考阅读《好父母　好孩子》《父母都是教育家》《关爱犟娃娃》。

《好父母　好孩子》杨长江著，远方出版社，2007年1月。

《父母都是教育家》［美］朱利安·泰普林著，张祥荣译，四川少儿出版社，2004年10月。

《关爱犟娃娃》［美］雷克斯·福汉德、尼古拉斯·朗著，余音绕译，四川人民出版社，2003年8月。

（谢枚霖）

25.《父亲塑造女儿的未来》导读

作　者：［美］里克·约翰逊

译　者：安　珍　盛海霞

出版社：北京出版集团公司　北京出版社

出版时间：2013年3月

推荐理由

女儿呱呱降临时，丈夫亲切地对妻子说："女儿好啊！"这句话意味深长，我一直没能深入理解其含义。我心中理想的女儿应该是乖巧懂事、活泼开朗、腹有诗书气自华的类型。为了塑造女儿，我也是煞费苦心，参加新教育萤火虫学习以更新教育女儿的理念和方法。但是读了这本书后，我感觉心里发凉，因为我这个父亲树立的标准真的不怎么样。

这是一本写给有女儿的父亲的书。建议大家在读这本书时，可以先读章节后的问题，再阅读书中对应的故事、建议和分析，然后用自己的话重述故事和建议，回忆自己有没有经历过，或者见过类似的事情，将自己的相关经验在页眉处描述出来，结合读到的知识、观点、建议、启发与自己的经验，具体地写下以后自己应该怎样改变。

例如《父亲对女儿一生的影响力》这篇文章，我的理解就是：女儿渴望获得父亲正面积极的评价，和父亲亲近的女孩成绩与能力更好，在其他方面也更具有优势。我回想自己对女儿的评价，在她幼儿期和小学五年级之前，我是给予她肯定评价的，我坚定地认为我女儿是"最乖巧、最听话、最聪明的"。在五年级之后我对女儿的负面评价越来越多，我变得总是在挑剔，对女儿某一表现心里是肯定的，可是嘴里说的却是女儿在某某方面还有不足，导致女儿现在对我的评价总要反驳，很多时候我们父女交流都是不欢而散。今后和女儿交流，我应该先肯定女儿的努力和她已经取得的成绩，然后再指出她在哪些地方还需要努力提高。

这本书帮助我真正了解了女儿内心的需求，从而引导我带着自己对生活的思考，为女儿成长提供更多健康的养料，陪伴她共享家庭温馨快乐的时光。

内容简介

里克·约翰逊在《父亲塑造女儿的未来》中指出："父亲影响着女儿一生的各个方面，言传身教地让女儿明白：女人应该如何被对待，男人该如何向女人表达健康的爱和情感。最重要的是，父亲树立了一个男人呵护女人的标准。"

本书共有十一章，分别从生理学和心理学角度阐述了女孩与男孩的不同，帮助父亲们更清楚地认识如何与自己的女儿建立起彼此都渴望的亲密关系，帮助女儿健康成长、获得内心的幸福和满足。作者用坦率、睿智、平和的语言传递着知识、经验和道理，智慧和幽默浮现于字里行间。

本书中的许多故事和建议，涵盖女儿成长过程中的生理与心理、性格与人生观、沟通与相处、恋爱与情感、危险与陷阱等重要方面，有助于女儿的健康成长和改善父女关系。这些感悟和建议既有宏观指引，又有生活细节，充满了父爱和智慧。能体会到女儿内心真正的需求，并以父亲的方式给予满足和支持，那正是所有家庭渴求的父女真情。讨论与思考中的提示，可以帮助有女儿的父亲们时刻注意自己的言行，从而能够不断自我完善，更好地陪伴女儿成长。

精彩语录

1. 我的一双儿女在培养抽象思维能力的过程中，都经历了相同阶段——先是墨守成规，再是争辩不休。有时，不，是大多时候，都会让我抓狂！

2. 确保女儿知道你爱她，对你这个父亲来说，是最重要的。

3. 改变女儿对男人的看法，最好的方式就是善待你的妻子，就像你希望未来女婿对你女儿那样。

4. 女儿向你诉说她的担忧，未必是在寻求你的帮助，让你为她提供解决方案，而只是希望你做她的听客，问题由她自己来处理。这样她会感觉和你更亲近。

5. 不管我们做了什么，女儿们都将我们陪她们的时间看成是对她们爱的证明。

6. 女儿需要爸爸这个稳定、安全的港湾。

7. 跟女儿讲实话是父亲给予女儿的最珍贵的礼物。

延伸阅读

可选择阅读《孩子，这是我们要给你的爱：女儿篇》《女儿，爸爸陪你一起成长》《再忙也要做个好爸爸》与本书进行对照和思考。

《孩子，这是我们要给你的爱：女儿篇》哈利·哈里森、梅丽莎·哈里森著，付瑞娟译，吉林文史出版社，2013年4月。

《女儿，爸爸陪你一起成长》陈大超著，中国华侨出版社，2013年7月。

《再忙也要做个好爸爸》 舒童著，新世界出版社，2015年1月。

（李文君）

26.《斯宾塞的快乐教育》导读

作　者：[英] 赫伯特·斯宾塞
编　译：吕可丁
出版社：北京联合出版公司
出版时间：2013 年 3 月

推荐理由

第一次接触的斯宾塞的作品是他的《社会学》。作者将进化论的基本思想类比到了社会学中，这种新的社会学观点改变了当时欧洲对于社会学传统的认识，也使我对斯宾塞本人产生了浓厚的兴趣。今天推荐给大家的这本《斯宾塞的快乐教育》，可以说是斯宾塞本人在教育领域的思想精华。

从内容上来看，本书只是通过作者教育小斯宾塞的具体事例，来说明快乐在家庭教育中的重要意义，且对父母提供了具体方法和建议。但是掩卷沉思，我们就会发现，书中描述的不仅仅是一些方法和认识，更传达给父母们一种教育理念，蕴含着深刻的教育哲学。

记得有一次一个男孩的母亲曾经对我说，她希望孩子课后背诵一些唐诗、宋词，但是她的孩子总是不愿去背。我想起了斯宾塞说的话："教育孩子的过程，也是教育自己的过程，你希望孩子怎样，你自己就应该怎样。"于是我建议这位母亲自己先去背诵，然后可以和孩子展开一场趣味背诵比赛。几个月后再见到这位妈妈时，她告诉我，她的孩子不仅能够背很多唐诗、宋词，还喜欢上了这种背诵的游戏。更重要的是，学习的积极性也提高了很多。

类似的事例不止这一个。可见，快乐教育改变的不仅仅是孩子，而是整个家庭，还将是整个社会。

孔子在《论语》中提到："知之者不如好之者，好之者不如乐之者。"孩子的学习同样也是如此。斯宾塞说："孩子在快乐的状态下学习是最有效的，此时孩子的学习也是快乐的。"今天我们的父母们无不在苦苦寻找如何提高孩子对学习的兴趣，我想这部书可以提供给家长们一些思路。那就是用快乐的方法去教育孩子，让孩子们快乐地成长，快乐地学习。让我们的孩子像小斯宾塞一样，成长为内心阳光、时时生活在快乐之中的孩子。

内容简介

本书共二十章。作者通过描写小斯宾塞成长过程中发生过的很多有趣的小事例，向我们生动地描述了小斯宾塞快乐、幸福的成长历程。本书以自传的形式展示了英国一位慈父的快乐教育经历及其在教育实践中概括凝练出的教育理念。

那么何为快乐教育呢？斯宾塞告诉我们，教育的目的是让孩子成为快乐的人，因此教育的方法或手段也应该是快乐的。书中的小斯宾塞是不幸的，因为一次不幸，他失去了父母，于是被作者收养；而小斯宾塞又是幸运的，因为在家乡的小镇上，他受到了最好的教育，不仅激发了自己生命的巨大潜能，更使自己拥有了幸福的人生。本书中，前九章揭示了作者快乐教育的秘密，后十一章从培养孩子智力、心智、自我教育、写作能力、道德品质、顽强意志、良好习惯、独立性、健康心理、健康体魄和爱的情感等方面介绍了快乐教育的具体内容，能给予父母们极大的启发。

精彩语录

1. 避免强迫的教育：这既不符合道德法则，同时也是枉费心机的。

2. 教育孩子的过程，也是教育自己的过程，你希望孩子怎样，你自己就应该怎样。

3. 孩子的内心世界就像一个藏满秘密的匣子，如果不经常打开来看一看，说不定有一天会从里面跑出一只老鼠来，吓你一大跳。

4. 当一个孩子拥有自信时，他会对陌生的东西不再那么畏惧。

5. 身体就好比一条船，承载着智慧、道德、品质等一切精神要素，并带着它们一起去完成人生漫长而精彩的航程。

6. 爱的情感不仅能使父母与孩子之间的矛盾得以化解，也能使孩子以更高的热情去达成教育的目标。

延伸阅读

本书为快乐教育理念的首选读本，作者的著作涉及很多领域，其中与教育相关的《教育论》可以选择阅读。

《教育论》[英] 赫伯特·斯宾塞，人民教育出版社，1962年。

（张　晨）

27.《阅读儿童文学》导读

作　者：梅子涵

出版社：少年儿童出版社

出版时间：2013年9月

推荐理由

作者梅子涵说“童年是要阅读、要故事、要文学的”，所以“儿童文学的诞生是给童年的一个现代性的幸福”。

《阅读儿童文学》是一本“读书笔记”，作者将自己对77个故事的阅读心得与读者进行分享，让读者既是在读书，也是在读读书的人。

《阅读儿童文学》是一本“作品导赏”，作者将77个故事进行了高度概括，吸引着父母和老师带孩子走进这些美妙的故事。

给孩子看，可以引起孩子的阅读兴趣；给父母读，可以让父母与作者形成思想的碰撞和交流；给教师读，可以让教师忍不住希望用这些伟大的经典引领孩子的成长。

正如作者所说：成人在已有文学之外，又去创造给儿童的文学，是因为承认了儿童，看到了他们的不同和需要，而他们的重要需要之一就是无可非议地应该接受劝导和教育，按照规律和人性成长。

阅读儿童文学，就是在和孩子一起成长。

内容简介

本书结构简单，作者精心选取了77个故事，和读者一起分享这些故事带给自己的启发和感受，同时引导儿童、父母及所有做儿童工作的人们，了解儿童文学作品背后蕴含的深刻意蕴，从而让大家爱上阅读，爱上阅读儿童文学，爱上给孩子读儿童文学或陪伴孩子共读儿童文学作品。

作者以虔诚之心阅读这些经典，思考生活、感悟生命，并以此吸引大家爱上儿童文学。

精彩语录

1. 真正的人，真正的小孩，是应该上学读书的，是需要听一听大人的话的……

2. 视而不见，宽容一点无关紧要的错误，有的时候是最聪明的。

3. 长大的就一点儿不可爱了……没有孩子的天真，没有孩子的淘气，结果就没有了孩子的可爱。孩子不像孩子了。孩子成了成年人希望的一只挂在树上的快要落下来的成熟的苹果。

4. 尤其是年纪幼小的孩子，父母更是百分之一百的选书人，父母这个第一读者决定了第二读者的孩子有没有机会阅读到一本真正的好书，或者其实一直都是在布置他们阅读着平庸的书和故事。

延伸阅读

可参考阅读《相信童话》《中国儿童文学5人谈》《中国儿童文学6人谈》等。

《相信童话》梅子涵著，少年儿童出版社，2013年9月第1版。

《中国儿童文学5人谈》梅子涵、方卫平、朱志强、彭懿、曹文轩 著，新蕾出版社，2002年11月。

《中国儿童阅读6人谈》梅子涵、朱志强、彭懿、阿甲、王林、徐冬梅著，新蕾出版社，2008年12月。

（郭良锁）

28.《简单父母经》导读

作　者：［美］金·约翰·培恩
　　　　利萨·M. 罗斯
译　者：杨雪　张欢
出版社：辽宁科学技术出版社
出版时间：2013年7月

推荐理由

在这个信息爆炸的时代，在中国特有的“独生子女现象”的现状下，父母及祖父母几代人，都恨不得把最好的东西都给了孩子：最好的食物、最好的玩具、最好的条件、最好的学校，甚至自顾自地在孩子出生时就做出了关于未来“最好的安排”……

这是一个快节奏的时代，在中国经济高速发展的现状下，所有的家庭都陷入了一种集体性的“恐慌”：担心孩子“输在起跑线上”，幼儿园担心孩子学的知识比别人少，小学担心孩子考的名次不如别人前，到高中又开始担心孩子掉下高考的“独木桥”导致未来找不到好的工作……

各种担心，导致了补习班、兴趣班、特长班等等各种名目繁多的课外辅导机构的盛行。但是父母忽略了，孩子的成长，是一件慢的事情。一旦被这样“催熟”，是非常容易出现问题的。

这本《简单父母经》就是在告诉天下陷入焦虑的父母们，陪孩子过一种简单的生活、有节奏的生活，给孩子创造一个简单的环境，让孩子玩一个简单的玩具，给孩子一些闲暇的时光，从而过滤掉成人世界里的那些烦扰，退一步，学会“简单做父母”，带孩子回归自然，避免陷入情绪的“发烧”状态。

如何做“农民种地”一样养育孩子的父母，避免成为“工业化生产”一样对待孩子的父母，这本《简单父母经》，无疑为父母提供了最好的指导。

内容简介

我们的生活“为什么要简化”？是因为儿童成长本来就是一个缓慢的过程，因此需要一个缓慢的成长环境。试想，一个孩子怎么可能在一个纷繁复杂、变幻莫测的环境中，静静地发现“我”的存在？没有自我的孩子，怎么能够长大？而孩子想象力、创造力的培养，行为方面的不良倾向的纠正，都可以通过“创造平静”来达成。

父母如何使自己对孩子的养育简单化？

首先，父母要给孩子提供一个充满爱的环境，避免孩子的“情绪发烧”。要给孩子数量很少的简单玩具来玩，要让孩子自己去玩，而不是命令孩子去玩。这样才能够帮助孩子形成自己的好奇心、注意力、毅力、意志力等等，让这些能力在玩耍中持续成长和发展。

其次，父母要调整整个家庭生活的节奏，从而“在生活的海洋中建立充满秩序和安全感的小岛，让孩子安心成长”。要帮助孩子制订合理的作息时间，让孩子动静相宜，建立起内心的灵活性。

最后，父母要学会为孩子“过滤”成人的世界。不要让那些“更多、更快、更早”的想法，控制了孩子的童年。

精彩语录

1. 受保护的童年让孩子能缓慢地发展出他们自己的个性、幸福感和韧性。

2. 那些我们已经知道的东西，曾经梦想过的东西，才是事情的核心所在，后来的新意义只有建立在最初的梦想之上，才能不偏离航向。

3. 简化，就是把孩子所需要的轻松环境还给他们，让他们重新与他们真正的自我、属于他们的世界联系在一起，把他们从我们成人充满压力与紧张的世界中解救出去。

4. 我们对孩子生活中某些东西的价值是绝对肯定的，比如阅读，但我们要对这些东西的价值作深度的维护，要让孩子们珍惜它而不是随意抛弃。

5. 在孩子很小的时候建立起一定的规律性，他们就会觉得脚踏实地，在这样的平台上成长起来的孩子，将来会建立稳定的世界观，能跟他人、跟这个世界建立良好的联系。

6. 小孩越小，就需要越多的自由时间。

7. 当期望永远被满足，就没有了预期的空间。

延伸阅读

可以延伸阅读《请让我慢慢长大》《我从彩虹那边来》等华德福系列书籍。

《请让我慢慢长大》吴蓓著，天津教育出版社，2009年4月。

《我从彩虹那边来》[美] 芭芭拉·帕特森、帕梅拉·布莱德著，郝志慧译，天津教育出版社，2011年11月。

（徐彦格）

29.《10岁之前教会孩子如何做人》导读

作　　者：［韩］文龙鳞

译　　者：马南顺

出 版 社：中国轻工业出版社

出版时间：2009年6月

推荐理由

生活中，我们经常会看到一些这样的场景：玩具架前，孩子为了得到心仪的玩具，肆意哭闹，父母束手无策而后乖乖“就范”；餐桌前，孩子在盘子里东挑西拣，父母却视若无睹；孩子满嘴脏话，父母反觉得有趣好玩，让孩子更加肆无忌惮……而真正对孩子成长负责的父母，是“偶尔要掩藏疼惜之心”的。

本书作者认为，“道德智能低下的孩子将无法适应十年后的社会”，所以，应该在10岁之前，就让孩子培养起正确的道德观和价值观。因此父母对孩子不能迁就，要学会对孩子说“不行”。

什么才是严格的父母呢？严格的父母既能够体谅孩子的感情，慈爱地对待孩子，又能够严格纠正孩子的错误行为。

作者文龙鳞，韩国教育界权威，被韩国民众称为“大树”，从事教育事业达三十年之久。他先后在首尔国立大学获得教育学学士学位、教育心理学硕士学位，又在美国明尼苏达大学获得教育心理学博士学位。曾任韩国教育改革委员会常任委员、韩国教育部部长。

他在本书中，从生活中我们常见的育儿问题入手，既有故事，又有提示，还有理论提升，对父母进行引领，是一本实用性很强的、值得一读的作品。

内容简介

本书是以“教会孩子做人”为线索展开的，共分五章。

“学习不好并不能说明不能正常生活，道德智能才是影响孩子一生的决定因素”，孩子的道德修养，就是孩子未来生活的竞争力。越是名家，越重视子女的道德教育。

对孩子进行道德教育，首先应该“掩藏疼惜之心”，让孩子去经历、去面对，在失败中获得成长。

当孩子表现出有悖道德的行为时，父母该怎样做呢？作者列举了生活中的种种“问题孩子”的故事，给了困惑中的父母们以提示：“父母不要过分严厉或强制孩子，而创造一种所有家庭成员都可以自由地说出自己想法和要求的氛围，这是非常重要的事情”“对于倔强的孩子，父母不能一味地挫杀孩子的锐气。孩子倔强地反着说话也可能是他交流的方式，父母首先要了解孩子到底想说什么”……

孩子在10岁以后，应该具备“5种基本能力”：共鸣能力、调节情绪的能力、分辨能力、爱和责任感。所以，从无条件地爱孩子，到对孩子说“不”，父母们要始终尊重孩子，要了解一些对孩子十年内每个年龄阶段的道德开发方法。

精彩语录

1. 对刚出生的婴儿进行道德教育是不可能的。因此，父母给这个时期的孩子培养道德智能需要无条件的爱。

2. 不要因为孩子过于倔强而担心，那表明孩子要自立，父母要为此很高兴，因为这时正是培养孩子道德智能的好时机。

3. 5—7岁这个阶段，这时形成的道德价值观是确定将来道德形态的决定性因素。如果这个时期父母让孩子看到攻击性的行为，孩子就会认为大人的攻击性行为具有正确性。

4. 孩子上学后，一半以上的时间都是和父母分开，和他的同学在一起，因此受他们的影响很大。孩子非常重视自己所属的某个团体。在团体中，他会有安全感，同时，会第一次经历“价值矛盾”。

5. 父母不要限制孩子的自由，应该尊重孩子。为了不使你对孩子的所有努力白费，你也要与孩子保持一定的距离，不是“旁观”，而是“尊重”。

延伸阅读

参考阅读作者的其他作品，比如《智能革命》《幸福的孩子会成功》等。

《智能革命》［韩］文龙鳞、千太阳著，中信出版社，2013年3月。

《幸福的孩子会成功》［韩］文龙鳞著，吴晔译，广西师范大学出版社，2012年12月。

（徐彦格）

30.《孩子与恶》导读

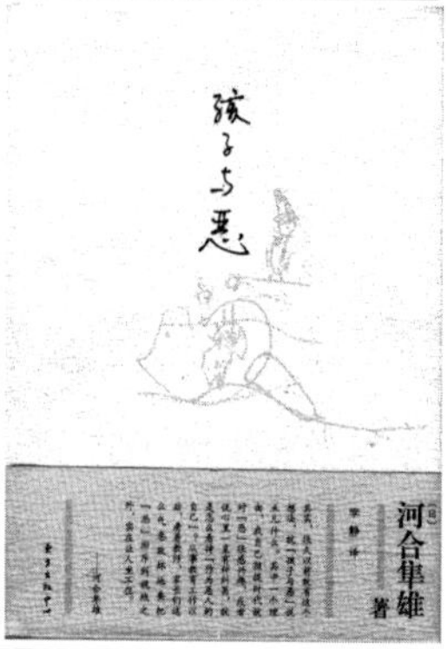

作　　者：［日］河合隼雄

译　　者：李　静

出 版 社：东方出版中心

出版时间：2014年4月

推荐理由

“恶”是什么？人之初，“性本善”还是“性本恶”呢？听话的孩子就是好孩子，不听话的孩子就是坏孩子吗？如果偷窃是恶，那盗火的普罗米修斯是不是恶人？如果破坏是恶，那么开天辟地的盘古是不是恶人？现在日益泛滥的校园暴力背后，到底藏着怎样的真实呢？

在作者看来，孩子本性中“恶”的成分，不能简单压制和扼杀，而应该因势利导，让“恶”起到促进孩子成长的作用。而且很多时候，恰恰是父母和老师的某些不当行为，诱发了孩子的“恶”的显现，而很多时候，这种行为还往往打着“善意”的幌子。

所以，“只看表面现象，说孩子们错了，真没什么好辩解的，孩子们确实错了。但是，这个世界上有太多事情让人们觉得，大人们草率下结论实在太委屈孩子们了。书中有些话，真是想替孩子们代言。实现自我的第一步，经常会以‘恶’的形式表现出来，这一点，真心希望大家能够给予充分的理解”。

作者河合隼雄，临床心理学者、心理治疗师。他从心理学的角度出发，针对日本的古典文学、教育、社会问题等广泛的领域提出建议，并长期从事论述发表活动。在本书中，他立足本国的教育问题提出建议，但对中国的家庭教育，同样具有重要的启示意义。

内容简介

“恶”与创造有关系吗？个性的显现，总归会在哪里发散出一点“恶”的气味儿。可见，“恶”是需要想象力和创造力的。

“恶”究竟是什么？“对于认识，恶是一个相当棘手的对手。”“为了维持群体，必定需要一定的规约，违反了规约，就是恶。”而“恶不绝迹，原因在于人的心灵当中存在着恶”。

从第三章开始，作者分析“偷窃”的背后，孩子到底想要什么；孩子的暴力行为和攻击性，到底是怎样的一种感情爆发状态；孩子在“谎言、秘密”和对“性”的认识背后，分别有着怎样的成长价值；“校园内群体欺凌”的根源是什么，需要采取怎样的对策等。针对诸多孩子们广泛表现出来的“恶行”，作者分析背后的心理原因，追溯形成问题的实质，并提供解决的思路和办法。

最后一章作者提醒我们，包围着孩子的成人世界，并非是一个“善”的世界。我们偏偏热衷于打着“善意”的旗号，对孩子施以“恶”的行为。比如大人喜欢对孩子进行指导，上来就教给孩子这么做、那么做，缺乏等待孩子自发成长的耐心。

精彩语录

1. 想要发挥个性，出发点，必定是这个人要热衷于自己喜欢的事情。

2. 任何创造的背后都混杂着破坏性，我们生存的世界早已经形成了应该有的秩序，在既存的秩序当中想创造出些什么，必定要破坏掉某种旧事物。当然，单纯破坏是没有什么意义的。

3. 创造性，得靠着想象来支撑。没有想象力，也就不可能有创造性存在。

4．“一切善良都不可能创造，因为善良太缺乏想象力。”这真是句名言。

5．尽管大家都知道偷窃是恶行，但在孩子们的心里经常能感觉到这件事情的魅力，有时到底还是抵抗不住诱惑。恐怕很多人都有这样的回忆吧。把它归为“恶”还不如说是一种孩子们的“调皮捣蛋”更合适一些。

6．日本，也真诡异。一边给孩子们灌输竞争是丑恶的观念，一边又渴望孩子在大学入学考试的竞争中脱颖而出。在这种无理的要求下，孩子们被扭曲了也就没什么好奇怪的了。

7．现实当中，自由地玩，对孩子们来说是非常重要的事情。在玩的过程中，孩子的心灵得到治愈，这样的事例比比皆是。

延伸阅读

可以参考阅读河合隼雄系列作品《心理治疗之路》《给未来的记忆》《孩子的宇宙》《孩子与学校》等。

《心理治疗之路》［日］河合隼雄著，李静译，东方出版中心，2010年8月。

《给未来的记忆》［日］河合隼雄著，李静译，东方出版中心，2011年9月。

《孩子的宇宙》［日］河合隼雄著，王俊译，东方出版中心，2010年1月。

《孩子与学校》［日］河合隼雄著，王俊译，东方出版中心，2014年8月。

（王丽君）

31.《家长12“变”培养孩子的10个策略》导读

作　者：冉乃彦

出版社：黑龙江教育出版社

出版时间：2011年12月

推荐理由

要教育好孩子，需要父母自己首先改变观念、自我成长，这已经是广为大家接受的理念了。但是，随着时代的发展，那些旧的方法还能应付千变万化的问题吗？毕竟教育有着很强的时代性。

这本《家长12“变”培养孩子的10个策略》是北京教育科学研究院副研究员、中国家庭文化研究会常务理事冉乃彦老师的力作。他在自己多年深入研究的基础上发现，时代在改变，父母必须随之不断调整自己的“步伐”以跟上时代的发展，才能应付随着孩子的成长所出现的新问题，因为社会已经进入了“晚辈文化时代”。

什么是“晚辈文化时代”呢？作者这样告诉我们：“迅速发展的社会，长辈所掌握的文化逐渐不能适应时代的要求，只有那些和时代同时成长的一代，能批判性地继承长辈文化并迅速掌握最新知识且不断创新的年轻人，他们所掌握的文化才代表了时代的特征。”

“晚辈文化时代”的父母，要修炼好怎样的基本功呢？我们将从本书中受到启发和帮助。

内容简介

本书分两部分，即“家长12变”和“培养孩子的10个策略”。第一部分指出了父母需要进行怎样的转变，后一部分给出了父母改变教育方法培养孩子的具体策略。

在“家长12变”中，作者提炼了父母们最需要注意的12个方面的内容，涉及父母的态度、语言、行为等各个方面，让父母走出教育孩子的“盲区”，成为“智爱”型父母。

“培养孩子的10个策略”，具体指导父母的做法。比如“给孩子一个空间，让他自己往前走”“给孩子一个时间，让他自己去安排”等等，不仅有“怎么做”的方法指导，还有“为什么这么做”的理论解释。

在本书中，作者并没有单纯地说教，而是结合了大量的案例来阐述自己的观点，让读者阅读起来非常轻松，也更易于接受。

精彩语录

1. 子女要用了解、理解、化解来对待父母的唠叨；而父母则要用“把唠叨变成提问”的方法来提高家庭教育的水平。

2. 在帮助孩子增长智慧的问题上，家长应该是一方面鼓励孩子积极参加各种活动，开阔眼界，加深体验；另一方面教会孩子各种安全知识和自我保护的方法。

3. 一个人如果不热爱大自然，那就是“忘本”，慢待了大自然，就等于“自毁长城”，因为我们所拥有的一切，都来自大自然。应该说大自然是人类的母亲。

4. 在一个家庭中，孩子所受到的最深入人心的成功教育，应该说都是来自一个合力，即父母双方合作的整体效应，而不是一个过分能干的主角和一个糟糕的配角所能给予的。

5. 我们要相信孩子的潜能，但是并不等于消极地“守株待兔”，我们需要探索成人如何科学地提供条件，培养他们自我教育的能力，以利于孩子的主动发展。

6. 竞争的目的是学先进，比先进，达到双方共赢、整体前进的效果，不是为了在人与人之间排座次，比高低。

延伸阅读

可以延伸阅读作者的其他作品，如《生命教育课》《真正的教育是自我教育》等。

《生命教育课》冉乃彦著，同心出版社，2008年1月。

《真正的教育是自我教育》冉乃彦著，新世界出版社，2004年11月。

（王丽君）

（三）亲子互动类（18种）

1.《让孩子聪明的121个大脑训练游戏》导读

作　者：［英］罗伯特·费希尔
译　者：李　中
出版社：新世界出版社
出版时间：2013年4月

推荐理由

“望子成龙，望女成凤”乃人之常情。作为父母，都盼着自己的孩子聪明伶俐，越来越多的新一代父母开始着手于用科学的方法养育聪明的宝宝。可是，当我们越来越强烈地意识到陪伴孩子是最好的教育时，却倍感无力。我们该如何和孩子沟通、玩游戏呢？经常满心欢喜地想陪孩子玩耍，却不知从何下手，尽管绞尽脑汁，却难以想出一个让孩子兴奋的游戏来，而不管多好的玩具，宝贝玩两次就弃若敝屣了，以至于宝贝经常沉迷于手机或电脑游戏……

这本《让孩子聪明的121个大脑训练游戏》会帮助你解决上述问题。因为，在儿童的成长过程中，游戏的重要性不管怎样被强调都不为过。

0—10岁是人一生中最重要的打基础阶段，在这个阶段陪伴孩子做游戏，将会带给他们受益一生的思考习惯和技能基础，成为孩子的终生财富。游戏能为孩子创造一个快乐的学习环境，学习的娱乐性越强，孩子就越渴望一起参与。在游戏互动中，为你的孩子打下未来智力发展的坚实基础。

特别喜欢作者在书中的一段话："对于你的孩子来说，跟你一起玩游戏会更有趣味性。而你收获的报酬，除了一个更聪明的孩子之外，还有会让他铭记一生的美好回忆。因此，无论什么时候，只要有机会，就选择开始游戏吧！"

内容简介

罗伯特·费希尔教授从事儿童思维和学习能力研究近30年之久，深谙大脑发展之奇妙。

《让孩子聪明的121个大脑训练游戏》一书，按孩子的年龄段为父母提供了121个亲子游戏。这些游戏，更多是倾向于亲子互动的方式进行。通过一家人紧密活动，联络了感情，开发了智力，提升了能力。

这本书最能体现其价值的两个字就是"实用"。书中的游戏涉及音乐、艺术等多个方面，既有传统游戏，又有流行游戏，有寻宝、扑克、词语、数字等多种形式。这些游戏不仅有趣，而且操作简单，非常容易让父母和孩子互动起来。在此过程中，孩子的思维、语言、社交等方面的能力，都会得到相应的提高。

精彩语录

1. 对于幼儿来说，最佳的学习场所是他的家庭，最好的老师是他的父母或者照顾他的人，而不是托儿所、游乐园或学校。

2. 我们的目的，是通过游戏来开发儿童的思考能力，同时也提升他们的智力。

3. 自律性是成功人生所必需的重要因素，而它恰恰来自于控制自我情绪的能力和对他人情绪的理解（有些专家称之为情商）。帮助孩子学会理解并控制自己的情绪，比教会他正确的答案或者赢得一场比赛更重要。

4. 对于你的孩子来说，跟你一起玩游戏会更有趣味性。而你收获的报酬，除了一个更聪明的孩子之外，还有会让他铭记一生的美好回忆。

5. 你的孩子拥有无限的潜力，他的思想和智力都是独一无二的。在这个世界上，没有比孩子的思想更复杂也更有趣的了，而你有责任帮助他最大限度地利用好他的天赋，当然，你也会从中享受到不少乐趣。

延伸阅读

罗伯特·费希尔曾在英国、非洲和香港等地从事教育工作20余年。此外，他还著有30余本教育学方面的专著，包括《教儿童学会思考》和《创造性对话：课堂里的思维交流》等。

《教儿童学会思考》［英］罗伯特·费希尔著，蒋立珠译，北京师范大学出版社，2007年4月。

《创造性对话：课堂里的思维交流》［英］罗伯特·费希尔著，刘亚敏译，社会科学文献出版社，2015年2月。

（司湘云）

2.《许多孩子，许多月亮》导读

作　者：蓝剑虹

出 版 社：东方出版社

出版时间：2011年1月

推荐理由

很多时候，父母习惯了用成人世界“像”或“不像”来衡量自己孩子的绘画作品，也许不经意间流露出来的点滴不认同，就扼杀了孩子们的创造力。

在开放式的美术教育中，在多篇作品的分析里，作者常常在孩子们一幅幅稚嫩的画作中看到闪光点，用孩子的语言和思维去思考，并细心解读孩子图画中的想象世界，为父母提供了有价值的参考。作为父母，用心于孩子的教育，欣赏不同孩子的个性，培养孩子观察与思考的习惯，原来，在线条和色彩中，孩子们构筑的世界竟是如此灵动和奇妙。

反复解读孩子们的精美作品，思考作者独到细致的剖析，对照着书中绘画课程显现的专业教法和技法，会让我们得到启迪和帮助。

摒弃填鸭式的美术教育，每个孩子都是月亮！

内容简介

《许多孩子，许多月亮》是一本指导家长如何欣赏孩子图画的书，它是一本通过各式各样有趣的导入引导孩子学习审美的绘画指导书。本书共30

篇，即30节美术课的作品展示和儿童心理分析。书中，家长除了可习得美术上的绘画技法，还借由书中的实例体察孩子的绘画思想，并感受作者教授绘画的理念，即尊重儿童，欣赏儿童与众不同的个性。

作为一名家长，阅读本书，可以用欣赏的眼光慢慢读懂孩子，借助亲近孩子的画作走进孩子的心灵。同时，作为一种开放式的绘画教学方式，可以在玩中学，变换不同的游戏方法，如给画起名、倒立绘画作品等诸多手段，培养孩子观察和思考的习惯，在色彩和线条中创造一个丰富而美丽的世界。

精彩语录

1. 所谓“美学”其实和“美”或“丑”一点关系也没有，其古希腊辞源就是指“感受”，是对不同事物、状态的体会。艺术教育即是在此——培养感受能力的教育。

2. 画画就是在打造出新的感受，将我们的感受呈现出来，用线条、色彩打造出来的物体，也就是画，它与固定不变的认知无关，而是和每个人和不同时刻的感受有关。

3. 孩子喜欢不可预期的变化，他们自己本身就充满这种不可预期的变化。

4. 千万不要下任何定论，保持“无知”“不知道”，做所有你该做的事，然后“等着看”。

5. 画，不是去复制现实，而是产生出一个新的真实物体，这个新的真实物体就是那张画，就是由画中的色彩、线条造型所制作出来的。

6. 我们到底花了多少时间去看孩子写的一篇作文、所画的一张画？又看见了什么？……我想，仔细地看孩子的画三分钟，告诉他我们对他的画的喜爱和感受，胜过给他一百分，也胜过鼓励。

延伸阅读

还可参考阅读《培养孩子从画画开始：孩子的画如何看，怎么教》和《理解孩子从画画开始》。

《培养孩子从画画开始：孩子的画如何看，怎么教》［日］鸟居昭美著，于群译，漓江出版社，2010年12月。

《理解孩子从画画开始》［西］诺拉·罗德里格兹著，屈李玲译，电子工业出版社，2015年10月。

（罗茜文）

3.《如何培养孩子的社交商》导读

作　者：[美] 凯西·柯恩
译　者：安燕玲
出 版 社：中央编译出版社
出版时间：2013 年 1 月

推荐理由

“情商，智商，逆商”我们都很熟悉，可什么是“社交商”呢？人类的群居性决定了我们必须与人打交道。我们是享受这种与人交流的乐趣，还是把它看成一种磨难呢？这就与我们的社交商有关了。《培养孩子的社交商》会为我们打开一个新领域——人际交往的大门。

社交行为是人类无法避免的一种行为，如西塞罗所说：“即使你享受幸福，享尽荣华富贵，要是没人像你那样衷心替你高兴，怎能有莫大的快乐？同时，处在逆境时，如果没有人把它当作比你更沉重的重荷，必然更难以忍受。”

本书正是围绕“社交”这项技能，涉及同理心、自尊心、自信心、自省心、情绪控制、压力管理等诸多方面，告诉我们该如何做人，如何引导孩子做人。

因为：人对了，其他就对了。

在我看来，这本书最大的特点是实用。本书作者，美国著名心理医师、培养孩子社交技能领域的带头人凯西·柯恩，根据自己多年的心理健康实践经验，总结出孩子在社交领域需要解决的十一大要点问题。她结合具体的实例，不仅为父母提供了让孩子用以自检的内容和体系，还提供了每一项目练习的步骤和方法，非常适合有孩子的家庭直接借鉴和运用。

内容简介

本书的主要内容，包括“如何加入到伙伴当中、如何沟通交流、读懂社交信号、提高自我尊严、处理戏弄嘲笑、管理压力问题、化解矛盾冲突、控制愤怒情绪”等孩子经常会遇到的困扰，为父母帮助孩子解决问题，培养孩子的社交能力提供了科学有效的指导。它帮助父母通过角色扮演、讲故事、情景模拟、肢体游戏等方式，引导孩子与他人互动，激发孩子主动社交的积极性，从而解决孩子在人际交往中存在的问题。

本书是按照孩子社交中最容易出现的问题来作为逻辑线索展开的，共分十一章。这十一章构成了层层递进的关系，引导孩子从基本的社交能力，朝向更高级的社交能力发展。

在每一章里，作者首先会提供一组测试题目，让父母通过这样的小测试，了解孩子在该项社交能力方面所存在的问题。然后针对该问题，作者又提供了相应的进阶练习，从而引导父母有目的、有方法、有步骤地对孩子进行引导。

每章中精心设计的学习目标、小贴士，充满趣味的小测验等，都可以帮助父母对孩子的情况做出客观评价，并以有效的方法完成训练，值得父母们一试。

精彩语录

1. 在我们这个全球化的世界里，沟通和联系日益增强，对所有孩子而言，学业和社交两方面的成功都非常关键。

2. 你自己就是孩子的社交教练。

3. 一个有很高社交商的孩子知道如何去结交朋友，维护友谊。

4. 给孩子布置一个安全又舒适的地方，放一些足够两个孩子玩的玩具，不必花费太多钱。不要让孩子说服你去花费很多钱来让他高兴。他提这些要求也许是想告诉你他对自己不自信，也不知道如何招待好其他孩子。

5. 在帮助孩子的同时，你的行为举止也在提高。

6. 赞赏和鼓励比其他任何东西更能帮助孩子发展他们的社交技巧。

延伸阅读

可以对比阅读［美］默娜·B.舒尔、特里萨·弗伊·迪吉若尼莫的《如何培养孩子的社会能力》；［美］多萝茜·里奇的《培养孩子大能力的210个活动》等作品。

《如何培养孩子的社会能力》［美］默娜·B.舒尔、特里萨·弗伊·迪吉若尼莫著，张雪兰译，京华出版社，2009年8月。

《培养孩子大能力的210个活动》［美］多萝茜·里奇著，蒋玉国等译，京华出版社，2011年10月。

（夏　花）

4.《李中莹亲子关系全面技巧》导读

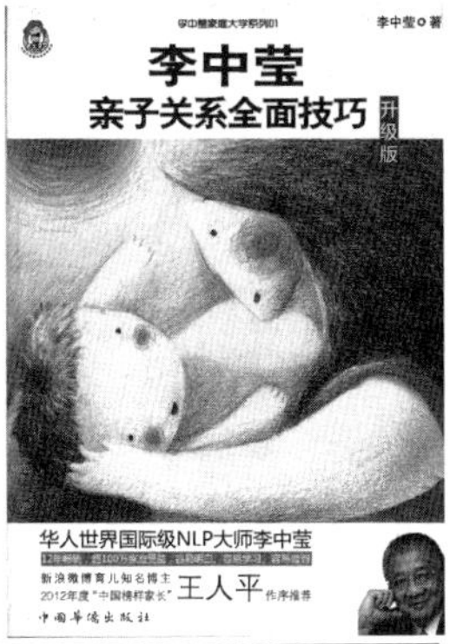

作　者：李中莹
出版社：中国华侨出版社
出版时间：2013年3月

推荐理由

“丫丫，你都四岁了，从今天开始你和妈妈分床睡好不好？”

“妈妈，我不。我害怕！”

“怕什么呢？”

“要是我半夜醒了，看见我的裤子和上衣站起来怎么办？”

我哑然，孩子的小脑瓜里到底想些什么？这一年，孩子四岁。

“妈妈，我要买一辆自行车。”

“我们家离学校就过一条路，怎么还用骑车啊？”

“同学们都有，我不能没有。”

为什么同学有，她就得有啊？这一年，孩子十二岁。

幸运的是，就在这一年，当我把孩子的要求视为无理要求，却不知如何与孩子沟通时，我读到了《李中莹亲子关系全面技巧》这本书。它让我全面系统地了解到孩子不同年龄段所具有的生理和心理特征，懂得按孩子成长阶段的不同特征施教的重要性。这本书以“亲子关系的10个基本要诀”为基础，提出了一套实际有效的概念和做法，并用图示及表格的形式提供了一些简单易学的技巧，让读者很快就能掌握、运用，并见到实效。

这本书不仅仅帮助我更好地教育孩子，更帮助我在育儿的过程中完成育己，在陪伴孩子长大的过程中，更好地做到自我觉察和自我成长。

作者李中莹有33年企业高层管理干部经历，18年职业培训师生涯，他被公认为华人界功力最高的NLP及家族系统排列导师之一。他研发的“简快身心积极疗法”是一套使用高效的心理辅导技术。他的这本亲子教育专著就是针对调整亲子关系的需要设计的。这本书告诉读者，要想孩子有所不同，父母必须要在自己的思想、言谈、行为和情绪表现方面有所不同，自己不准备改变，而只想去改变孩子的父母是不会成功的。

内容简介

《李中莹亲子关系全面技巧》共分为十三章，从四个方面阐释了亲子关系的培养和沟通技巧。首先告诉父母，好的亲子关系要从好的亲子观念开始。共用五个章节，从孩子成长的黄金期、心智、情商、智商、提升学习力等方面诠释了培养优秀孩子的技巧，并从做EQ型家长、普通家庭和特殊家庭三个层面，介绍了让家长与孩子更亲密的技巧。

这本书从父母怎样看待自己的身份、理想的家庭环境、父母对待孩子的引导模式、因时施教、情绪教育、亲子沟通、正确对待孩子的学业、消除父母压力等方面行文，全面系统地介绍了亲子关系的各种技巧，为父母正确处理亲子关系提供了一整套实际有效的概念和做法。从涉及的内容看，可以说时代性非常强，几乎包含了当前亲子关系中所能触及的一切话题。具有系统全面、通俗实用、可操作性强、信念和价值观一以贯之的特点。它用朴实的语言告诉父母，每个孩子都具备拥有成功快乐的人生所需的全部能力。父母只不过是帮助他把这份能力有效地释放出来。

精彩语录

1. 父母与孩子之间的爱，是可以用智慧的爱的方式来做到最好的。就是父母给予孩子最好的照顾，让孩子在充满力量与爱的环境中成长，培养出充分的照顾自己人生、获得成功快乐的能力，让孩子有最大的空间自由发展。这样，孩子往往可以做出远远超越父母期望的成就。用这个方式来表达父母对孩子的爱就是智慧的爱。

2. 聪明的家长不会解释孩子的问题，而只会引导孩子自己去解决问题。

3. 承认错误是生活中正确而有用的行为，因为这样做更会得到别人的尊敬和谅解，孩子会勇于突破、发挥自身能力和提升自己。

4. 孩子做任何事时感到有乐趣才会做得快、做得好，学习更是这样。

5. 充分地投入使我们完全感受到事情的乐趣并有所学习，这样才有真正的提升。只有当我们内心有妨碍自己前进或者做得更好的不良情绪时，才用抽离法使自己平静下来，让我们得以更好地思考和行为。

6. 与读书成绩相比，家庭的温暖、爱护、照顾和谅解，更能保证孩子他日有成。

7. 家长把自己当成孩子的盟友，则更容易引导和教育孩子成长。

8. 家长花足够的时间与孩子在一起，对孩子的心智成长至关重要。

9. 当父母希望孩子成为郎朗或者马云的时候，他已经扼杀了孩子能够比郎朗或者马云成功十倍的可能性。

10. 夫妻关系有所改变，不等于父、母、子的关系有改变。

延伸阅读

《李中莹亲子关系全面技巧》被誉为父母宝典。而作者的另一本书《重塑心灵》，是第一本由中国人写的全面介绍NLP的书籍。这本书让人认识了NLP，更帮助了很多人在言行及思想上有所提升，推荐延伸阅读。

《重塑心灵》李中莹著，世界图书出版公司，2014年1月。

（李秀云）

5.《孩子，把你的手给我》导读

作　者：［美］海姆·G·吉诺特

译　者：张雪兰

出版社：京华出版社

出版时间：2010年4月

推荐理由

我很讨厌我的妈妈急躁的脾气。那次，妈妈叫我倒垃圾，我嘀咕道：“为什么总是要我倒垃圾啊？”

刚说完我就突然感觉到一股热气从身边冒出来，妈妈大声地咆哮道：“让你倒垃圾难道不应该吗？不应该吗！妈妈天天做饭给你们吃，如果你不想倒垃圾，那以后每天的饭自己做自己的！”我的同学朱浩看到这样的情景，急忙把垃圾提到楼下去，为我解围。其实我不是不想倒垃圾，我只是嘟囔一句，我也理解妈妈的心情，因为孕妇容易急躁……

我是一位普通的妈妈，有两个孩子。一个12岁，一个即将出生。上面的文字是我12岁的儿子在他的作文里的一小段文字，作文题目是《辛苦的妈妈》。看到儿子的这些话后，我很内疚、很难受。自己平日里不注意自己的语言，伤害了孩子都还不知道。记得我说这些话的时候，孩子一直沉默着，直到吃饭的时候还是那样，我想起来就很后悔。

其实，有哪一个妈妈想要伤害自己的孩子，有哪一位父母，会故意去伤害自己的孩子呢？可是，我们往往缺乏一种智慧的爱，总在不经意间，习惯性地对孩子嚷，自认为理所当然对孩子辱骂、命令，随意地评价孩子，甚至对孩子进行攻击。就算是无意的，甚至带着善意的初衷，都显示出了自己的无知、自大和愚蠢。

当拿到《孩子，把你的手给我》这本书的时候，我觉得自己是在重新开始学习做妈妈。这本由心理学博士海姆·G·吉诺特所写的著作，提出了“平等，理解，尊重，承认，帮助”等和孩子沟通的原则，让身为父母的我们受益匪浅。海姆·G·吉诺特博士不仅是一名心理学博士，同时也是一名教师、临床心理学家、儿童心理学家、儿科医生。正因为他的多重身份，他对孩子的爱明白、理性，做法更是充满了智慧，给人以启迪。

合上这本书，我开始试着按照书中的方法对待孩子。首先，我开始试着理解孩子的表现和做法，认可他的努力，尊重他按照自己的节奏做自己的事。比起我平日里的大喊大叫，甚至恐吓、威胁，最终导致自己的气急败坏，现在的方法显然是更有效的。赢得沟通，就赢得了成长。这样一本书，怎么能不值得父母们好好地细读学习呢？

正如笔者自己所说的那样：“艾丽丝，你会看到这本书将成为一本经典。”果然，本书在长达一年多的时间里高居美国各大图书排行榜榜首，并被翻译成31种语言畅销世界各国。仅在美国的销量就超过了500万册。

我想，海姆·G·吉诺特博士的预言实现了，四十多年后的今天，父母们对这本书的喜爱程度，很好地证明了这一点。

内容简介

《孩子，把你的手给我》这本书，共十章，前面的九章分别从九个方面入手，总结了父母和孩子沟通过程中容易出现的问题，辅以具体的方法示范，告诉父母正确的沟通方法，最后一章以“如何养育孩子”进行了总结。

本书的核心内容包括以下几个方面：父母和孩子在沟通过程中，怎样获取那些隐藏在孩子语言背后的信息并选择最佳的沟通方式；父母应该如何避免一些错误做法，比如贿赂、许诺、恐吓等对子女成长造成的危害；父母对孩子责任感的培养，怎样借助传输给孩子正确的价值观来实现；怎样用严格的行为准则代替粗暴的惩罚，来规范孩子的行为；一天的生活中，怎样对孩子进行积极养育；怎样防止孩子对新生弟妹产生妒忌心理；怎样为孩子提供情感上的安全感以免除孩子的焦虑；在不同的年龄阶段，如何正确引导孩子对待“性”这个敏感的问题等。

书中列举了大量的实例，让渴望成长的父母能很快学会一些和孩子沟通的正确方法。同时还分析了问题产生的原因以及可能由此出现的后果，让父母学会更多地“关注孩子的情绪而不是简单判断或评价孩子的行为”，引导父母懂得以同理心理解孩子，舒缓孩子的心理压力，从而让孩子健康成长。

精彩语录

1. 孩子在交谈时很少是无知的，他们的信息里经常有需要解读的密码。

2. 我们要承认并尊重孩子的愿望和感觉，但是要限制并指导他们的行为。

3. 孩子需要免受评价性赞扬的压力干扰，这样孩子才不会总是向其他人寻求认可。

4. 只能夸奖孩子的努力和成就，不要夸奖他们的品性和人格。

5. 品质教育取决于我们和孩子的关系，品质特征无法通过语言传输，而必须通过行动来传达。

6. 承认并不代表同意，这只是打开对话之门的一个表示尊重的方式，表示你认真对待孩子的话。

7. 不要针对他们的行为、他们外表的服从或者反抗做出反应，而要对引起这个行为的真实想法做出回应。

延伸阅读

海姆·G·吉诺特博士的《孩子，把你的手给我Ⅱ》《孩子，把你的手给我Ⅲ》是他的另两部巨著，我们不妨延伸阅读。

《孩子，把你的手给我Ⅱ》[美]海姆·G·吉诺特著，张雪兰译，京华出版社，2010年11月。

《孩子，把你的手给我Ⅲ》海姆·G·吉诺特著，张雪兰译，京华出版社，2010年11月。

（余媛媛）

6.《唐浩明评点曾国藩家书》导读

作　者：唐浩明

出 版 社：山东人民出版社

出版时间：2014年1月

推荐理由

曾国藩是中国文化的代表人之一。他在短短的六十年里，做了诸多事情：作为头领，白手起家创建了一支体制外的团队并引领这支团队走向成功；作为父兄，一生给子弟写信数以千计表达殷殷关注；作为国家的高级官员，在举世昏昏、不明津渡的时候，能提出向西方学习徐图自强的构想并尽力实施……这些都是他留给后世的思考。

作为中国近代集传统文化于一身的典型人物，读懂他，能给处在变革时期浮躁不安的中国人一些来自民族文化的滋养，引发现代社会的人究竟要成为一个什么样的人的思考。

长期从事近代历史文献的整理出版和历史小说创作的唐浩明是湖南省作协主席，曾任《曾国藩全集》《彭玉麟全集》的责任编辑。他十年磨一剑，全身心投入工作，通过编审、分析曾国藩留下的多达1500万字的文稿，阅读曾国藩同时代人的著述和大量的正史和野史资料，对曾国藩有了全面的了解。

在这本《唐浩明评点曾国藩家书》里，唐浩明努力深入曾国藩这位大人物的心灵，破译中国传统文化家庭培养成功人士的密码，带大家打开一扇探寻民族文化底蕴之门。

内容简介

《唐浩明评点曾国藩家书》分为上、下两部。作者对曾国藩自“道光二十年”起至“同治十年”期间分为九个阶段共三百多封家书进行了点评。其中补充了很多史实资料、野史资料，便于读者结合相关背景对曾氏家书深入理解。

无论曾国藩“翰苑生涯”中的浮沉还是“跻身六曹”的经历，无论他创办“湘军初期”的波折还是“守制家乡”的思考等等，在唐浩明看来，无不坦露出一个胸中有万千丘壑的大人物的心灵世界。

但就是这位大人物的家书，貌似无不在讲“小故事”。曾氏在存世最早的一封于道光二十年二月初九《禀父母》的家书中说：“信来，须将本房及各亲戚家附载详明，堂上各老人须一一分叙，以烦琐为贵。”而在作者看来，仅从“以烦琐为贵”五个字，就可以看出曾氏这位远方游子对家人的关心和思念之情。从中，作者还带大家感受中国人浓厚的“根”的观念，进行“‘根’也大大地局限了中国人的视野、胸襟和开拓精神”的思考。

本书是以时间为线索编排的，作者选择了从“道光二十年”到“同治十年”间，曾氏与家人的三百封信件，把曾氏对自己的生活、仕途、国事、家事的思考，如一幅历史画卷般展开在了读者面前。

精彩语录

1. 若志在穷经，则须专守一经；志在作制义，则须专看一家文稿；志在作古文，则须专看一家文集。

2.“静”字功夫最要紧，若不静，则省身则不密，见理也不明。

3. 夫人君者，不能遍知天下事，则不能不委任贤大夫。

4. 人应当畏惧道德良知，畏惧法律法规，畏惧舆情，畏惧生命。倘若什么都不畏惧，人人都无法无天，这个社会还能安宁吗？还能存在吗？

5. 世事纷纭，人事迷离，辨伪存真，洞悉先机，最为难得，也最为重要。此中本事皆源于“识”！

6. 曾氏从家庭兴衰气象这个角度看待蔬、鱼、猪、竹四字，是极有见地的。为什么这样说呢？因为像曾府这样的人家，自然不靠家中种菜过日子，有无此四项并不对其生存带来实质性的影响。它的价值主要体现在气氛上，在精神上，在观念意识上，与形而下的生存物资相比较，其形而上的文化意义更为重大。

延伸阅读

可参考阅读《唐浩明评点曾国藩语录》《曾国藩的正面与侧面》等书籍。

《唐浩明评点曾国藩语录》唐浩明著，岳麓书社，2008年12月。

《曾国藩的正面与侧面》张宏杰著，民主与建设出版社，2014年5月。

（黄　璜）

7.《如何说 孩子才会听　怎么听 孩子才肯说》导读

作　者：[美] 阿黛尔·法伯
　　　　伊莱恩·玛兹丽施
译　者：安燕玲
出版社：中央编译出版社
出版时间：2014年6月

推荐理由

你知道跟孩子如何交流吗？

你知道如何面对孩子自身表现出来的感受吗？

你会赞赏自己的孩子吗？

父母的日常表现对孩子会产生什么样的影响呢？

孩子做错了事情，除了惩罚还有更好的主意吗？

如何用沟通的方式化解孩子在社交过程中遇到的难题？

这所有的问题都是我们在养育孩子过程中常常遇到的问题，而且这些问题在初次显现和表露的时候，总是让我们措手不及。我们甚至完全不知道如何处理孩子的情绪问题。我们总是觉得隔壁家的孩子为什么总是那么乖，而自家的孩子却那么难教养。

这些问题，在《如何说 孩子才会听　怎么听 孩子才肯说》一书中都能找到相对应的参照。这本书教会父母们如何用良好的沟通方式，解决和孩子之间的各种问题，对父母们具有积极的指导作用。虽然中西方教育观念有些不同，但是在养育孩子的道路上，我们的心却都是契合的。

作为一个初中学生的母亲，我拿起这本书，也乖乖地拿起纸和笔，开始了“阅读+做题”的读书旅程，因为这里也有青春期孩子遇到的问题。

本书列举的场景均以“恶化问题”和“转化问题”两种不同的方式出现，需要读者们转换角色来阅读。以这两种方式来做练习题，可以让读者融入其中，接受正确沟通方式的熏陶，从而避免出现不利于沟通的语言和行为。

作者阿黛尔·法伯和伊莱恩·玛兹丽施两位都是三个孩子的母亲，也是纽约市社会研究新校和长岛大学家庭生活研究所的创建者，已被收录于美国名人录。本书是她们在创办的学校和研究所长期与父母们一起进行实验的研究总结。如今世界上数以千万的父母用自身的实践证明这些方法非常有效。

内容简介

《如何说 孩子才会听　怎么听 孩子才肯说》这本书，共分为七章。围绕“如何说”“怎么听”，作者分别从七个方面进行了探讨和实践。

前六章分别是“帮助孩子面对他们的感受”“鼓励孩子与我们合作”“代替惩罚的方法”“鼓励孩子自立”“恰当地赞赏孩子”“让孩子从角色中释放”。讲述的是教我们如何面对孩子的发问、如何面对孩子情绪、如何面对孩子做错了事等等这些事情的技巧30余种，以案例为背景，并辅以大量问题加以说明。同时，每章均配有相应的练习题，让我们可以很好地运用这些技巧，解决问题，为我们搭建了一个可供复制的交流环境和场景。而最后一章则是将这六种方法进行系统运用，融会贯通。

精彩语录

1. 孩子并不需要我们认同他们的感受，而是需要我们回应和了解他们的感受。

2. 现实与喜剧唯一不同的是，在剧院，当大幕落下，观众就可以回家了。但是做家长可没那么轻松。我们不得不面对各种伤心、愤怒、沮丧，还得保持心智健全。

3. 问孩子要半杯牛奶还是一杯，面包烤的时间长点还是短点，这些问题看似不合理，但对孩子来说，每个小小的选择都会让他有机会控制自己的生活。

4. 除了衣食住行外，我们对孩子还有一项义务就是肯定他们“做对”的事情。外界会经常告诉孩子们他们做错了的地方。而我们的工作是让孩子知道什么是他们做对的地方。

延伸阅读

还可以阅读作者的《解放父母　解放孩子》《如何说　孩子才能和平相处》等书。

《解放父母　解放孩子》［美］阿黛尔·法伯、伊莱恩·玛兹丽施著，孙璐译，中国长安出版社，2011年7月。

《如何说　孩子才能和平相处》［美］阿黛尔·法伯、伊莱恩·玛兹丽施著，王欧娅译，中国商业出版社，2010年1月。

（刘金利）

8.《孩子提问题　大师来回答》导读

作　者：［英］杰玛·埃尔文·哈里斯

译　者：杜　冰

出版社：上海社会科学院出版社

出版时间：2013 年 9 月

推荐理由

“妈妈，这本书好有趣呀。”女儿翻看着放在桌上的《孩子提问题　大师来回答》。

“呵呵，我也觉得。那就等我读完后送你吧。”

“啊？能不能让我先看啊？”

“好呀，那我们就一起看，我有时间就我看，我没时间就你读，行不？”

之后，母女俩轮流着在三天之内把书通读了一遍，欢声笑语和着各种讨论与分享。

也许你读过《十万个为什么》，面对孩子成长过程中提出的各色问题你可以很“科学”地进行解答，这或许让你自豪。然而，当孩子的理解能力和想象能力还很薄弱的时候，你确定你的回答是“有效”的吗？我们常常呼吁要保护孩子的童真、童趣，要给孩子快乐的童年。面对孩子成长过程中的疑问，立足科学，以怎样易懂、有趣、幽默的方式既能回答孩子的问题又能保持孩子的兴致，同时又能激发孩子的求知欲呢？

本书作者杰玛·埃尔文·哈里斯是久负盛名的职业撰稿人，曾工作于《消费导刊》《魅力杂志》及《星期日泰晤士报》。她有一个儿子和三个侄女，正是这些孩子的好奇心激发了她出版此书的想法。她邀请到了当今世界上各领域的顶尖专家来解答来自10所不同学校数千名4—12岁孩子们最想搞清楚的问题。

这些大师们用科学严谨、幽默风趣、形象生动的表达为孩子们答疑解惑的同时，更是在鼓励孩子们不畏挫折、勇于探索。《孩子提问题　大师来回答》兼具科学与人文关怀，更人性化、生活化地来解释孩子们提出的问题，大师的身份，孩子的视角，让人读着愉悦、舒心、有激情。

内容简介

《孩子提问题　大师来回答》共收录了4—12岁孩子最想搞清楚的115个问题，有些迷人而有趣，有些可爱又离奇。各领域顶尖的大师们或深入浅出、或机智风趣的高明回答既满足了孩子们的求知欲，又激发了他们的想象力。

全书内容涵盖科学知识类、人文情怀类、趣味想象类、生活见闻类等方方面面的问题共115个，如：著名喜剧演员兼作家米兰达·哈特解答了"为什么大人说了算"的问题；著名语言学家大卫·克里斯特尔解答了"我们为什么说英语"的问题；著名作家戴姆·杰奎琳·威尔逊解答了"小说家在创造角色时如何获得灵感"的问题，等等，非常适合父母陪孩子一起阅读。

精彩语录

1. 古时候，人们相信梦可以很好地预示未来。如今，我们往往认为梦是大脑进行重新整理的方法，是在忙碌一天之后的自我清理。

2. 如果人们都永远不死，过不了几年世界就会拥挤不堪，大家都动弹不得了。

3. 蛋糕的原料彼此间形成了一张神奇的网，仿佛它们都手拉着手，在炙热的烤箱里长呀长呀，同时还散发出美妙的香味，让人们不禁垂涎欲滴。

4. 由于大脑总是在预测自己身体的行为与感受，使你无法胳肢自己；而外人胳肢你时往往出其不意，使你无法预测他的动作，因而会令你笑个不停。

5. 一头奶牛一年能产生187磅（约85公斤）甲烷气，这些甲烷气能提供2000磅的推力，并持续33秒钟。一头重1500磅（约680公斤）、身着流线型宇航服的牛靠着这个推力可飞到大约3英里（约4.8公里）的高空。

6. 感到无聊时便是身体在提醒你：要是不想变得伤心或发怒，就该做点别的事情啦。

7. 细胞中的DNA决定了你能长多高，但充足的睡眠、锻炼和健康的饮食，能帮助你长到自己身高的极限。

延伸阅读

推荐阅读本书作者的同名书《孩子提问题　大师来回答2》。

《孩子提问题　大师来回答2》［英］杰玛·埃尔文·哈里斯著，杜冰译，上海社会科学院出版社，2015年6月。

（章伶俐）

9.《亲子游戏　每天一个》导读

主　编：罗耀先

出 版 社：中国人口出版社

出版时间：2014 年 11 月

推荐理由

隔壁同事家添了个宝贝，每次在楼下遇见，我都会抱抱孩子、逗逗孩子。

有一次，我把小宝贝放在我腿上，双手卡住他的腋窝，然后轻轻地摇晃，宝贝跟荡秋千似的。同时，我还给他和着韵律念儿歌：

前前后后，前前后后，
荡呀荡呀荡呀荡；
左左右右，左左右右，
荡呀荡呀荡呀荡。

宝贝的身体随着我来回摇摆，咯咯地笑出了声。

同事也很开心，她问我："你真会逗孩子，你家孩子小时候也这样玩？"

"是呀，孩子们都喜欢这样玩。"我告诉她。

"是啊是啊，你看他好像能听懂似的，可是我不会这样唱，你都是从哪里学来的啊？"同事满脸的羡慕，让我心里有些小得意。

于是，我给同事推荐了这本罗耀先编写的《亲子游戏　每天一个》。我告诉同事："读这本书会让你知道，游戏玩乐是孩子的天性，也是孩子认识世界的途径。剥夺了孩子游戏的权利和乐趣，将不利于孩子们认识世界和增长智慧。游戏不仅有助于孩子各种能力的培养，让孩子建立起对世界的正确应对模式，还能增进母子之间的感情。在游戏中加以引导，是对宝宝最好的智力开发。好妈妈，一定得知道什么时候该陪孩子玩什么游戏。0—3岁可是关键期啊。”看同事抱着宝贝快乐地离开，我也觉得很开心。

罗耀先在自己三十多年从事儿童早期发展研究的基础上主编的这本《亲子游戏　每天一个》，可以说是0—3岁孩子父母的“好帮手”。书中所提供的游戏，全部是由专家精选过的，简单、好玩、益智、健康。不仅能够促进孩子各种能力的发展、培养孩子的自信心，还能够让孩子和父母之间建立起亲密关系，加深亲子之间的感情。

内容简介

《亲子游戏　每天一个》一书，主要是写给0—3岁孩子父母的。0—3岁，是孩子成长的关键期，抓住了这个阶段精心引导，会为孩子一生的发展奠定一个良好的基础。

书中按照孩子成长的阶段，分为0—1岁、1—2岁、2—3岁三部分。每一部分又以每3个月为一个阶段来告诉父母们，这个阶段的孩子该做哪些游戏？怎么做？

这些游戏，都是围绕孩子的“大脑发展、运动发展、语言发展”这几个方面进行编排的。其中针对不同阶段孩子发展的特点，又将大脑发展分为“认知（1岁）、动脑（2岁）、益智（3岁）”三个步骤。非常清晰，便于父母使用。

精彩语录

1. 无论多么美好的动机和愿望，都不应该剥夺孩子们玩的权利和乐趣，这将不利于孩子们认识世界和增长智慧。

2. 宝宝的一切思维从提问开始，让宝宝有更多的机会接触各种新鲜事物和环境，能激发宝宝探索的兴趣，引发疑问。

3. 对于喜欢和父母对着干的宝宝，与其强制他听你的话，做个乖孩子，不如给他有限制的自由，比如他喜欢玩水就给他穿个防水罩衣；喜欢到处乱画，那就给他提供更有意思的涂鸦场所，让叛逆和反抗变成创造力和想象力。

4. 宝宝是按颜色、形状、大小来区分周围的物品的，颜色是上面三种属性中最容易辨认的一种，因此分类训练最好从颜色开始。

5. 图画书的画面应该制作精良；书的内容对孩子来说不应该是完全陌生的；在孩子生活环境变化之前，为孩子选择有针对性的读物，买书的时候，最好带着孩子一起去，并告诉孩子："你书架上的书就是从这里买的。"培养孩子对书店的好感。

延伸阅读

可以将本书与《我的第一本亲子游戏书》《亲子游戏100例》等游戏类书籍，进行对比阅读。

《我的第一本亲子游戏书》［日］广松由希子著，王海译，陕西师范大学出版社，2008年11月。

《亲子游戏100例》罗耀先主编，吉林出版集团，吉林摄影出版社，2011年7月。

（梁波涛）

10.《大地的礼物——与孩子一起做园艺》导读

作　　者：［英］比亚翠斯·洛奇
译　　者：周　悬
出 版 社：天津教育出版社
出版时间：2013年4月

推荐理由

苏霍姆林斯基也告诉我们，只有真正走进了大自然的孩子，才会更具有创造力，才会真正明白生命的意义。可是，我们本是属于大地的一部分，我们本应该对大地万物充满敬畏，但是我们却把那些本应该属于大自然的孩子禁锢在了钢筋水泥的丛林里，他们离土地那么远，怎么可能找到自己的根？

“孩子不仅给我们带来了快乐，更重要的是他们把我们重新引入真善美的世界。”在《大地的礼物——与孩子一起做园艺》这本书的扉页上，这句话让我深深地感动。

翻开这本书，你会发现你几乎已经忘记了，一个果实，一片叶子，一粒种子，有那么多美丽的故事。而这一切，绝不仅仅是简单劳作的收获，我们其实可以带着孩子在诗意中去创造那份美。

那么，就行动吧！

我们会发现，原来园艺是可以用故事引领、用诗歌伴奏、用舞蹈行动的艺术。让我们把园艺真正融入生活中吧，跟着《大地的礼物——与孩子一起做园艺》里的歌声去唤醒一个个季节，用生动的语调讲述一个个动植物的故事，用美丽的身姿播下一粒粒种子，全身心地去感知每一粒种子的发芽、开花、结果……

这本书，将引领你和孩子一起动手创造属于自己的花园！

内容简介

《大地的礼物——与孩子一起做园艺》是作者写给带领3—7岁孩子进行园艺活动的大人的书。全书共七章，作者从土壤的认识、作物的选择、土壤结构、天气等基本知识开始，分别介绍了秋天、冬天、春天、夏天里的具体园艺工作的准备，接着是播种、管理、收获、制作果实成品等，最后作者对城市如何进行园艺活动做了详细的介绍。整本书不仅仅是简单的技术指导，作者还从儿童视界出发，利用简单活泼的音乐、美妙的诗歌和动人的故事，来指导大人如何带领孩子进行有趣的园艺操作，展现了与孩子一起做园艺工作的真实魅力。

精彩语录

1.“恰当的方式”是问题的关键。儿童的意识与成人的意识是截然不同的。幼小的孩子感觉不到自身与外界的界限，他们与周围世界浑然一体。

2. 为小孩子讲故事时，每次都要全神贯注地为他们创造图景，带着他们走进故事的氛围，而不只是了解故事的情节。

3. 很多成年人都生活在思维的世界里，习惯于从逻辑因果的角度去考虑问题。对于孩子来说，这是陌生的领域，这种方式对孩子不起作用，很快就会使他们厌倦。

4. 为万物怀有好奇之心是儿童的天性。我们要发掘并培养这种天性，为此，我们要向他们示范如何小心地拿放物体，尤其是有生命的物体；我们要以友善、开放而富有想象力的方式回答他们的问题；我们对植物说话，伸出双臂拥抱大树，让他们看到我们对自然的敬畏。

5. 的确，春天是万物新生的季节，然而春天的生长需要准备，而这些准备工作开始于秋天。我发现，无论我们做什么，充分的准备工作总是会带来丰厚的回报，它是整个过程中必不可少的一部分。

6. 相信我，孩子们的点子多得很，远比你的要丰富，你只要带着他们做起来就行了。

7. 圣诞前夜，如果你和孩子们在一起，可以带着他们走进黑暗的花园，把耳朵贴在树皮上，听树木的汁液缓缓涌起的声音。春天一到，汁液就会快速流动起来。这将是一次难忘的经历。

8. 值得欣慰的是，孩子们依然爱着周围这个世界以及世界上的万事万物，所以我们也应该试着让自己达到那样一个境界。即使是在考虑如何对付害虫的时候，我们也要怀着敬畏和理解——也许可以用更好的办法去处置害虫，而不是消灭它们。

延伸阅读

本书作者的其他作品还有《故事和你说晚安》。相关书籍还有《伊索寓言》《心灵的色彩》《手巧才能心灵》。

《故事和你说晚安》［英］比亚翠斯·洛奇著，徐娅群译，天津教育出版社，2012年1月。

《伊索寓言》［古希腊］伊索著，张弛、孙笑语译，中国画报出版社，2011年5月。

《心灵的色彩》［荷］狄克·布鲁因、艾提·莉赤哈特著，吴平平译，河北教育出版社，2012年5月。

《手巧才能心灵》［美］戴维·米切尔、帕特里夏·利文斯顿著，王荣亭译，天津教育出版社，2012年5月。

（曾令媛）

11.《父与子冒险书》导读

作　者：［德］克里斯蒂安·安科维奇
译　者：郑萌芽
出 版 社：浙江科学技术出版社
出版时间：2011年12月

推荐理由

很久以来，我们的生活中多了这样的场景：不管是男孩子还是女孩子，父母一方面给他们吃饱了穿暖了，千叮咛万嘱咐（通常左耳进右耳出）之后把他们早晨送到学校，下午再接回来。一方面，却又为孩子们旺盛的精力、超强的破坏力头疼。这当中，男孩子尤其变得越来越缺少了野性。

父母们总是感叹，以前的生活让人怀念的地方太多了。例如，男孩儿们的地盘很广，他们可以和亲近的小伙伴相约，游戏、历险、寻宝，拥有自己的秘密，即使在父母的严厉管教下也能找到一个喘气的地方。他们穿上鞋子，脱掉夹克，喊一声“再见”，便和伙伴们去森林里、足球场上、开阔的草场上一玩儿就是好几个小时。

可今天，孩子们更多的时候只能是在房间里打打闹闹，和电脑或者录像机较劲，长时间地看电视，甚至轮番折磨父母、邻居或者自己的兄弟姐妹，更糟糕的时候会折磨他们身边的所有人。

统计数字表明，城市化与繁忙的交通在很大程度上影响了孩子们的活动空间：1. 大城市里超过65%的孩子根本不在路上游戏（中等城市大约46%）。2. 过去的30年里，小学生们的带状活动半径从20千米缩减到4千米。3. 20世纪70年代初六七岁的孩子还常常单独或者和小伙伴一起上学（确切数据是92%），到2000年只有大概一半的孩子无须大人陪伴去上学。这些既影响了孩子也影响到了父母。

所以，我们该给男孩儿们更多的自由空间，做他们自己的事——这当然需要一点勇气。父母得更勇敢些。而这本书，将给予你这样的勇气。

本书曾为德国图书馆协会、德国家庭部推荐读物，获德国《明镜周刊》少儿类畅销书第一名，18个国家引进版权，值得一读。

内容简介

这是一本适合父亲和儿子一起阅读的冒险书。

本书精选了大男孩（父）和小男孩（子）都爱玩的冒险游戏，教男孩写秘密信息、寻找宝藏、搭建帐篷、生火、野外度假、打绳结、捕捉小动物、发射“导弹”、做惊人的实验等。着重培养男孩的动手能力和冒险精神。除此之外，还对男孩教育的一些常见问题给出了建议和解决方法，让父与子在冒险的过程中成为最好的朋友。

精彩语录

1. 这些早期教育其实没有什么意义，因为孩子在童年需要的最重要的事是：游戏！大人仅仅需要给他们提供游戏的条件，就足以帮助孩子成长为可爱、聪明的人。

2. 男孩们独立生活的条件是有一定的零花钱用。

3. 如果希望男孩们把书籍和阅读看作是他生活中理所当然的一个组成部分，那最好从第一天开始给他们朗读。

4. 无论哪个年龄的人拥有朋友都会感觉到幸福。男孩越早开始寻找最好的朋友越好。

5. 男孩喜欢挑战，他们希望证明自己。只要他们计划的事情成功办到，一切都很顺利。一旦遭遇失败，问题便出现了，他们会很快失去继续“探险”的兴趣。

延伸阅读

可参考作者的另外一部作品《我们男孩——父与子的冒险书》。

《我们男孩——父与子的冒险书》[德]克里斯蒂安·安科维奇著，郑萌芽译，浙江科学技术出版社，2014年1月。

（王淑娟）

12.《天哪！数学原来可以这样学》导读

作　者：［日］野口哲典

译　者：刘　慧　韩丽红

出 版 社：陕西师范大学出版社

出版时间：2011年1月

推荐理由

数学，培养人解决问题的思考能力，这是人类小到日常生活，大到建设发展必备的基本能力。可是很多孩子却觉得数学是枯燥和乏味的。怎样才能对数学一直保有探究的兴趣，然后把这门学科真正学好、学透、学活呢？这本《天哪！数学原来可以这样学》，就是一个“好帮手”。

父母如果和孩子一起玩算术游戏、思考数学问题，会在孩子身上发现平时我们没有发现过的能力，会越来越感觉到和孩子一起玩数学游戏，是一件非常有意思的事。

本书中的内容，适合小学水平的孩子，有助于提高孩子计算能力和思维能力，这是一本培养兴趣和拓展思维的书。每节中实用便捷、易于操作的数学游戏将数学思维和计算练习融入到家庭娱乐之中，尤为令人称道。推荐小学孩子（低年级亦有可读篇章和游戏）和家长共读，共玩儿！

内容简介

这是一本游戏书，是一本数学游戏书。本书从“初识数和计算”“享受计算乐趣”“打造数学头脑”“强化逻辑思维”四大方面入手，每章引入数学概念及应用的趣味思考和话题，比如对各类加减的理解和应用，介绍计算器的妙用和巧算速算窍门，经典数学游戏和有趣的逻辑思维题目，以达到逐步使孩子乐于“玩数学”，去寻找、发现、思考数学及其应用乐趣的目的。

精彩语录

1. 像这种大小和量可以变化的东西，是不能相加的。还有像1根香蕉+1支铅笔这种根本不同的事物，相加是没有意义的。

2. 有理数是指整数和分数，小数包括有限小数和循环小数。总之，可以用分数表示的数就叫有理数。

3. 其实数学是个很有趣的世界，你可以玩数字迷宫、一笔画、阿弥陀签、七巧板，还能了解有关麦比乌斯环、四色问题、水桶的盖子以及蜂窝形状等问题的奥秘。

4. 分析、解决问题时，逻辑性的思维、条理性的分析，这才是人生必不可少的东西。而算术、数学恰好可以锻炼你的逻辑思维。

延伸阅读

可以参考阅读《可怕的科学——经典数学系列》《汉声数学》《数学阅读》等作品。

《可怕的科学——经典数学系列》［英］卡佳坦·波斯基特著，刘阳等译，北京少年儿童出版社，2010年1月。

《汉声数学》［美］明德尔·西托默、乔治·帕比等著，贵州人民出版社，2013年10月。

《数学阅读》［美］苏珊娜·鲍彻丝等著，杨丽君译，长春出版社，2014年1月。

（李　萍）

13.《佩蓉教孩子学礼仪》导读

作　者：［美］蒋佩蓉

译　者：根基教育机构

出 版 社：中华工商联合出版社

出版时间：2012年2月

推荐理由

中国素来有“礼仪之邦”的美誉。而如今，尤其在我们的孩子身上，礼仪的缺失导致道德的滑坡，已经不是个别现象。

曾经带着女儿去绘本馆参加过一次活动。这次活动中，有一个环节是“孩子亲手制作糖葫芦”。绘本馆的老师给孩子们准备了制作糖葫芦的材料，有竹签、橘子瓣、草莓、菠萝块、香蕉块、山楂等。当孩子们看到端上来的水果，都垂涎欲滴，想大快朵颐。

为了保证活动的顺利进行，绘本馆的阿姨对孩子们提出了要求：先不能吃水果，要等到糖葫芦都串好了，才可以吃这些水果。在这些孩子当中，有一个小女孩对阿姨的话根本就置之不理。她趁阿姨不注意的时候，伸手就去抓盘子里的水果。其他小朋友立刻大喊着告诉绘本馆的阿姨说：“有人偷吃水果了！”可那个女孩却死活不认账，阿姨也没有办法。这时，小女孩反而冲着那些打小报告的孩子说道：“水果又不是你家的，你管不着……”

活动在继续。等到大多数孩子都串好自己的糖葫芦，阿姨就让孩子们去排队蘸糖汁。此刻，还是刚才那个偷吃水果的孩子，不仅不按照要求排队，随意插进孩子们的队伍，还在队伍里挤来挤去。

就在这时候，一位阿姨的手上不小心溅上了刚融化了的滚烫的糖汁，这位阿姨趁机边喊：“烫死了！烫死了！”边暗示孩子们要小心。一个孩子还走到阿姨跟前说：“阿姨，你的手烫到了，我来帮你吹吹吧！我有一次被烫到了，是妈妈帮我吹的，一会儿就不疼了……”当大家纷纷紧张着安慰阿姨的时候，让大家万万没想到的事情发生了。刚才偷吃水果、插队乱挤的小女孩，竟然边笑边说：“烫死你算了，烫死你才好！”

类似的孩子、类似的事情，在我们身边越来越多了。作为父母，我们该怎样对孩子进行教育呢?

家庭永远是孩子的第一所学校，父母永远是孩子的第一位老师。所以父母的言传身教是孩子最好的教育方式，态度是影响出来的，而不是说教出来的。想要让自己的孩子变成一个知书达理的孩子，不难！蒋佩蓉老师这本《佩蓉教孩子学礼仪》将告诉我们，怎样引导我们的孩子成为一个知书达理、人见人爱的好孩子。

作者蒋佩蓉是麻省理工学院中国总面试官、儿童成长力培训专家、国际商务礼仪培训专家。她认为，礼仪、礼节如果缺失心灵的参与就都是空谈，我们只有帮孩子从内心深处去触摸做事的准线，摆正内心的位置，孩子外在的表现才能与内心的世界相得益彰。因此，教孩子礼仪要从“心”开始。礼仪的“心”，它处处表明对方是个值得尊重的人；真正发自内心的礼仪，传递着生命之间的彼此尊重和欣赏。

内容简介

《佩蓉教孩子学礼仪》这本书，共五个章节，分别从“品格、家庭、学校、社交、特别场合”这五个方面入手，结合自己一家人生活中的精彩案例，让父母进一步了解有关礼仪的常识，为父母讲述了怎样对孩子进行礼仪教育。

本书先是从“品格篇”入手，让孩子充分明白什么是礼仪，具有怎样的素养才是真正的绅士和淑女。然后分别从人生的三个重要场所“家庭、学校、社会”三个侧面，告诉父母和孩子在礼仪方面要注意的问题。最后讲了一些特殊场合下的礼仪规则。

这本书不是用刻板的说教来试图“教育”父母或者孩子，而是以生动的事例让读者感悟，感悟到礼仪对人的成长和生活的重要性。从这本书中我们可以看到，那些品格高尚、有杰出表现的孩子，都有他们身后的家庭的影子，有他们身后身体力行为孩子做出了榜样的父母的影子。

对孩子的礼仪教育是需要实践的，是需要榜样引导的，而父母，就是最好的榜样。因此，这本书不单单是一本礼仪教科书，更是一份幸福密码。愿天下父母，都拥有这份幸福密码。

精彩语录

1. 礼仪的金科玉律就是待人如己。

2. 在礼仪中有两个非常重要的素质：恩待与优待他人。

3. 礼仪的黄金三角：尊重、体谅和诚恳。

4. 无论你的教育程度或经济情况如何，只要是对人对己有尊重、体谅和诚恳的态度，你就是礼仪高手。

5. 教导孩子礼仪离不开管教。我们不但要“管”，纠正错误的态度、言语和行为，而且还要“教”他们什么是正确的。

6. 言谈亲切是一门艺术，向那些精于此道的高手学习，并使自己掌握这门艺术，是一个终身学习的过程。

7. 英雄和领袖的成长是从小事开始的。

8. 最大的失败莫过于不愿意再去尝试。

9. 家庭是孩子最重要的教室，我们宁愿在学习的马拉松中让孩子晚点起步，也不要让他们错过了幼儿园应当学习的人生重要功课。

10. 诚信是孩子要拥有的最基本的资产。

11. 饶恕是为了自己，不是为了对方。

延伸阅读

本书作者的其他作品还有《丰盈心态养孩子》《佩蓉的妈妈经》《下一代的竞争力》等，可以选择阅读。

《丰盈心态养孩子》［美］蒋佩蓉著，易新蕾译，电子工业出版社，2013年5月。

《佩蓉的妈妈经》［美］蒋佩蓉著，张凤、高静译，人民邮电出版社，2012年5月。

《下一代的竞争力》［美］蒋佩蓉著，邓瑜译，漓江出版社，2012年6月。

（陈春玲）

14.《亲爱的安德烈》导读

作　者：龙应台　安德烈
出版社：广西师范大学出版社
出版时间：2013年3月

推荐理由

中国的父母已经习惯了对孩子的管教，总是以“听话”为孩子的美德。当孩子一天天长大，有了自己的小秘密，有的父母视而不见，也有的父母会像福尔摩斯探案一样追问……无论哪一种，其实都是父母自己在寻求一种控制的“安全感”。

有句话说，“唯有父母的爱，是以分离为目的”。

孩子长大，总会离开家。对他们而言，父母变得不再重要，而且是越来越不重要。家，甚至常常只是吃饭、睡觉的场所。这时候父母对孩子又意味着什么呢？意味着束缚。因为孩子会觉得自己已经长大，可以做自己的主了，父母还要管教，就是把自己当小孩子，所以他们会觉得父母不懂自己，更不懂自己的世界。他们渴望自己去承担责任，面对问题。所以，父母如果总妄想让孩子永远活在自己的世界里，是不可能的。

是的，如果有一天孩子长大，父母必须接受。父母必须接受和孩子之间的距离越来越远，必须接受和孩子不得不生活在两个世界，必须接受孩子很可能会不愿意对自己坦露心事（如果你非要问，他或许会撒谎）……因为他不再依赖你，做你的小尾巴……而父母，当然会不安。因为父母爱孩子，一如从前。

那么，就像龙应台一样吧，像她那样与孩子交流。不要说年轻人的世界你不懂，不要不肯承认自己落后，反而责怪他们想太多！父母应该不断去了解世界，因为，在当下的这个世界中，我们与孩子同在。

内容简介

她渴望了解他，那个因为分别而变得陌生的已经成年的儿子。她选择以写信的方式来沟通。

从这些信中，我们看到一个充满温情与智慧的妈妈。

她擅长讲故事，讲自己的故事，讲看到的故事，甚至是新闻，说自己的想法，提问题，而从来不把自己的意见强加给孩子，不会去说教。

她会经常表示关怀，表示赞赏，却也不忘提醒。

在安德烈的信中，也能感受到他心态的变化。渐渐敞开心扉，对母亲变得信任，并且在一些事情上希望听到母亲的意见。

他们谈政治、文化、艺术……通过这些，他们彼此了解；通过这些，彼此传递着爱。

那些真爱孩子并愿意为此而努力改变自己的父母，总会找到直抵孩子心灵的路径。

精彩语录

1. 我知道他爱我，但是，爱，不等于喜欢，爱，不等于认识。爱，其实是很多不喜欢、不认识、不沟通的借口。因为有爱，所以正常的沟通仿佛可以不必了。

2. 多少父母和儿女同处一室却无话可谈，他们深爱彼此却互不相识，他们向往接触却找不到桥梁，渴望表达却没有语言。我们的通信，仿佛黑夜海上的旗语，被其他漂流不安、寻找港湾的船只看见了。

3. 做母亲的我要不要告诉你，在全球化的竞争中，儿子，你一定要追求“第一名”，否则无法立足？

4. 人生，其实像一条从宽阔的平原走进森林的路。在平原上同伴可以结伙而行，欢乐地前推后挤、相濡以沫；一旦进入森林，草丛和荆棘挡路，各人专心走各人的路，寻找各人的方向，那推推挤挤的群体情感，那无忧无虑无猜忌的同侪深情，在人的一生中也只有少年拥有。

5. 如果一个孩子在他的生活里没接触过大自然，譬如摸过树的皮、踩过干脆的落叶，她就没办法教他美术。因为，他没第一手接触过美。

6. 问我，了解我，但是不要“判”我。真的。(安德烈)

7. 成年人锁在自己的惯性思维里，又掌握制订游戏规则的权力，所以他太容易自以为是了。

8. 我希望我的孩子敢为自己的价值信仰去挑战权威，但是有些权威可能倒过来伤害你，所以我应该怎么教我的孩子对“威武不能屈”而同时又懂得保护自己不受伤害？这可能吗？

9. 这个世界里，见风使舵的投机者绝对是大多数。所以你说的“勇气”和“智能”，永远是稀有的品质。更何况，“暴虎冯河”的勇气和“谋定而后动”的勇气，有时候很难辨别。

10. 人际关系，其实往往是一种权力关系，从老子、孔子到苏格拉底都曾经思索过这个问题。

11. 我们自己心里的痛苦不会因为这个世界有更大或者更“值得”的痛苦而变得微不足道；它对别人也许微不足道，对我们自己，每一次痛苦都是绝对的、真实的，很重大，很痛。

12. 我只能看着你跌倒，只能希望你会在跌倒的地方爬起来，希望阳光照过来，照亮你藏着忧伤的心，照亮你眼前看不见尽头的路。

延伸阅读

可阅读作者的其他作品：《孩子，你慢慢来》《目送》等。

《孩子，你慢慢来》龙应台著，生活·读书·新知三联书店，2005年8月。

《目送》龙应台著，生活·读书·新知三联书店，2009年9月。

（崔银萍）

15.《诺贝尔奖获得者与儿童对话》导读

编　者：[德] 贝蒂娜·施蒂克尔
译　者：张荣昌
出版社：生活·读书·新知三联书店
出版时间：2003年7月

推荐理由

世界上提出的第一个问题究竟是什么？谁提出了这第一个问题？这些，或许是小孩子最关心的，而随着年龄的增长，这些最本质的问题，似乎显得并不重要了。我们似乎已经忘记了，“大问题，小问题，愚蠢的问题，聪明的问题，傻问题，好问题，简单的问题，艰深的问题——整个生命充满了问题”。所以，当孩子向我们提问的时候，我们要么嘲笑，要么忽略，要么敷衍，而忘记了这些曾经也都是我们的疑问。其实，我们的回答是令孩子非常不满意的。

那么，回答这些问题的权威是谁呢？在这个世界上，回答有些问题最厉害的人，当然是这个领域顶尖的专家——诺贝尔奖得主了。

中国工程院院士韦钰说：“从好奇心和热情上看，科学家实际上是长大了的孩子。”这些长大了的孩子，怎样回答还没有长大的孩子们的问题呢？

如科学哲学家吴国盛所说的：“天真的问题，权威的回答。大人和小孩都值得一读。小孩有‘天真的问题’，但常常得不到‘权威的回答’，大人有‘权威的回答’，但常常想不到‘天真的问题’。”对这些天真的问题的权威回答是怎样的呢？这本书，值得父母陪伴孩子，一起来读。

内容简介

为什么布丁是软的，石头是硬的？诺贝尔物理奖获得者克劳斯·冯·克利青说：“我们物理学家就是研究诸如此类的问题。我们力图说明各种物质的特性是从哪里来的。令人难以置信的是，在整个世界中，我们所见到的、所感觉到的一切物质，都是由大约100种不同的基本粒子组成的。”“分别按照这些物质的组成情况，是比较松弛还是比较紧密——这决定了我们的新材料会不会变得像一份布丁那样松软，还是像一块石头那样坚硬和不可动摇。”

什么是政治？诺贝尔和平奖获得者西蒙·佩雷斯说：“政治是调节的艺术。即使政治的影响在消减，这也不意味着我们可以放弃政治。”

为什么我不能光吃油炸土豆条？诺贝尔医学奖获得者理查德·罗伯茨说：“每一个人必须吃许多不同的维生素、矿物质、蛋白质、脂肪和碳水化合物。长期缺乏合理的营养成分，体内的一些器官，就会出现严重故障，你就会得病。”

我们为什么必须上学？天空为什么是蓝的？……22个问题，22位来自物理学、文学、化学、医学等领域的诺贝尔奖获得者进行了认真回答。

高深的理论在孩子的问题面前，被描述得简单易懂。这本书会让我们发现，越是顶尖的理论，越是回答了生活中貌似最平凡、最普通的问题。且对这些问题，“目前在全世界大概不会有更好的回答了”。

精彩语录

1. 孩子们随时随地都会提出这样的问题，光躲闪、反问、玩游戏是不够的。孩子们需要有一个答案，他们有权提问，否则，他们就会在某个时刻停止发问。而这确实是能发生的最糟糕的事情：孩子们不再提问题了。

2. 如果政治不起作用，将会发生什么事情？历史给我们作出了一个清楚而严肃的回答：如果什么时候人们不能够就他们的政治目标达成一致共识，那么什么时候就可能会发生流血事件。

3. 也许你们以为，这是不公正的。在这方面我只能同意你们的看法。但可惜这种状况几乎无法改变——我们的世界就是不公正的，就是这么回事。我知道，这个事实难以让人接受。但是在整个问题上，我们不能自欺欺人：在好几千年里，人类一直没有发明可以平均分配财富、不让产生穷人的经济制度。

4. 无论如何你现在一定已明白，我们和印第安人以及所有别的民族之间有着许多共同的属性，这些共同属性比起我们之间的差异要多得多。一切生命和所有生命都有亲缘关系——你和我也是这样。

5. 数学中的关键不是单个的对象，而是存在于它们之间的各种关系。所谓的数学关系，对象本身是不重要的。依我看来全部数学的核心就是研究这些关系。

延伸阅读

推荐阅读［德］里夏德·达维德·普雷希特的《哲学家与儿童对话》等书籍。

《哲学家与儿童对话》［德］里夏德·达维德·普雷希特著，王泰智、沈惠珠译，生活·读书·新知三联书店，2013年11月。

（王丽君）

16.《与孩子共享自然》导读

作　者：[美] 约瑟夫·克奈尔
译　者：郝 冰
出 版 社：九州出版社
出版时间：2000年6月

推荐理由

在大自然的怀抱中玩耍嬉戏是孩子最向往的赏心乐事——嘴里哼着歌儿，走路一蹦三跳，摸碧绿的树叶，闻淡雅的花香，逗弄、追逐翩翩飞舞的蝴蝶，甚而蹲下身子饶有兴味地观看一条小虫爬行、一群蚂蚁搬食物……总之，大自然的一切都对孩子充满了深深的吸引力。

如何保持孩子对大自然强烈的好奇心？如何让孩子更加灵动？如何做孩子最喜欢的老师或家长？如何让我们的心灵更加纯净美好？约瑟夫·克奈尔的《与孩子共享自然》将会给我们以灵感和智慧！

确切地说，这是一本游戏书。不过游戏的场地是广阔的自然。

内容简介

《与孩子共享自然》集录了约瑟夫·克奈尔在20多年的户外教育工作中收集和创作的50个游戏。这些游戏有助于帮助各种性格类型的孩子及大人开启心扉，接近自然，是提高自然意识的最佳户外活动指南。

这些游戏除了用充满创造力的方式讲述生态学知识外，还能让人们充分体会在自然中的喜悦、宁静，培养人们对周围世界的爱和尊重。

精彩语录

1. 眼前的景象令我一震：绵延如海的针叶林耸入云端。我的精神随之飞扬，敬畏与赞美之情油然而生。我从来没有用这种方式看过森林！孩子们完全被征服了。最后，我们都坐了起来，互相凝视着，默默地分享着这份惊喜与神奇。我们慢慢走出森林，边走边抚摸着树干，抬头仰视这森林的圣殿。

2. 这样真实而深刻的体验是环境与心灵的完美结合，这也是本章游戏的目的所在：用全新的、神秘的方式与自然界的其他生命融合。

3. 我从来不曾低估接触并进入自然时那一刻宝贵光景的价值。我从自己和他人的经验中得知：人对自然的体验是可以培养的，而这种体验能让我们更透彻地了解我们身处其中的重要世界。

4. 当我们接近自然时，我们会发现我们研究的对象不仅仅是自然本身，而是生命，也就是我们自己的本质。

5. 在一天中的不同时间，随着光线的变化观察橡树，会从更深层次来欣赏这棵树。从不同的角度观察，去感觉并闻闻树皮和树时，静静地坐在它的伞盖下或枝条上，你就能感知树上、树周围以及依赖于树生存的各种生命。

6. 当一个人与自然变得和谐统一时，他与其他人的关系也变得更加和睦。

延伸阅读

可以继续阅读约瑟夫·克奈尔的《与孩子共享自然Ⅱ》以及［日］大前研一的《教出孩子的生存力》等作品。

《与孩子共享自然Ⅱ》［美］约瑟夫·克奈尔著，刘芸译，天津教育出版社，2000年6月。

《教出孩子的生存力》［日］大前研一著，张福玲、骆香雅译，天下文化，2013年7月。

（张明霞）

17.《画说汉字——1000个汉字的故事》导读

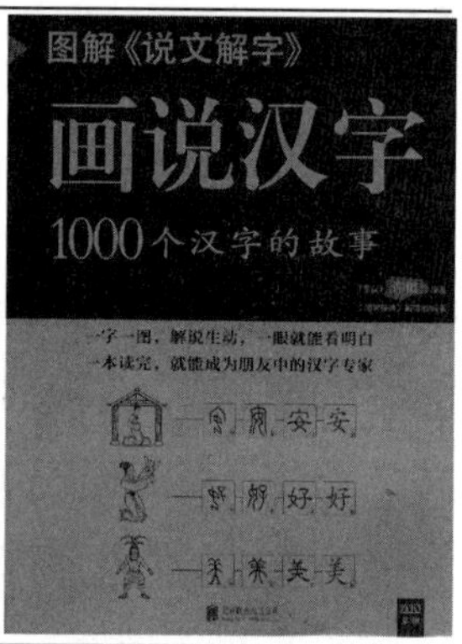

作　者：许　慎

出 版 社：北京联合出版公司

出版时间：2014年7月

推荐理由

你知道在文字发明以前，古人是怎样传递消息的吗？你听过“结绳记事”的故事吗？你知道人们早先还通过画画的方式来传递消息吗？你听过仓颉造字“天雨粟，鬼夜啼”的传说吗？《说文解字》是东汉许慎所作，由《图解经典》编辑部编著而成，本书从全新的角度对汉字的造字原理进行了深入的研究，从而发掘出汉字中蕴藏的奥妙、作用及知识宝藏。为我们深刻了解博大精深的汉字文化奉上自己浓重的一笔！

汉字是世界上各大文字体系中唯一传承至今的表意文字，是中华民族智慧的结晶。《左传》里有句话——言之无文，行而不远，意思是文章没有文采，就不能一直流传很广。但独特的方块字也是世界上最难书写的文字，错别字经常出现在我们同学的作文中，就连大人也常常提笔忘字。汉字需要在我们的记忆中“不断复活”，蕴藏在古老文化经典中的智慧和价值才能得到传承。相信仔细阅读这本书，一定能让一个个方方正正的汉字在你的脑海中变得越来越鲜活。

内容简介

《说文解字》是我国语文学史上第一部分析字形、解说字义、辨识声读的字典，也是1800年来唯一研究汉字的经典著作，对研究文字和古汉语来说，是必不可少的重要资料。全文精选了1000个常用汉字，每个字配上一幅精美插图，让您一眼看懂该字的本来意义；同时，在旁注明其甲骨文、金文、篆文等字体，演示了汉字的演变过程。200字精粹文字解读，清晰地展示了文字的来源和演化过程；一句话精彩点读，讲述了汉字中深藏的精彩故事，使读者能更直观地了解汉字文化和中华文明。该书将艺术理念贯穿于每一个细节，科学简明的编写体例、丰富精美的图片和极具美感的版式设计等多种要素有机结合，使读者在轻松获得知识的同时，获得更多的文化熏陶、审美享受和想象空间。

精彩语录

1．“莫”，碧草离离，夕阳将下，暮色缓缓降临。

2．“仓”，一间可以打开门进出的粮仓，粮食满仓，人心不慌。

3．“习”，小鸟在空中飞来飞去，练习飞翔。

延伸阅读

推荐《有故事的汉字》系列丛书，包含亲近自然篇、认识自我篇和走进生活篇，以轻松的笔调，讲述汉字的根与源；以唯美的画面，诠释汉字的形与意，趣味性更浓，让汉字学习从此不难。

《有故事的汉字》邱昭瑜编著，青岛出版社，2014年1月。

（董文峰）

18.《中国人阅读书目（三）——中国初中生基础阅读书目·导赏手册》导读

编　者：朱永新　李希贵

出 版 社：中国人民大学出版社

出版时间：2014年9月

推荐理由

阅读对一个人的重要性，早已不言而喻。

如果说图画书是给童年的最好礼物，那么少年的阅读一样应该得到同样的关注。如果在孩子低幼阶段的亲子共读是父母送给孩子最好的爱，那么在孩子慢慢长大的路上，就更需要父母精心选择适合的“营养”给予孩子。

对比小学生来说，初中生的理解能力增强了，阅历也增加了，同时也还暂时没有被高考的压力所侵扰，正是一个人阅读的黄金时期。但面对浩如烟海的书籍，哪些是最适合自己的呢？本书正是给面临选择困难的初中生和父母们提供的“阅读指南”。

成长，总是需要从接受教育到完成自我教育，而阅读就是最好的自我教育。渴望孩子身心健康成长的父母，当然要为孩子提供他们在自我教育之路上所需要的最好帮助了，这就是我们推荐本书的理由。

本书是由新阅读研究所、北京十一学校联合研制的项目成果，是一份值得信任的“系统、权威、科学、公正”的阅读书单。

内容简介

本书是一份书目的研制报告和一百本书的导赏及延伸阅读推荐。

“读书是为了遇见更好的自己”是本书目的研制报告。从这份报告里，父母不仅可以了解到阅读的重要性，从而更加重视引导孩子阅读，更重要的是，还可以了解研制者的选书思路、选书的标准以及取舍的原则等等，学习怎样帮助孩子选择适合他们的值得阅读的好书。

推荐的100本书目，包括30本必读书目和70本推荐阅读书目，分为文学类、人文类和科学类。导赏部分有推荐语、主要内容可供读者作为阅读参考，还可以根据延伸阅读的推荐来继续选择喜欢的书进行阅读。

精彩语录

1. 中学阶段是一个人从童年向成年迈进的重要过渡期，在这个时期阅读需求能否得到满足，对他未来的发展至关重要。

2. 人需要终身阅读，然而终身阅读的习惯却很难在工作之后养成，这从国人每年的阅读量上就可以看出，平均不足四本书的年阅读量让我们汗颜不已，寄希望于工作之后再去读书，大约只是天方夜谭了。如此说来，真正的读书好时光莫过于中学阶段了。

3. 中学阶段的阅读，是为了形成一个人终身阅读的好习惯，只有形成这样的习惯，你才会发现一个新的自己，一个更好的自己。

4. 不是所有的好书都适合中学生阅读，如果选择不当，可能会因此而伤害中学生的阅读兴趣，让他们对阅读产生厌倦心理。

5. 当广大中学生翻开这两套书目时，我们希望他们能够进入一个美丽的新世界，就此展开他们的阅读之旅，从而在某一天遇到最好的自己。

延伸阅读

可以继续阅读“中国人阅读书目”系列的其他作品，如《中国人阅读书目（二）——中国小学生基础阅读书目·导赏手册》等。

《中国人阅读书目（二）——中国小学生基础阅读书目·导赏手册》朱永新、王林主编，中国人民大学出版社，2014年9月。

（王丽君）